现代企业财务管理与内部控制研究

章 艳 著

吉林出版集团股份有限公司

图书在版编目（CIP）数据

现代企业财务管理与内部控制研究／章艳著. -- 长
春：吉林出版集团股份有限公司, 2022.2
ISBN 978 - 7 - 5731 - 1137 - 1

Ⅰ. ①现… Ⅱ. ①章… Ⅲ. ①企业管理 - 财务管理 -
研究②企业内部管理 - 研究 Ⅳ. ①F275②F272.3

中国版本图书馆 CIP 数据核字（2022）第 000126 号

XIANDAI QIYE CAIWU GUANLI YU NEIBU KONGZHI YANJIU
现代企业财务管理与内部控制研究

出版策划：齐　郁
责任编辑：杨　蕊
装帧设计：万典文化
出　　版：吉林出版集团股份有限公司
　　　　　（长春市福祉大路 5788 号，邮政编码：130118）
发　　行：吉林出版集团译文图书经营有限公司
印　　刷：长春市昌信电脑图文制作有限公司
开　　本：787 mm × 1092 mm　1/16
印　　张：13.5
字　　数：300 千字
版　　次：2022 年 7 月第 1 版
印　　次：2022 年 7 月第 1 次印刷
书　　号：ISBN 978 - 7 - 5731 - 1137 - 1
定　　价：79.00 元

前　言

　　随着现代企业制度的逐步建立，促进了企业财务管理的不断发展。我国企业财务管理环境的巨大变化，不仅给企业财务管理实践提出了新的挑战，还使财务管理理论研究遇到了许多新的课题。我国关于财务管理理论和方法的研究与现代财务发展水平相比较而言，还存在着很大的差距。理论来源于实践，同时，理论又指导实践和预测实践。财务管理作为一种解决现实财务运行中各种矛盾和问题的应用学科，对实践有着非常重大的指导意义。

　　财务管理是企业管理的核心，而我国企业传统的财务管理方法已经远远不能适应经济全球化和世界经济一体化的要求，因此有必要对企业财务管理工作进行适时创新。在社会主义新时代的背景下，企业的财务管理需要改变以往传统的方式与方法，开启全新的管理模式以适应时代发展要求。

　　作为现代企业管理手段的内部控制目标已从原有的报告目标、财物安全目标、合法合规性目标扩展到战略目标和经营目标，这表明企业内部控制将关注企业的长远、可持续发展以及合理风险管理。内部控制对企业战略目标实现的重要性毋庸置疑，特别在当今竞争日益激烈、风险无处不在的市场经济环境下，企业的内部控制显得更加重要、更加必需、更加紧迫。

　　企业实施内部控制是一项专业性很强的工作，要求相关人员具备丰富的专业知识和充足的职业经验。由于我国许多企业开展内控建设时间不长，相关工作人员缺乏相应的知识和经验，内控专业人才的缺乏，影响了企业开展内控建设的进度和质量。

　　内部控制历来是包括企业在内的所有组织和机构正常运转的制度基础。它是一个单位为了保障会计信息质量，保护资产安全、完整确保有关法律、法规和规律的贯彻执行而制定并实施的一个控制系统。内部控制是企业各项管理工作的基础，是企业持续健康发展的保证。管理实践证明，企业一切管理工作，都是从建立和健全内部控制开始的；企业的一切活动，都无法游离于内部控制之外。管理实践还证明：得控制则强，失控制则弱，无控制则乱。

　　希望本书的出版能为我国现代企业财务管理能力的提升提供帮助，为我国的国有企业和集团企业的财务管控提供借鉴，为中国经济的发展、改革和转型升级提供扬帆远航的动力。

目 录

第一章 财务管理基础

第一节 财务管理目标

企业兴衰，财务为本。近年来，财务管理在企业经营中的重要性越来越被人们所认识、关注。财务管理即管理财务，简言之"理财"。企业财务管理是企业根据财经法规制度，按照财务管理的原则，组织企业财务活动，处理各种财务关系的一项经济管理活动。

财务管理在企业整个经营管理活动中居于核心地位，是随着管理的需要而产生，随着经济的发展而发展。

一、财务管理的对象

财务管理就是以资本运作为重心的资本筹集、资本运用和资本收益分配的管理。因而要了解财务管理的对象，必须对企业的资金运动过程进行分析，从中发现企业的资金运动与财务管理对象的关系。

工业企业的资金运动包括资金投入、资金运用（资金的循环与周转）、资金退出，具体如下：

（一）供应阶段

在这一阶段，企业以货币资金购买生产所需的各种材料，为进行生产而储备必要的物资，资金从"货币资金形态"转变为"储备资金形态"。

（二）生产阶段

这个过程是对材料进行加工，生产出社会所需要的产品，并发生人工和其他各种管理费用，资金从"储备资金"转化为产品形式的"生产资金"。随着产品的完工并验收入库，在产品制成为产成品，"生产资金"转变为"成品资金"。

（三）销售阶段

企业将生产出来的产品销售出去，完成其价值的实现，从流通过程中收回货币。经过销售过程，资金从"成品资金"转变为了"货币资金"。

由此可以看出，随着生产经营活动的不断进行，企业的资金也在周而复始地运动，资金从货币资金形态依次经过储备资金、生产资金、成品资金形态，最终又回到货币资金形态，并通过产品的销售实现资金的增值。工业企业资金在向国家交税、向投资者分配股利和利润、归还借款时退出企业。

在企业的生产经营活动中，能引起资金发生增减变动的各种经济活动都是企业的财务活动，包括筹资活动、投资活动、资金营运活动和利润分配活动，而资金运动都是通过各种财务活动来实现的。这些活动都是财务管理的对象。

二、财务管理的内容

企业的财务管理是基于企业在生产经营过程中客观存在的财务活动和由此产生的财务关系，因此，财务管理的内容包括财务活动和财务关系两个方面。

（一）财务活动

财务活动是指企业经营过程中发生的涉及资金的收支活动，包括筹资、投资、运营、分配等一系列活动。财务活动作为一种资本经营活动，其实质是一种管理活动。

1. 筹资活动

企业组织商品运动，必须以一定的资金为前提。在企业创办之初，投资者应当按照有关法律的规定投入一定量的资本。企业投入运营后，还将根据生产经营需要进一步筹集必要的资金。企业筹集资金，表现为企业资金的流入；企业偿还借款，支付利息、股利以及付出各种筹资费用等，则表现为企业资金的流出。这种因为资金筹集而产生的资金收支，便是由企业筹资而引起的财务活动，是企业财务管理的主要内容之一。

2. 投资活动

企业取得资金后，必须将资金投入使用，以谋求最大的经济效益，否则，筹资就失去了目的和效用。企业的投资包括对内投资和对外投资，如购置流动资产、固定资产、无形资产等属于对内投资，如投资股票、债券等属于对外投资。无论企业购买内部所需资产，还是购买各种证券，都需要支付资金，而当企业变卖其对内投资形成的各种资产或收回其对外投资时，则会产生资金的收入，这种因企业投资而产生的资金的收付，便是由投资而引起的财务活动。

3. 营运活动

企业在日常生产经营过程中，会发生一系列的资金收付，包括采购材料或商品物资、支付职工薪酬和其他营业费用、缴纳税费等引起的资金支出，以及销售商品或提供劳务产生的资金收入等。这种因企业经营而引起的财务活动，也称为资金营运活动。

4. 分配活动

企业通过投资应当取得收入，并相应实现资金的增值，分配总是作为投资的结果而出现的，它是对投资成果的分配。利润分配过程实际是利润在国家、企业和投资者之间的划分，这种划分既要遵守相关法律、章程，又要结合企业当时外部环境和内部条件来决定留存比率。随着分配过程的进行，资金退出或者留存企业，它必然会影响企业的资金运动，这种因利润分配而产生的资金收支便属于由利润分配而引起的财务活动。

上述财务活动的各个方面不是孤立的，而是相互联系、相互依存的。资金的筹集是资金运动的起点和条件；资金的投放是资金筹集的目的和运用；资金的运营是资金运用的日常控制；资金的分配则反映了企业资金运动的状况及其最终成果，正是上述互相联系又有一定区别的四个方面，构成了完整的企业财务活动。

（二）财务关系

企业财务关系是指企业在组织财务活动过程中与各有关方面发生的经济关系。企业的财务关系可概括为以下几个方面。

1. 企业与政府之间的财务关系

企业与政府之间的财务关系主要是指企业要按税法的规定依法纳税而与国家税务机关

所形成的经济关系。政府作为社会管理者，为企业生产经营活动提供公平竞争的经营环境和公共设施等条件，强制和无偿参与企业的分配，企业及时、足额地纳税是企业对国家的贡献，也是对社会应尽的义务。因此，企业与政府的财务关系反映的是依法纳税和依法征税的权利义务关系。

2. 企业与投资者和受资者之间的财务关系

企业与投资者之间的财务关系指投资者向企业投入资金，企业向其支付投资报酬所形成的经济关系。企业的投资者先向企业注入资本，以便及时形成企业的资本金，企业利用资本金进行经营，实现利润后，向其所有者分配利润。一般而言，所有者的出资不同，他们各自对企业承担的责任也不同，相应对企业享有的权利和利益也不相同。因此，企业与所有者之间的关系是风险分担和以资本保值、增值为核心的剩余权益分配关系，体现着一种经营权与所有权关系。

企业与受资者之间的财务关系是指企业将其闲置资金以购买股票或直接投资的形式向其他企业投资所形成的经济关系。企业向其他单位投资，应按约定履行出资义务，参与被投资单位的利润分配。企业与被投资单位的关系是体现所有权性质的投资与受资的关系。

3. 企业与债权人、债务人之间的财务关系

企业与债权人之间的财务关系是指企业向债权人借入资金，并按借款合同的规定按时支付利息和归还本金所形成的经济关系。企业除利用权益资本进行经营活动外，还会需要借入一定数量的资金，以弥补企业资金的不足。企业利用债权人的资金，需要还本付息。企业同债权人的关系体现的是债务与债权的关系。

企业与债务人之间的财务关系是指企业将资金以购买债券、提供借款或商业信用等形式出借给其他单位所形成的经济关系。企业将资金借出后，有权要求债务人按约定的条件支付利息和归还本金。企业同债务人的关系体现的是债权与债务关系。

4. 企业内部的财务关系

企业内部的财务关系主要包括两个方面，一是企业内部各单位之间在生产经营各环节中相互提供产品或劳务所形成的经济关系，二是企业与职工之间支付劳动报酬过程中所形成的经济利益关系。前者体现了在实行内部经济核算制的条件下，企业内部各单位之间的利益关系，后者体现了企业与职工之间以权、责、劳、绩为依据的在劳动成果上的分配关系。

三、财务管理目标

企业财务管理目标是企业财务管理活动所希望实现的结果，它决定着企业财务管理的基本方向，是企业财务管理工作的出发点。企业财务管理目标从它的演进过程来看，均直接反映着财务管理环境的变化，反映着企业各相关利益者利益关系的均衡，是各种因素相互作用的综合体现。目前，企业财务管理目标有以下几种具有代表性的模式：

（一）利润最大化

西方经济学家以往都是以利润最大化这一概念来分析和评价企业行为和业绩的。利润最大化目标认为：利润代表了企业新创造的财富，利润越多则说明企业的财富增加得越多，越接近企业的目标。

企业追求利润最大化，就必须讲求经济核算，加强管理，改进技术，提高劳动生产率，降低产品成本，这些措施都有利于企业资源的合理配置，有利于企业整体经济效益的提高。但是，该目标在以下方面有所欠缺：

一是没有考虑利润取得的时间价值因素。如今年取得 100 万的利润和 10 年后取得 100 万的利润显然不一样，其实际价值是不可比的。

二是没有考虑所获得利润和投入资本的关系。如用 5000 万元投入资本赚取的 100 万元利润与用 6000 万元投入资本赚取的 100 万元利润相比，仅从利润的角度来看，这两种投入方式对企业的贡献是一样的，但是如果考虑了投入资本就显然不太一样了。

三是没有考虑所获取的利润和所承担风险的关系。例如同样是获利，一个以现金收回，另一个全部是应收账款，这两个的风险显然不相同。

四是可能导致企业短期财务决策倾向，影响企业长远发展。由于利润指标通常按年计算，因此，企业决策也往往会服务于年度指标的完成或实现。

五是没有明确利润最大化中利润的概念，这就给企业管理当局提供了进行利润操纵的空间。

（二）股东财富最大化

股东财富最大化指通过财务上的合理经营，为股东带来最多的财富。持这种观点的学者认为，股东创办企业的目的是扩大财富，他们是企业的所有者，股东投资的价值在于企业能给所有者带来未来报酬，包括获得股利和出售股权换取现金。

与利润最大化相比，该指标有一些改进：

一是考虑了资金的时间价值和风险因素。股票的内在价值是按照风险调整折现后的现值计算的。

二是在一定程度上能避免企业追求短期行为。因为不仅企业目前的利润会影响股票价格，预期未来的利润对企业股票价格也会产生重要影响。

三是对上市公司而言，股东财富最大化目标比较容易量化，便于考核和奖惩。

但是，这一目标也存在一些缺点：

首先，适用范围存在限制。它只适用于上市公司，对非上市公司很难适用。因此在现实中，股东财富最大化并不适于中国所有的企业。

其次，股价受众多因素影响，有些是外在因素企业无法控制，有些还可能是非正常因素，不能完全准确反映企业财务管理状况。

最后，它强调的更多的是股东利益，而对其他相关者的利益重视不够。

（三）公司价值最大化

传统上，人们都认为股东承担了企业全部剩余风险，也应享受全部的经营收益，而其他利益相关者如债权人、职工等，在财务管理的目标设定中往往被忽视。事实上，现代企业是多边契约关系的总和。股东、债权人、职工以及企业上下游关系人都会承担一定的风险，他们利益的满足和实现也都会对企业产生影响，因此企业在设定财务管理目标时应全面考虑。企业价值最大化也就是在这一思路上提出来的。

企业价值最大化是指采用最优的财务结构，充分考虑资金的时间价值以及风险与报酬的关系，使企业价值达到最大。企业价值就是企业的市场价值，是企业所能创造的预计未来现金流量的现值。该目标的一个显著特点就是全面地考虑到了企业利益相关者和社会责任对企业财务管理目标的影响。

企业价值最大化的财务管理目标的优点主要表现在：

一是价值最大化目标考虑了取得现金性收益的时间因素，并用货币时间价值的原理进行科学的计量，反映了企业潜在或预期的获利能力，从而考虑了资金的时间价值和风险问题，有利于企业统筹安排长短规划、合理选择投资方案、有效筹措资金、合理制订股利政策，等等。

二是将企业长期、稳定的发展和持续的获利能力放在首位，能克服企业在追求利润上的短期行为。

三是用价值代替价格，克服了过多受外界市场因素的干扰，有利于克服管理上的片面性。

四是有利于社会资源的合理配置，使资金流向企业价值最大化的企业或行业，有利于实现社会效益最大化。

以企业价值最大化作为财务管理目标也存在一定的问题：

首先，对于非上市公司，这一目标值不能依靠股票市价做出评判，需通过资产评估方式进行，由于受评估标准和评估方式的影响，这种估价不易客观准确。

其次，企业价值，特别是股票价值并非为企业所控，其价格波动受多方面因素影响，这对企业实际经营业绩的衡量也会产生一定的影响。

由此可见，不同的财务管理目标，其特点也不同。比如利润最大化，它出现得较早，可能缺陷也最多，但它有一个最大优点——简单直观，因此，对一些小型企业来说，它的实用性远远高于其他；股东财富最大化对正常经营情况下的上市公司来说，使用起来比较方便；企业价值最大化考虑比较全面，但量化有难度，因而使用起来有一定的局限性，但这一考虑思路仍可以作为借鉴。因此，企业应根据自身具体情况来选择财务管理目标。

第二节　财务管理环节与环境

一、财务管理环节

财务管理环节是企业财务管理的工作步骤与一般工作程序。一般而言，企业财务管理包括财务预测、财务预算、财务决策、财务控制、财务分析几个环节。财务管理的各个环节相互连接，形成财务管理工作的完整过程，这一过程称为财务管理循环。

（一）财务预测

财务预测是根据企业过去一段时期财务活动的历史资料，结合企业当前面临和即将面临的各种变化因素，运用数理统计方法，以及结合主观判断，来预测企业未来财务状况。其主要任务在于，一是测算各项生产经营方案的经济效益，为决策提供可靠的依据；二是预计财务收支的发展变化情况，以确定经营目标；三是测定各项定额和标准，为编制计划、分解计划指标服务。财务预测既是各个管理循环的联结点，又是财务计划环节的必要前提。

进行财务预测的目的，是为了体现财务管理的事先性，即帮助财务人员认识和控制未来财务预算的不确定性，使其对未来的无知降到最低限度，使财务计划的预期目标同可能变化的周围环境和经济条件保持一致，并对财务计划的实施效果做到心中有数。

财务预测环节主要包括明确预测目标，搜集相关资料，建立预测模型，确定财务预测结果等步骤。财务预测的方法主要有定性预测和定量预测两类。定性预测法，主要是利用直观材料，依靠个人的主观判断和综合分析能力，对事物未来的状况和趋势做出预测的一种方法；定量预测法，主要是根据变量之间存在的数量关系建立数学模型来进行预测的方法。这两类方法并不是相互孤立的，在进行财务预测时，经常要综合运用。

（二）财务预算

财务预算是一系列专门反映企业未来一定预算期内预计财务状况和经营成果，以及现金收支等价值指标的各种预算的总称，具体包括销售预算、生产预算、材料采购预算、人工预算、制造费用预算、产品生产成本预算、销售费用和管理费用预算等业务预算，资本预算、一次性专门决策预算等专门决策预算，以及现金预算、预计利润表、预计资产负债表等财务预算。财务预算是财务预测的具体化，是控制财务活动的依据。

财务预算环节主要包括分析财务环境，确定财务指标；协调财务能力，组织综合平衡；选择预算方法，编制财务预算等步骤。财务预算的方法通常包括固定预算与弹性预算、增量预算与零基预算、定期预算和滚动预算等。

（三）财务决策

财务决策是对财务方案、财务政策进行选择和决定的过程，力求使企业的财务活动取得最佳经济效益的活动，又称为短期财务决策。财务决策的目的在于确定最为令人满意的财务方案。只有确定了效果好并切实可行的方案，财务活动才能取得好的效益，完成企业的财务管理目标。因此财务决策是整个财务管理工作的核心，决策成功与否直接关系到企业的兴衰成败。

财务决策的主要程序包括确定决策目标、拟定备选方案、方案评价与选优、决策实施和反馈。财务决策是一种多标准的综合决策。方案的取舍标准，既有货币化、可计量的经济标准，又有非货币化、不可计量的非经济标准，因此决策方案往往是多种因素综合平衡的结果。

（四）财务控制

财务控制是指利用有关信息和特定手段，对企业的财务活动施加影响或调节，以便实现计划所规定的财务目标的过程。它是落实预算的任务、保证预算实现的有效措施。

财务控制环节主要包括制定控制标准，分解落实责任；实施追踪控制，及时调整误差；分析执行情况，搞好考核奖惩等步骤。财务控制的方法通常有前馈控制、过程控制、反馈控制几种。财务控制措施一般包括：预算控制、运营分析控制和绩效考评控制等。

（五）财务分析

财务分析是以会计核算和报表资料以及其他相关资料为依据，采用一系列专门的分析技术和方法，对企业等经济组织过去和现在有关筹资活动、投资活动、经营活动、分配活动的盈利能力、营运能力、偿债能力和发展能力等状况进行分析与评价的经济管理活动。通过财务分析，可以掌握财务计划的完成情况，研究企业财务活动的规律性，挖掘企业潜力，提出改进措施。

财务分析环节主要包括收集资料，掌握信息；指标对比，揭露矛盾；分析原因，明确责任；提出措施，改进工作等步骤。财务分析最经常用到的方法是围绕财务指标进行单指标、多指标的综合分析，再加上借用一些预算指标等参照值，采用一些比率、趋势、结构、因素等分析方法进行分析。

二、财务管理环境

财务管理环境，又称理财环境，是指对企业财务活动产生影响作用的企业内外部环境，是构成企业财务活动的客观条件。企业财务活动是在一定的环境下进行的，必然受到环境的影响。在财务管理活动中，财务管理的环境是企业财务决策难以改变的外部约束条件，财务管理主体需要不断地对财务管理环境进行审视和评估，并根据其所处的具体财务管理环境的特点，趋利避害，以实现财务管理的目标。

企业财务管理环境涉及的范围较广，其中影响比较大的有经济环境、法律环境和金融环境。

（一）经济环境

影响财务管理的经济环境因素主要有经济周期、经济发展水平、经济政策、通货膨胀水平等。

1. 经济周期

在市场经济条件下，经济发展与运行带有一定的波动性，大体上经历复苏、繁荣、衰退和萧条几个阶段的循环，这种循环叫作经济周期。这种发展过程是一个非人力所能完全控制而又有其内在运动规律的过程。在经济周期的不同阶段，企业应采用不同的财务管理策略。

经济周期性波动对企业理财有重要影响。一般而言，在繁荣阶段，市场需求旺盛，销售大幅度上升，社会资金充裕，企业发展所需资金较容易筹集。在萧条阶段，由于整个宏观环境不景气，企业很可能处于紧缩状态之中，产量和销售量下降，投资锐减，社会资金短缺，利率上涨，企业资金周转也会受到影响，财务人员则需要及时调整资金配置和生产经营。总之，面对经济周期性波动，财务人员必须及时预测经济变化情况，适当调整财务管理策略。

2. 经济发展水平

财务管理的水平与经济发展水平密切相关，经济发展水平越高，财务管理水平也越高。财务管理水平的提高，将推动企业降低成本，改进效率，提高效益，从而促进经济发展水平的提高；而经济发展水平的提高，将改变企业的财务策略、财务理念、财务管理模式和财务管理的方法手段，从而促进企业财务管理水平的提高。财务管理应当以经济发展水平为基础，以宏观经济发展目标为导向，积极探索与经济发展水平相适应的财务管理模式，从而保证企业经营目标和经营战略的实现。

3. 经济政策

经济政策是国家进行宏观经济调控的重要手段，国家的产业政策、金融政策、财税政策、会计制度、社会保障制度等对企业的发展和财务活动有着重要的影响。例如：金融政策中的货币发行量和信贷规模会影响企业投资的资金来源和投资的预期收益；财税政策会影响企业的资金结构和投资项目的选择等；会计制度的改革则会影响会计要素的确认和计量，进而对企业财务活动的事前预测、决策及事后的评价产生影响等。企业在进行财务决策时，要认真研究经济政策，努力预见其变化趋势，从而更好地为企业的经营理财活动服务。

4. 通货膨胀水平

社会总供给和总需求的平衡状态以及由此决定的社会通货膨胀水平，会对企业供、产、销产生全面的影响，增加财务风险。

通货膨胀对企业财务活动的影响主要表现为：引起资金占用的增加，从而增加企业的资金需求；引起利率的上升，增加筹资成本；引起有价证券价格下跌，给筹资带来困难；引起利润虚增，造成资金流失。财务人员必须对通货膨胀有所预测，并采取相应措施，减少损失。在通货膨胀时期，企业可采取的应对策略：

通货膨胀初期，进行投资可以避免风险，实现资本保值。签订长期购货合同，以减少物价上涨造成的损失。

通货膨胀持续期，采用比较严格的信用条件，减少企业债权。调整财务政策，防止和减少企业资本流失等。

（二）法律环境

财务管理的法律环境是指国家制定的企业应该要遵守的各种法律、规定和制度。财务管理作为一种社会行为，无论是筹资，投资还是利润分配，必然要受到法律规范的约束。法律环境对财务管理的影响主要包括：

经济组织法规，指涉及经济组织方面的法规，包括全民所有制企业法规、集体所有制企业法规、私营企业法规、公司制企业法规、涉外企业法规等。不同类型的组织形式对企业财务管理有着不同的影响。

经济管理法规，指国家在组织管理和协调经济活动中形成的法规，包括计划法规、基本建设法规、税收法规、金融法规、会计和审计法规、产品质量责任法规、价格法规、自然资源法规、市场管理法规、知识产权法规等。

经济合同法规，指企业在经济流通和交换过程中形成的法规，包括经济合同法规、技术合同法规等。

与财务活动有关的各种法律、规定和制度，约束着企业的经济行为，企业必须按照有关法规的要求组织经济活动，处理与各方面的关系。

（三）金融市场环境

金融市场环境与企业的理财活动密切相关。金融市场是资金融通的场所，它为企业提供了筹资、投资的机会和条件。金融市场为企业理财提供有效的信息，然而金融市场的形势变化不定。金融市场的利率变动，反映资金的供求状况。有价证券市场的行市反映投资人对企业经营状况和盈利水平的评价。面对复杂多变的金融市场，企业需要做出及时、科学的筹资、投资决策，合理利用财务杠杆，降低资金成本，优化资本结构，正确估量和尽量减少投资风险，提高投资收益。

1. 金融市场的构成要素

金融市场的构成要素主要包括三个：金融市场的参与者、金融工具、金融交易场所。

（1）金融市场的参与者

金融市场的参与者是指参与金融交易活动的各个经济单位，包括居民、企事业单位、政府、金融机构等。

（2）金融工具

金融工具是指融通资金双方在金融市场上进行资金交易、转让的工具。金融工具分为基本金融工具和衍生金融工具两大类。常见的基本金融工具有货币、票据、债券、股票等；衍生金融工具又称派生金融工具，如各种远期合约、期货、期权、掉期（互换）、资产支持证券等。

（3）金融交易场所

金融交易场所是进行金融工具交易的地方。金融交易场所既可以是有形的，也可以是无形的。有形的金融交易场所通常有固定的地方和设施，如证券交易所、银行等；无形的金融交易场所通常没有固定的场所，形式灵活，如利用电脑、电传、电话等设施通过经纪人进行的资金融通活动，这种形式可以跨越不同的城市和国家。

2. 金融市场的种类

金融市场的分类比较复杂，一般可以按以下标准进行分类：

（1）按交易的期限

分为短期资金市场和长期资金市场。

短期资金市场是指期限不超过一年的资金交易市场，因为短期有价证券易于变成货币或作为货币使用，所以也叫货币市场。货币市场的主要功能是调节短期资金融通，主要有拆借市场、票据市场、大额定期存单市场和短期债券市场等。

长期资金市场，是指期限在一年以上的股票和债券交易市场，因为发行股票和债券主要用于固定资产等长期资产的购置，所以也叫资本市场。资本市场的主要功能是实现长期资本融通，主要包括债券市场、股票市场和融资租赁市场等。

（2）按交易的性质

分为发行市场和流通市场。

发行市场主要处理金融工具的发行与最初购买者之间的交易，又称初级市场或一级市场。流通市场主要处理现有金融工具转让和变现的交易，又称次级市场或二级市场。

（3）按交易的直接对象

分为同业拆借市场、国债市场、企业债券市场、股票市场和金融期货市场等。

（4）按交割的时间

分为现货市场和期货市场。

现货市场是指买卖双方成交后，当场或几天之内交割的交易市场。期货市场是指买卖双方成交后，在双方约定的未来某一特定时日才进行交割的交易市场。

3. 金融市场中的利率

在金融市场的运作过程中，引导资本流动的重要机制就是其价格，即利率。资金作为一种特殊商品，以利率为价格标准的流通，实质上是资源通过利率实行的再分配。利率政策是宏观货币政策的主要措施，政府为了干预经济，可通过变动利率的办法来间接调节国内通货膨胀水平。在萧条时期，降低利率，扩大货币供应，刺激经济发展；在膨胀时期，提高利率，减少货币供应，抑制经济的恶性发展。所以，利率对企业财务活动有很大的影响。

（1）利率类型

按利率之间的变动关系，分为基准利率和套算利率：

基准利率又称基本利率，是指在多种利率并存的条件下起决定作用的利率。基准利率在西方是中央银行的再贴现率，在我国是中国人民银行贷款的利率。套算利率是指在基准利率确定后，各金融机构根据基准利率和借贷款项的特点在基准利率的基础上加总计算所得的利率，如在基准利率的基础上加 0.5%、1%、1.5% 等计算的利率。

按利率与市场资金供求情况的关系，分为固定利率和浮动利率：

固定利率是指在借贷期内固定不变的利率，若在借贷期内发生通货膨胀，实行固定利率会使债权人的利益受到损害。浮动利率是指在借贷期内可以随物价变动加以调整的利率，在通货膨胀条件下采用浮动利率，可减少债权人的损失。

按利率变动与市场的关系，分为市场利率和法定利率：

市场利率是指根据资金市场上的供求关系，随着市场而自由变动的利率。法定利率是指由政府金融管理部门或者中央银行确定的利率。

（2）利率的计算公式

资金的利率通常由三个部分组成：纯粹利率、通货膨胀补偿率、风险收益率。

利率的一般计算公式：

$$利率 = 纯粹利率 + 通货膨胀补偿率 + 风险收益率$$

纯粹利率是指无通货膨胀、无风险情况下的平均利率。一般情况下，在没有通货膨胀时，国库券的利率可以视为纯粹利率。纯粹利率的高低，受平均利润率、资金供求关系和国家政策调节的影响。

通货膨胀补偿率是指由于持续的通货膨胀会不断降低货币的实际购买力，为补偿其购买力损失而要求提高的利率。

风险收益率包括违约风险报酬率、流动性风险报酬率、期限风险报酬率。违约风险报酬率是指借款人无法按时支付利息或偿还本金给投资人带来风险，投资人为了弥补这些风险而要求提高的利率；流动性风险报酬率是指由于债务人资产的流动性不好给债权人带来风险，为补偿这种风险而提高的利率。期限风险报酬率是指对于一项负债，到期日越远，债权人承受的不确定因素就越多，所承受的风险也越大，为弥补这种风险而要求提高的利率。投资者除了关心通货膨胀率以外，还关心资金使用者能否保证他们收回本金并取得一定的收益，这种风险越大，投资人要求的收益率越高。

三、财务管理原则

财务管理原则是企业在自觉认识和掌握财务活动规律的基础上，组织财务活动，处理财务关系的行为准则。它是从企业理财实践中概括出来，并体现理财活动规律的行业规范，是对财务管理工作的基本要求。这些原则一般包括以下几项：

（一）依法理财原则

市场经济是法治经济，财务管理必须依法办事，贯彻依法理财原则。企业应该建立健全财务管理制度，做好财务管理基础工作；依法合理筹集资金并有效使用资金，严格执行国家规定的各项财务收支范围和标准，做好各项财务收支的计划预测、控制核算和分析考核；正确计算企业经营成果，如实反映企业财务状况，努力提高经济效益；依法计算和缴纳税金；按照规定顺序和要求分配利润，保证投资者的权益不受侵犯。

（二）收支平衡原则

在财务管理中，贯彻的是收付实现制，而非权责发生制，客观上要求在理财过程中做到现金收入（流入）与现金支出（流出）在数量上、时间上达到动态平衡，即现金流转平衡。如果一定时期的收支总额可以平衡，但支出在前，收入在后，也会妨碍资金的顺利周转。资金收支在每个时点上的平衡性，是资金循环过程周而复始进行的先决条件。企业要在一系列的复杂财务活动中保持现金的收支平衡，最有效的方法是现金预算控制。现金预算可以说是筹资计划、投资计划、分配计划的综合平衡，因而现金预算是进行现金流转控制的有效工具。

（三）成本效益原则

成本效益原则是指对企业生产经营活动中的投入和产出进行比较，要求以尽可能少的智力资源和财务资源，创造出尽可能多的财富。在财务管理中，时时刻刻都需要进行成本与收益的权衡。在筹资管理中，要对资金成本与息税前资金利润进行权衡；在长期投资管理中，要对投资成本与投资收益进行权衡；在企业经营活动中，要将企业产品和劳务的成本费用与其营业收入、利润进行权衡。通过上述计算、分析和比较，促使企业降低成本费用，增加收入，不断提高经济效益和社会效益，保证企业财务管理目标的实现。

（四）收益风险均衡原则

在激烈的市场竞争中，企业进行生产经营活动不可避免地要遇到风险。收益与风险的基本关系是一个对等关系，高收益、高风险，低收益、低风险。但应注意的是，高风险并不必然带来高收益，有时甚至是高损失。收益与风险平衡原则要求企业不能只顾收益最大而不顾风险，应当在风险与收益的比较中作出正确而谨慎的抉择，趋利避害，确保财务管理目标的实现。

（五）弹性原则

弹性原则是指企业适应市场变化的能力，即企业生产经营和财务活动的可调整性。弹性原则要求企业在财务管理工作中，必须在追求准确和节约的同时，留有合理的伸缩余地，以便当市场出现变动时，企业可以随时自动做出调整。

（六）兼顾各方利益原则

企业在筹资、投资、运营、分配等财务活动过程中，形成了与国家、投资者、债权人、债务人、职工以及企业内部其他部门之间的财务关系。这一关系实质上是物质利益关系。要处理好这一关系，必须兼顾各方利益，统筹兼顾，维护和协调各方的合法权益，实现企业内部和外部经济利益关系相协调。

第三节 资金时间价值观念

资金时间价值是企业财务管理中一个重要的价值观念。任何企业的财务活动，都是在特定的时空中进行的，离开了时间价值因素，就无法正确计算不同时期的财务收支，无法正确评价企业的经营业绩。资金时间价值会涉及企业筹资、投资等所有的理财活动，因而通常被称之为理财的"第一原则"。

一、资金时间价值的含义

资金时间价值是指同一货币在不同时间点上产生的价值差额，也就是说，随着时间的推移，货币产生的增值。不同时点的货币是不能进行直接对比的，必须换算成同一个时间点的价值才能进行对比。

资金时间价值实质是资金在扩大再生产的循环、周转过程中，随着时间的变化而产生的资金增值或经济效益。资金的时间价值产生的前提是投资，只有将资金用于投资，在资金的运动中获得一定的收益才产生增值。将资金投入到生产过程中，通过劳动者的劳动，创造出新的价值，即利润，会增加社会财富，使社会的总资金扩大，资金随着时间的推移而发生了增值。

资金时间价值可以用绝对数表示，也可以用相对数表示，即以利息额或利息率来表示。由于绝对数的计算结果在不同货币规模下不可比，因此资金时间价值的衡量大多采用相对数形式。一般的利息率除了包括资金时间价值因素以外，还包括风险价值和通货膨胀因素。资金时间价值通常被认为是没有风险和没有通货膨胀条件下的社会平均利润率，这是利润平均化规律作用的结果。现实生活中，由于风险和通货膨胀不可能完全不存在，因此资金时间价值近似地等于短期国库券的利息率。

资金的时间价值是资金在周转使用中产生的，资金所有者让渡资金使用权而参与社会财富分配的一种形式。如果决策者能认识到资金具有时间价值，就会合理、有效地利用资金，努力节约资金的使用，根据资金的增值程度来检验利用资金的经济效益。

二、资金时间价值的计算

资金时间价值揭示了不同时点上资金之间的数量关系，因而它是进行筹资、投资等财务决策必不可少的计量手段。在计量时，要区分两个概念：终值和现值。

终值又称将来值或本利和，是指现在一定量的资金在未来某一时点上的价值，通常记作 F。现值，是指未来某一时点上的一定量资金折合到现在的价值，俗称"本金"，通常记作 P。

现值和终值是一定量资金在前后两个不同时点上对应的价值，其差额即为资金的时间价值。利率被视为资金价值的一种具体体现，现值和终值对应的时点之间可以划分为若干期，相当于计息期。终值和现值的计算涉及利息的计算方式的选择，目前有两种计息方式：单利和复利。

（一）单利的终值和现值计算

单利是指不管时间多长，仅按本金计算利息，所生利息均不加入本金重复计算利息。

通常用 P 表示现值，F 表示终值，i 表示利率，n 表示计息的期数。无特殊说明，给出的利率均为年利率，对于不足一年的利息，以一年等于 360 天来折算。

1. 单利终值的计算

单利终值的计算公式：

$$F = P + P \times i \times n = P \times (1 + i \times n)$$

2. 单利现值的计算

单利现值的计算与单利终值的计算是互逆的，由终值计算现值的过程称为"折现"。单利现值的计算公式为：

$$P = \frac{F}{1 + i \times n}$$

（二）复利的终值和现值计算

货币时间价值通常是按复利计算的。复利是指每经过一个计息期，要将所生利息加入本金再计算利息，逐期滚算，俗称"利滚利"。

这里所说的计息期，是指相邻两次计息的时间间隔，如年、月、日等。除非特别指明，计息期均为一年。

1. 复利终值的计算

复利终值是指现在的一笔资金按复利计算的未来价值，或指若干期后包括本金和利息在内的未来价值，又称本利和。

设现有一笔资金，共计金额为 P，年利率为 i，则 n 年后的终值 F 为：

第 1 年年末的本利和为：$P \times (1 + i)$

第 2 年年末的本利和为：$P \times (1 + i) + P \times (1 + i) \times i = P \times (1 + i)^2$

第 3 年年末的本利和为：$P \times (1 + i)^2 + P \times (1 + i)^2 \times i = P \times (1 + i)^3$

……

第 n 年年末的本利和为：$P \times (1 + i)^n$

因此，复利终值的计算公式为：

$$F = P \times (1 + i)^n$$

式中，$(1 + i)^n$ 称为复利终值系数，用符号 $(F/P,i,n)$ 表示，它是计算复利终值的主要参数，其数值可查阅 1 元复利终值系数表。上述复利终值的计算公式也可写作：

$$F = P \times (F/P,i,n)$$

将单利终值和复利终值比较发现，在第一年，单利终值和复利终值是相等的。从第二年以后，单利终值和复利终值不相等。这是因为从第二年开始，复利每年应按上期本利和为计息基础计算本期利息，而单利仍以本金计算本期利息。

2. 复利现值的计算

复利现值是复利终值的对称概念，指在未来一定时点的特定资金按复利计算的现在价值。

复利现值的计算与复利终值的计算是互逆的，由复利终值的计算公式可推出复利现值的计算公式为：

$$P = \frac{F}{(1 + i)^n} = F \times (1 + i)^{-n}$$

式中，$(1 + i)^{-n}$ 称为复利现值系数，用符号 $(P/F,i,n)$ 表示，它是计算复利现值的主要参数，其数值可查阅 1 元复利现值系数表。上述复利现值的计算公式也可写作：

$$P = F \times (P/F,i,n)$$

3. 名义利率与实际利率

复利的计算期不一定总是一年，有可能是半年、季度、月、周、日。在复利计算中，如果按年复利计息，一年就是一个计息期，这种情况下的年利率是名义利率，名义利率与实际利率相等；如果不按一年的计息期计算复利，将全年利息额除以年初的本金，此时得到的利率是实际利率，此时名义利率与实际利率不相等。

第四节　风险价值观念

人们生活在一个充满不确定性的世界里，许多事物都有待于时间来验证。任何一个行为，都可以产生多个结果，风险无处不在。

一、风险概述

（一）风险的含义

企业生存的外部环境是变化不定的，特别是当今社会，商品经济发达，市场竞争激烈，未来的不确定性随之增加。企业在实现其目标的经营活动中，也会遇到各种不确定性事件，这些事件发生的概率及其影响程度是无法事先预知的，这些事件将对经营活动产生影响，从而影响企业目标实现的程度。

风险是预期结果的不确定性，风险不仅包括负面效应的不确定性，还包括正面效应的不确定性。一般来说，人们对负面效应的关切程度比对意外收益要强烈得多，因此，人们研究风险时主要从负面考虑风险，侧重减少损失，经常把风险看成是负面效应发生的可能性。从财务管理的角度讲，风险是指企业在各项财务活动过程中，由于各种难以预料或难以控制因素的作用，使企业的实际收益与预计收益发生背离，从而蒙受经济损失的可能性。投资者之所以愿意冒风险，是为了得到额外的收益，否则就不值得去冒险。但风险可能给投资者带来超出预期的收益，也可能带来超出预期的损失。因此企业在理财时，必须研究风险、控制风险，识别、衡量、选择和获取增加企业价值的机会。

（二）风险的分类

风险可以从不同的角度划分，常见的有两种分类：

1. 市场风险和公司特有风险

按投资主体的不同划分，风险分为市场风险和公司特有风险。

（1）市场风险

市场风险是指对所有企业都会产生影响的因素引起的风险，如战争、经济衰退、通货膨胀、利率风险、政治风险等。这类风险产生的根源是来自企业外部的变化，涉及所有的投资对象，不能通过多角化投资来分散，因此也称为不可分散风险或系统风险。

（2）公司特有风险

公司特有风险是指发生于个别公司的特有事件造成的风险，如罢工、新产品开发失败、没有争取到的重要合同、诉讼失败等。这类事件是随机发生的，因而可以通过多角化投资来分散，即发生于一家公司的不利事件可以被其他公司的有利事件所抵消，这类风险也称为可分散风险或非系统风险。

2. 经营风险和财务风险

按风险形成的原因划分，风险分为经营风险和财务风险。

（1）经营风险

经营风险是指生产经营的不确定性带来的风险，它是任何商业活动都有的，也称商业风险。企业在生产经营过程中，受到来自企业内部和外部诸多因素的影响，具有很大的不确定性。例如市场销售情况变动，生产成本中的料、工、费变动，生产技术的变革，经济环境的变动等。所有这些生产经营方面的不确定性，都会引起企业的利润或利润率的变化。

（2）财务风险

财务风险是指由于举债而给企业财务成果带来的不确定性，也称筹资风险。举债不仅可以解决企业资金短缺的困难，还可以提高企业自有资金的赢利能力。但借入资金需要还本付息，这加大了企业的财务风险，若企业经营不善，会使企业财务陷入困境甚至导致破产。

（三）风险价值

企业财务和经营管理活动总是处于或大或小的风险之中，一般来说，高风险伴随高收益，也伴随高损失。风险价值是指因冒风险而得到的超过资金时间价值的额外报酬，又称风险收益、风险报酬、风险溢价或风险溢酬。它是预期收益超过无风险收益的部分，反映了投资者对风险资产投资而要求的风险补偿。投资风险越大，投资者对这种额外报酬的要求就越高。

风险价值有两种表示方法，即风险收益额和风险收益率。投资者由于冒着风险进行投资而获得的超过资金时间价值的额外收益，称为风险收益额；风险收益额与投资额的比率则称为风险收益率。由于风险收益率是相对数指标，便于比较和计算，在财务管理中通常用风险收益率来表示风险价值。

如果不考虑通货膨胀的话，投资者进行风险投资所要求的或期望的投资报酬率便是无风险收益率与风险收益率之和，即：

期望投资报酬率 = 无风险收益率 + 风险收益率

假定资金时间价值为6%，某项投资期望投资报酬率为15%，如果不考虑通货膨胀因素，该项投资的风险收益率便是9%。

二、风险的度量

风险价值观念的核心是风险与收益权衡原则，高风险会带来高收益，低风险会带来低收益，企业如何在风险和收益之间进行权衡，这就需要将风险进行量化，在对各种可能结果进行分析的基础上，趋利防弊，以求以最小的风险谋求最大的收益。人们在对风险进行计量时，往往采用概率和统计的方法。

（一）概率分布

在现实生活中，某一事件在完全相同的条件下可能发生也可能不发生，出现的结果也不一样，我们称这类事件为随机事件。概率就是用百分数或小数来表示随机事件发生可能性大小的数值。

通常把肯定发生事件的概率定为1，把肯定不会发生的事件的概率定为0，而一般随机事件的概率是介于0与1之间的一个数。概率越接近1，表示该事件发生的可能性就越大。如果用 X 表示随机事件，X_i 表示随机事件的第 i 种结果，P_i 为出现该种结果的相应概率，那么，概率必须符合下列两个要求：

第一，所有概率（P_i）都在 0~1 之间，即 $0 \leq P_i \leq 1$。

第二，所有结果的概率之和等于 1，即 $\sum_{i=1}^{n} P_i = 1$。

将随机事件各种可能的结果都列示出来，且每一个事件都给予一个概率，把它们列示在一起，便构成了概率分布。

（二）期望值

期望值是指各种可能发生的结果以各自相应的概率为权数计算的加权平均值，又称为预期值或均值，通常用 $\bar{E}$ 表示。其计算公式为：

$$\bar{E} = \sum_{i=1}^{n} (P_i X_i)$$

期望值反映预计收益的平均化，它表示在一定的风险条件下，投资者的合理预期。

（三）离散程度

离散程度是用以衡量风险大小的统计指标。一般来说，离散程度越大，风险越大；离散程度越小，风险越小。反映随机变量离散程度的指标有平均差、方差、标准差、标准离差率和全距等。常用的是方差、标准差、标准离差率。

1. 方差和标准差

$$方差\ \sigma^2 = \sum_{i=1}^{n} (X_i - \bar{E})^2 P_i$$

标准差也叫均方差，是方差的平方根。

$$标准差\ \sigma = \sqrt{\sum_{i=1}^{n} (X_i - \bar{E})^2 P_i}$$

标准差以绝对数衡量决策方案的风险，在期望值相同的情况下，标准差越大，风险越大；反之，标准差越小，风险则越小。方差和标准差的局限性在于它们是绝对数，只适用于预期值相同的决策方案风险程度的比较。

2. 标准离差率

当两个方案的期望收益不相同时，不能根据方差和标准差的大小直接做出风险大小的判断，这时要根据标准离差率来判断。标准离差率又称变化系数、变异系数，是以相对数反映决策方案风险程度的指标。在期望值不同的情况下，标准离差率越大，风险越大；反之，标准离差率越小，风险越小。

标准离差率的计算公式为：

$$V = \frac{\sigma}{\bar{E}}$$

三、风险控制对策

（一）规避风险

规避风险是指改变项目计划，以排除风险或条件，或者保护项目目标，使其不受影响，或对受到威胁的一些目标放松要求。例如，延长进度或减少范围；拒绝与不守信用的厂商进行业务往来；放弃可能明显导致亏损的投资项目。

（二）减少风险

减少风险主要是指两个方面：一是控制风险因素，减少风险的发生；二是控制风险发生的频率和降低风险损害程度。减少风险的常用方法有：进行准确的预测；对决策进行多方案优选和替代；及时与政府部门沟通获取政策信息；在发展新产品前，充分进行市场调研；采用不太复杂的工艺，实施更多的测试；选用比较稳定可靠的合作伙伴；采用多领域、多地域、多项目、多品种的经营或投资。

（三）转移风险

对可能给企业带来灾难性损失的资产，企业应采用某种方式转移风险。转移风险实际只是把风险损失的部分或全部以正当理由让他方承担，而并非将其拔除。如向保险公司投保；采取合资、联营、联合开发等措施实现风险共担；通过技术转让、租赁经营和业务外包等实现风险转移。

（四）接受风险

采取该策略的原因在于很少可以消除项目的所有风险。采取此项措施表明，已经决定不打算为处置某项风险而改变项目计划，无法找到任何其他应对良策时，或者为应对风险而采取的对策所需要付出的代价太高，尤其是当该风险发生的概率很小时，往往采用"接受"这一措施。针对机会或威胁，均可采取该项策略。接受风险包括风险自担和风险自保两种。风险自担是指风险损失发生时，直接将损失摊入成本或费用，或冲减利润；风险自保是指企业预留一笔风险金或随着生产经营的进行，有计划地计提资产减值准备等。

第二章 财务管理的内容

第一节 筹资管理及方式

一、筹资管理概述

(一) 企业筹资的意义和原则

资金是企业持续从事经营活动的基本条件。筹集资金是企业理财的起点。企业的创建，必须筹集资本金，这样才能开展正常的经营活动；企业扩大生产经营规模，开发新产品，进行技术改造，需筹集资金。因而，资金融通即筹集资金是决定企业资金规模和生产经营发展速度的重要环节。筹集资金，直接制约着资金的投入和运用；资金运用，关系到资金的分配；资金的分配，又制约着资金的再筹集与投入。

所谓筹资，就是企业从自身的生产经营现状及资金运用情况出发，根据企业未来经营策略和发展需要，经过科学的预测和决策，通过一定的渠道，采用一定的方式，向企业的投资者及债权人筹集资金，组织资金的供应，保证企业生产经营客观需要的一项理财活动。

市场经济体制的建立，必然要求企业成为真正独立的经济实体，成为自主经营、自负盈亏的社会主义商品生产者和经营者。资金筹集是企业资金运动的起点。企业只有能自主筹集资金，才能把握资金运用的自主权，真正实现自主经营、自我发展和自负盈亏，成为名副其实的具有活力与竞争力的市场主体。

企业筹资过程中，会面临许多问题，如何时筹资，通过什么渠道筹资，采用什么方式进行筹资，以及筹资的数量、成本和资金的使用条件等，都是筹资管理工作必须要考虑的问题。为此，企业筹资活动应遵循以下原则。

1. 合理性原则

企业筹资的目的在于确保企业生产经营所必需的资金。资金不足，固然会影响生产经营发展；而资金过剩，则可能导致资金使用效果降低。所以，筹集资金应掌握一个合理界限，即保证企业生产经营正常、高效运行的最低需用量。

2. 效益性原则

企业在选择资金来源、决定筹资方式时，必须综合考虑资金成本、筹资风险及投资效益等诸多方面的因素。

资金成本亦指企业为取得某种资金的使用权而付出的代价。它是资金使用者支付给资金所有者的报酬及有关的筹措费用，包括借款利息，债券利息，支付给股东的股利，以及股票发行费、债券注册费等。资金成本是对筹资效益的一种扣除。

不同筹资渠道、筹资方式筹集的资金，其资金成本各不相同，取得资金的难易程度也不尽一致，企业所承担的风险也大小不一。为此，筹资者应根据不同的资金需要与筹资政策，考虑各种渠道和潜力、约束条件、风险程度，把资金来源和资金投向综合起来，全面考察、分析资金成本率和投资收益率，力求以最少的资金成本实现最大的投资收益。

3. 科学性原则

科学地确定企业资金来源的结构，寻求筹资方式的最优组合，这是企业筹资工作应遵循的又一重要原则。

企业资金包括自有和借入两部分。自有资金包括企业资本金、资本公积、盈余公积和留存盈利；借入资金通常包括短期负债及长期负债。在通常情况下，企业生产经营所需要的资金不会以自有资金作为唯一的资金来源。通过举债来筹集部分资金，是现代经济生活中客观存在的正常现象，这就是通常所说的举债经营。在企业风险程度已知、其他情况不变的条件下，负债比例越大，企业可能获得的利益也越大，但随之而来的财务风险也就越大。因此，在筹资时应正确分析企业筹资的用途，决定筹资的类型。企业增加永久性流动资产或增添固定资产，则需筹措长期资金。长期资金是指供企业长期使用的资金。长期资金主要用于新产品开发和推广、生产规模的扩大、厂房和设备的更新等，一般需要几年甚至几十年才能收回。长期资金是企业为了能在将来的长期经营活动中能不断地获得收益而发生的支出，也称为资本性支出。资本性支出对企业长期健康发展关系极大。企业未来的获利能力和经营成就在很大程度上取决于这类资金的筹措。短期资金是指供企业短期使用的资金。短期资金主要用于现金、应收账款、材料采购、发放工资等，一般在短期内可以收回。

（二）筹资的分类

1. 按筹集资金的来源

筹资按筹集资金的来源分为权益筹资与债务筹资。权益筹资是指企业通过吸收直接投资、发行股票、内部积累等方式筹集资金。债务筹资是企业按约定代价和用途取得的且需要按期还本付息的方式筹集资金。

2. 按筹集资金期限的长短

筹资按筹集资金期限的长短不同分为长期筹资与短期筹资。长期筹资是指筹集可供企业长期使用的资金，主要用于企业新产品、新项目的开发与推广，生产规模的扩大，设备的更新与改造等。短期筹资是指期限在 1 年以下的筹款，是为满足企业临时性流动资金需要而进行的筹资。

3. 按是否通过金融中介机构进行

筹资按是否通过金融中介机构进行分为直接筹资与间接筹资。直接筹资是指拥有暂时闲置资金的企业与需要资金的企业直接进行协议或通过购买需要资金企业的有价证券而向其提供资金。间接筹资是指拥有暂时闲置货币资金的企业通过存款的形式，或者购买银行、信托、保险等金融机构发行的有价证券，将资金先行提供给这些金融中介机构，然后再由这些金融中介机构以贷款、贴现等形式向需要资金的企业提供资金。

4. 按资金是否由企业内部生产经营形成

筹资按资金是否由企业内部生产经营形成分为内部筹资与外部筹资。内部筹资是指企业经营活动结果产生的资金，即企业内部融通的资金，它主要由留存收益和折旧构成。外部筹资是指来源于企业外部经济主体的资金。

(三) 企业筹资的渠道和方式

1. 筹资渠道

企业筹资的渠道是指企业取得资金的来源。企业筹资的渠道很多，主要包括国家财政资金、银行信贷资金、非银行金融机构资金、其他企业资金、居民个人资金、企业内部资金等。

国家财政资金是国家对企业的直接投资或国家对企业"税前还贷"、减免各种税款而形成的。

银行信贷资金是商业银行和政策性银行对企业的各种贷款。

非银行金融机构资金主要是指信托投资公司、保险公司、租赁公司、证券公司、企业集团所属的财务公司等为企业提供的各种金融服务。

其他企业资金是企业在生产经营过程中，利用暂时闲置的资金而进行的相互投资。

居民个人资金是企业职工和居民个人利用结余货币而对企业进行的投资。

企业内部资金是指企业内部形成的资金，也称企业留存收益，主要包括提取的法定盈余公积金、任意公积金和未分配利润等。

2. 筹资方式

企业筹资的方式是指企业取得资金的具体形式。可供企业选择的筹资方式也有许多，如发行股票、利用留存收益、吸收直接投资、向银行借款、发行公司债券，融资租赁、利用商业信用、杠杆收购等。

发行股票筹资是指通过发行股票方式筹集资金。股票是指股份有限公司发行的、用以证明投资者的股东身份和权益并据以获得股利的一种可转让的书面证明。股票按股东权利和义务的不同，可分为普通股和优先股。普通股是股份公司资本构成中最基本、最主要的股份，不需要还本，股息也不需要定期定额支付。优先股综合了债券和普通股的优点，既无到期还本的压力，也并不必担心股东控制权的分散。但优先股股东负担了相当比例的风险，却只能取得固定的报酬，所以发行效果上不如债券。

留存收益是指企业按规定从税后利润中提取的盈余公积金，根据投资人意愿和企业具体情况留存的应分配给投资者的未分配利润。

吸收直接投资是指企业按照"共同投资、共同经营、共担风险、共享利润"的原则来吸收国家、法人、个人、外商投入资金的一种筹资方式。

银行借款是指企业向银行、非银行金融机构借入的款项，它是企业负债资金的主要来源之一。

发行公司债券是企业主要筹资方式之一，债券是指企业按法定程序发行并承担在指定的时间内支付一定的利息和到期还本义务的有价证券。债券筹资具有资金成本低、保证公司控制权的优点，且可以发挥财务杠杆作用，但债券筹资风险高、限制条件多、筹资额有限。

融资租赁是区别于经营租赁的一种长期租赁形式，它满足企业对资产的长期需要。融资租赁的资产关于所有权有关的风险和报酬实质上都已全部转移到承租方，现在融资租赁已成为仅次于银行信贷的第二大融资方式。

商业信用是指商品交易中的延期付款或延期交货所形成的借贷关系，是企业筹集短期资金的重要方式。

杠杆收购也称举债购买，是指筹资企业以拟收购的企业资产做抵押取得贷款，然后用取得的贷款支付购买资产所需的价款，不够的部分则通常由筹资企业发行股票来补足。杠杆收购是国外中小企业并购其他企业的普遍方式。

（四）企业筹资的动机与要求

1. 企业筹资的动机

企业进行筹资的基本目的，是为了自身的生存与发展。企业筹资通常受一定动机的驱使。其动机主要有扩张性动机、偿债性动机和混合性动机。企业财务人员应客观地评价筹资动机，预见各种筹资动机带来的后果。

（1）扩张性动机

扩张性动机是由企业因扩大生产规模而需要增加资产的目的所促成的。例如，企业在其产品寿命周期的开拓和扩张时期，往往需要筹集大量资金，尤其是长期资金。

（2）偿债性动机

企业为了偿还某些债务而筹资形成的动机称为偿债性动机，即借新债还旧债。偿债性筹资可分为两种情况：一是调整性偿债筹资，即企业虽有足够的能力支付到期旧债，但为了调整原有的资本结构，仍然举债，从而使资本结构更加合理，这是主动的筹资策略；二是恶化性偿债筹资，即企业现有的支付能力已不足以偿还到期旧债，被迫举债还债，这种情况说明财务状况已经恶化。

（3）混合性动机

企业因同时需要长期资金和现金而形成的筹资动机称为混合性动机。通过混合性筹资，企业既扩大了企业资金规模，又偿还了部分旧债，即在这种筹资中混合了扩张性筹资和偿债性筹资两种动机。

2. 企业筹资的要求

企业筹资的总体要求是，要分析评价影响筹资的各种因素，讲究筹资的综合效果。具体要求主要有：

（1）合理确定筹资数量，努力提高筹资效果

企业在开展筹资活动之前，应先合理确定资金的需要量，并使筹资数量与资金需要量达到平衡，防止筹资不足影响生产经营或筹资过剩降低筹资效果。

（2）认真地选择筹资来源，力求降低资金成本

企业筹资可采用的渠道和方式是多种多样的，不同筹资的难易程度、资金成本和财务风险各不一样。

（3）适时取得资金来源，保证资金投放需要

筹措取得资金要按照资金的投放使用时间来合理安排，使筹资与用资在时间上相衔接，避免筹措过早造成投放前的闲置或筹措滞后影响投放的有利时机。

（五）资金需要量预测

企业筹集资金首先要对资金需要量进行预测，即对企业未来组织生产经营活动的资金需求量进行预测、估计、分析和判断。由于企业资金主要占用在固定资产和流动资产上，而这两项资产的性质、用途和占用资金的数额都不相同，所以分别测算。在企业正常经营的情况下，主要是对流动资金需要量进行预测。预测的方法通常分为如下两类。

1. 定性预测法

定性预测法是根据调查研究所掌握的情况和数据资料，凭借预测人员的知识和经验，对资金需要量所做的判断。这种方法一般在缺乏完备、准确的历史资料时采用。预测的主要程序是：首先，由熟悉企业经营情况和财务情况的专家，根据其经验对未来情况进行分析判断，提出资金需要量的初步意见；然后，再通过各种形式，如信函调查、开座谈会等形式；最后，再参照本地区同类企业情况进行分析判断，得出预测结果。

2. 定量预测法

定量预测法是指以资金需要量与有关因素的关系为依据，在掌握大量历史数据资料的基础上，选用一定的数学方法加以计算，并将计算结果作为预测数的一种方法。定量预测法种类很多，如趋势分析法、相关分析法、线性规划法等。

二、普通股筹资

普通股是股份有限公司的首要资本来源。在资产负债表上，负债和所有者权益栏中，可能没有长期负债，没有优先股，但不可能没有股本金。

（一）普通股的概念和种类

1. 普通股及其股东权利

普通股是股份有限公司发行的无特别权利的股份，也是最基本、最标准的股份。通常情况下，股份有限公司只发行普通股，发行普通股股票筹集到的资金称为"股本"或股本总额，是公司资本的主体。

普通股持有人是公司的基本股东，一般具有如下权利：

（1）对公司的管理权

普通股股东具有对公司的管理权。对大公司来说，普通股股东数目多，不可能每个人都直接对公司进行管理。普通股股东的管理权主要体现在其在董事会的选举中有选举权和被选举权，通过选举出的董事会成员来代表所有股东对企业进行控制和管理。具体来说，普通股股东的管理权主要表现为：

投票权，即普通股股东有权投票选举公司董事会成员，并有权就修改公司章程、改变公司资本结构、批准出售公司某些资产、吸收或兼并其他公司等重大问题进行投票表决。以及对公司账目和股东大会决议的审查权和对公司事务的质询权等。

（2）分享盈余的权利

分享盈余也是普通股股东的一项基本权利。盈余的分配方案由董事会决定，并由股东大会审议通过。

（3）出售或转让股份的权利

股东有权出售或转让股票，这是普通股股东的一项基本权利，但股份转让权的行使必须符合公司法和公司章程规定的条件、程序及其他法规。

（4）优先认股权

当公司增发普通股股票时，旧股东有权按持有公司股票的比例优先认购新股票。这主要是为了保持现有股东在公司股份中原来所占的比例，以保证他们的控制权。

2. 普通股的种类

股份有限公司根据相关法规，以及筹资和投资者的需要，可以发行不同种类的普通股。

（1）按投资主体不同，可以分为国家股、法人股、个人股和外资股

国家股是有权代表国家投资的部门或机构以国有资产向公司投入而形成的股份。法人股是企业法人依法以其可支配的财产向公司投入而形成的股份，或具有法人资格的事业单位和社会团体以国家允许用于经营的资产向公司投入而形成的股份。个人股一般指公众股，是社会个人或股份有限公司内部职工以个人合法财产投入公司形成的股份。外资股一般是以外币认购投入公司形成的股份。

（2）按股票发行时的特别规定分类

按股票有无记名，可以分为记名股票和不记名股票；按股票是否标明金额，可分为有面值股票和无面值股票。

记名股票是在股票票面上记载股东姓名或名称的股票。这种股票除了股票上所记载的股东外，其他人不得行使其股权，且股份的转让有严格的法律程序与手续，需办理过户。

不记名股票是票面上不记载股东姓名或名称的股票。这类股票的持有人即股份的所有人，具有股东资格。股票的转让也比较自由、方便，无须办理过户手续。

有面值股票是在票面上标有一定金额的股票。持有这种股票的股东，在公司享有的权利和承担义务的大小，以其所持有的股票票面金额占公司发行在外股票总面值的比例而定。

无面值股票是不在票面上标出金额，只载明所占公司股本总额的比例或股份数的股票。无面值股票的价值随公司财产的增减而变动，而股东对公司享有权利和承担义务的大小，直接依据股票标明的比例而定。

另外，根据股票发行对象和上市地区的不同，又可将股票分为 A 股、B 股、H 股和 N 股。

A 股是供我国大陆地区个人或法人买卖的，以人民币标明票面金额，并以人民币认购和交易的股票。N 股和 H 股是专供外国和我国港、澳、台地区投资者买卖的，以人民币标明票面金额但必须以外币认购和交易的股票。目前，B 股在上海、深圳上市；H 股在香港上市；N 股在纽约上市。

3. 普通股筹资的优缺点

（1）利用普通股筹资的主要优点

与其他筹资方式相比，利用普通股筹资主要有以下优点：

第一，发行普通股筹措的资本具有永久性，无到期日，不需归还。这对保证公司对资本的最低需要、维持公司的长期稳定发展极为有益。

第二，公司没有支付普通股股利的法定义务。这使得公司可以根据具体情况行事。由于没有固定的股利负担，股利的支付与否与支付多少，视公司有无盈利和经营需要而定，经营波动给公司带来的债务负担相对较小。

第三，发行普通股筹集的资本是公司最基本的资金来源。这反映了公司的实力，可作为其他方式筹资的基础，尤其可为债权人提供保障，增强公司的举债能力。

第四，普通股的预期收益较高并可一定程度地抵消通货膨胀的影响（通常在通货膨胀期间，不动产升值时股票也随之升值）。

另外，如果不受公司法等有关法规限制，公司可用普通股的买进或卖出来临时改变公

司资本结构。例如，在公司盈利较高时，为防止现金的大量流失，公司可以在未公布盈利前，在市场上购买自己的普通股，作为库藏股储存起来；在公司经营不景气致使普通股市价下跌时，如果公司预测未来经营情况良好，亦可购进自己的股票储存起来，等盈利增多时再抛售。

（2）利用普通股筹资的主要缺点

普通股筹资的主要缺点是：

第一，筹资的资本成本较高。首先表现在筹措普通股时发生的费用（如包销费）较高。其次，从投资者角度而言，投资于普通股风险较高，因而相应地要求有较高的投资报酬率。

第二，以普通股筹资会增加新股东，这可能分散公司的控制权。

（二）普通股股票及其发行上市

1. 普通股股票的票面要素及发行

股份有限公司成立的方式有两种：发起式和募集式。采用发起式成立时，公司股份由发起人认购，不向发起人以外的任何人募集股份，而且只能发行股权证，不能发行股票。

采用社会公众募集方式设立的公司，除发起人认购部分股份外，其余股份应向社会公众公开发行。采用募集方式设立的公司只能发行股票，不能发行股权证。

（1）普通股股票的票面要素

由于普通股股票可以随时进行转让和买卖，是一种长期性的有价证券，因此对股票的印制有严格的质量要求，必须事先经人民银行审定后在指定的印刷厂印制，但近年来逐渐趋向于"无纸化"股票。

股票票面要素必须足以表明股份有限公司的基本情况和发行股票的基本情况。其中包括：①发行股票的公司名称、住所，并有董事长签名和公司盖章；②股票字样，包括标明"普通股"字样；③公司设立登记或新股发行的变更登记的文号及日期；④股票面值和股票发行总数；⑤股东姓名或名称；⑥股票号码；⑦发行日期；⑧股票背面简要说明（如股息、红利分配原则和股东权益及义务，转让、挂失、过户的规定等）。

（2）普通股股票的发行

在我国，发行股票应接受国务院证券委员会和中国证券监督管理委员会的管理和监督。股票发行的管理规定主要包括：股票发行的条件、发行程序和方式、销售方式等。

股票发行的规定与条件。按照我国公司法的有关规定，股份有限公司发行股票，应符合以下规定与条件：

①每股金额相等。同次发行的股票，每股发行条件与价格应相同；

②股票发行价格可按票面金额，也可以超过票面金额，但不得低于票面金额；

③股票应当载明公司名称、公司登记日期、股票种类、票面金额，以及代表的股份数、股票编号等主要事项；

④公司发行记名股票的，应当置备股东名册，记载股东的姓名或者名称、住所，各股东所持股份，各股东所持股票编号，各股东取得其股份的日期；

⑤公司发行新股，必须具备以下条件：

A. 前一次发行的股份已募足，并间隔 1 年以上；

B. 公司在最近 3 年内连续盈利，并可以向股东支付股利；

C. 公司在 3 年内财务会计文件无虚假记载；

D. 公司预期利润率可达同期银行利率；

⑥公司发行新股，应由股东大会做出有关下列事项的决议：新股种类及数额；新股发行价格；新股发行的起止日期；向原有股东发行新股的种类及数额。

股票发行的程序。如前所述，股份有限公司可以在设立时发行股票，也可以增资时发行新股，两者在程序上有所不同。

①设立时发行股票的程序

第一，提出募集股份申请。股份有限公司的设立必须经过国务院授权的部门或者省级人民政府批准。

发起人在递交募股申请时，还要报送下列文件以备审查：批准设立公司的文件；公司章程；经营结算书；发起人的姓名或名称，认购的股份数，出资种类及投资证明；招股说明书；代收股款银行的名称和地址；承销机构名称及有关协议。

第二，公告招股说明书，制作认股书，签订承销协议和代收股款协议。

募股申请获批准后，发起人应在规定期限内向社会公告招股说明书。招股说明书应附有发起人制定的公司章程，并载明发起人认购的股份数，每股的票面金额和发行价格，无记名股票的发行总数，认股人的权利和义务，本次募股的起止期限及逾期未募足时认股人可撤回所认股份的说明等事项。

我国不允许股份有限公司自己发行股票。发起人向社会公开募集股份，应当与依法设立的证券经营机构签订协议，由证券经营机构承销股票。承销协议应载明当事人的姓名、住所及法定代表人的姓名；承销方式；承销股票的种类、数量、金额及发行价格；承销期；承销付款的日期及方式；承销费用；违约责任等。

第三，招认股份，收缴股款。发起人或承销机构通常以广告或书面通知的方式招募股份。认购人认股时，约定缴纳股款的义务。

第四，召开创立大会。发起人应当自股款缴足之日起三十日内主持召开公司创立大会。有代表股份总数二分之一以上的认股人出席方可举行。

第五，办理设立登记，在规定期限内办理公司设立的登记事项。

②增资发行新股的程序

第一，由股东大会做出发行新股的决议。决议包括：新股种类及数额；新股发行的价格；新股发行的起止日期；向原有股东发行新股的种类及数额。

第二，由董事会向国务院授权的部门或省级人民政府申请并经批准。属于向社会公开募集的，应经国务院证券管理部门批准。

第三，公司经批准向社会公开发行新股时，必须公告新股招股说明书和财务报表及其附属明细表，并制作认股书。

第四，招认股份，收缴股款。

第五，改组董事会、监事会，办理变更登记并向社会公告。

③股票的销售方式

股票的销售方式指的是股份有限公司向社会公开发行股票时所采取的股票销售方法，具体分为自销和委托承销两类。

自销方式是指股票发行公司直接将股票销售给认购者。这种销售方式可由发行公司直接控制发行过程，实现发行意图，并节省发行费用，但往往筹资时间较长，发行公司要承担全部发行风险，并需要发行公司有较高的知名度、信誉和较强的实力。

委托承销是指发行公司将股票销售业务委托证券经营机构代理。这种方式是发行股票所普遍采用的。我国公司法规定，股份有限公司向社会公开发行股票，必须与依法设立的证券经营机构签订承销协议，由证券经营机构承销。

股票承销又分为包销和代销两种不同的办法。所谓包销，是指根据承销协议商定的价格，证券经营机构一次性全部购进发行公司公开募集的全部股份，然后以较高的价格出售给社会上的认购者。所谓代销是指证券经营机构仅替发行公司代售股票，并由此获取一定佣金，但不承担股款未募足的风险。

2. 股票上市

（1）股票上市的目的

股票上市是指股份有限公司公开发行的股票经批准在证券交易所进行挂牌交易。经批准在交易所交易的股票称为上市股票。按照国际通行做法，非公开募集发行的股票或未向证券交易所申请上市的非上市证券，应在证券交易所外的店头市场上流通转让。

股份有限公司申请股票上市，一般是出于这样的一些目的：

第一，资本大众化，分散风险。股票上市后，会有更多的投资者认购公司股份，公司则可将部分股份转售给这些投资者，再将得到的资金用于其他方面，这就分散了公司的风险。

第二，提高股票的变现力。股票上市后便于投资者购买，自然提高了股票的流动性和变现力。

第三，便于筹措新资金。股票上市必须经过有关机构的审查批准并接受相应的监管，执行各种信息披露和股票上市的规定，这就大大增强了社会公众对公司的信赖，乐于购买公司的股票。

第四，提高公司知名度，吸引顾客。股票上市为社会公众所知，并被认为经营优良，会带来良好声誉，吸引更多的顾客，从而扩大销售。

第五，便于确定公司价值。股票上市后，公司股价有市价可循，便于确认公司的价值，有利于促进公司财富的最大化。

（2）股票上市的条件

公司公开发行的股票进入证券交易所挂牌买卖（即股票上市），有严格的条件限制。根据有关规定，股份有限公司申请其股票上市，必须符合下列条件：

第一，股票经国务院证券管理部门批准已向社会公开发行，不允许公司在设立时直接申请股票上市。

第二，公司股本总额不少于人民币5000万元。

第三，开业时间在3年以上，最近3年连续盈利。属国有企业依法改建而设立股份有限公司的，或者在公司法实施后新组建成立，其主要发起人为国有大中型企业的股份有限公司，可连续计算。

第四，持有股票面值人民币1000元以上的股东不少于1000人，向社会公开发行的股份达到股份总额的25%以上。

第五，公司在最近3年内无重大违法行为，财务会计报告无虚假记录。

此外，股票上市公司必须公告其上市报告，并将其申请文件存放在指定的地点供公众查阅。股票上市公司后还必须定期公布财务状况和经营情况，每会计年度内半年公布一次财务会计报告。

（3）股票上市的暂停与终止

股票上市公司有下列情形之一的，由国务院证券管理部门决定暂停其股票上市：

第一，公司股本总额、股权分布等发生变化并不再具备上市条件（在规定限期内未能消除的，终止其股票上市）。

第二，公司不按规定公开其财务状况，或者对财务报告作虚假记录（后果严重的，终止其股票上市）。

第三，公司有重大违法行为（后果严重的，终止其股票上市）。

第四，公司最近3年连续亏损（在规定限期内未能消除，终止其股票上市）。

另外，公司决定解散，被行政主管部门依法责令关闭或者宣告破产的，由国务院证券管理部门决定终止其股票上市。

三、资本金制度

（一）建立资本金制度的意义

资本金制度是国家围绕资本金的筹集、管理以及所有者的责任权利等方面所做的法律规范。

长期以来，一直把资本视为资本主义特有的范畴，但实际上资本是商品经济高度发达的产物，是企业从事生产经营活动的基本条件，它始终贯穿于社会再生产的运动之中，并不断实现资本增值。随着我国经济体制改革的深化，外商投资企业、私人企业、股份制企业等发展迅速，这也从客观上要求明确产权关系，加强对资本金的管理。

1. 有利于保障投资者权益

我国现行的资金管理体制是借鉴苏联的做法建立和发展起来的，主要适用于国有企业。由于企业资金来源单一，所有者就是国家，制定的各类财务制度也没有考虑资本保全问题。所以，建立资本金制度有利于从制度上保障投资者的合法权益。

2. 有利于企业正确计算盈亏，真实反映企业经营状况

过去，企业固定资产盘盈、盘亏、毁损、报废以及国家统一调价引起企业库存物资的价差，要相应调整资金，从而使企业盈亏不实。若调增了资金，使企业的盈利虚增一部分；相反，若调减了资金，企业盈利则少计一部分。这些都不能如实反映企业生产经营的最终成果。建立资本金制度后，投资者一般不得以任何方式抽回投资，无法左右企业的盈亏，所以，建立资本金制度将有利于真实反映企业的经营状况。

3. 有利于企业实现自负盈亏

企业的建立和发展必须有资金。资金的来源很多，可以是借入的，也可以是投资者投入的，但都需要有本钱。本钱就是资本金。在市场经济社会中，企业能否借入资金、借入多少资金，要取决于企业的资本金规模和资信状况，以及企业的偿债能力。因此，资本金是企业实现自主经营和自负盈亏的前提条件。建立资本金制度将有利于健全企业自主经营，自负盈亏，自我发展，自我约束的经营机制。

（二）资本金制度的内容

1. 资本金及其构成

（1）资本金的含义

资本金是指企业在工商行政管理部门登记的注册资金。这是《企业财务通则》对资本金的规定。从性质上看，资本金是投资人投入的资本，是主权资本，不同于债务资金。从目的上看，资本金以追求盈利为目的，不同于非营利性的事业行政单位资金。

在资本金的确定上，主要有三种方法：

实收资本制。在公司成立时，必须确定资本金总额，并一次认足，实收资本与注册资本一致，否则，公司不得成立。

授权资本制。在公司成立时，虽然也要确定资本金总额，但是否一次认足，与公司成立无关，只要缴纳了第一期出资，公司即可以成立，没有缴纳的部分资本金委托董事会在公司成立后进行筹集。

折中资本制。要求公司成立时确定资本金总额，并规定每期出资数额，但对第一期出资额或出资比例，一般要做出限制。

（2）资本金的构成

资本金按照投资主体分为国家资本金、法人资本金、个人资本金等。

国家资本金是指有权代表国家投资的政府部门或者机构以国有资产投入企业形成的资本金。法人资本金是指其他法人单位包括企业法人和社团法人以其依法可支配的资产投入企业形成的资本金。个人资本金是指社会个人或者本企业内部职工以个人合法财产投入企业形成的资本金。

2. 资本金的筹集方式

（1）货币投资

在注册资本中，投资各方需要投资的货币资金数额，通常取决于投入的实物、专利权、商标权之外，还需要多少资金才能满足建厂和生产经营费用开支。按我国有关法规规定，货币出资不得少于资金的30%。

若为外商投资，外商出资的外币应按缴款当日我国外汇管理当局公布的外汇牌价折算成人民币或套算成约定的外币。假定某合资企业合同规定，注册资本以美元表示，而记账本位币采用人民币，在合资外方用港币汇来投资款时，就应先将港币按缴款当日牌价折算成美元，然后用同日牌价将美元折合成人民币，凭以记账。

（2）实物投资

实物投资包括固定资产投资和流动资产投资。

固定资产投资指投资单位以厂房、建筑物、机器设备、仓库运输设备等固定资产作为投资。这种投资的价值一般按投出单位的账面价值作为固定资产的原值，由联营双方按质论价确定的价值作为固定资产的净值，即投资的实际数额。

流动资产投资指投资单位以流动资产对企业进行投资，一般是以提供原材料及主要材料、辅助材料或提供劳务等形式作为对企业的投资。这类流动资产投资额的确定与企业流动资产计价方法相同。

（3）专利权、商标权和非专利技术投资

专利权是依法批准的发明人对其发明成果在一定年限内享有独立权、专用权和转让权，任何单位、个人如果需要利用该项专利，必须事先征得专利使用者许可，并付给一定的报酬。商标权是商标经注册后取得的专用权，受法律保护。商标的价值在于它能够使拥有者具有较大的获利能力。按商标法规定，商标可以转让，但受让人应当保证商标的产品质量。商标也是企业出资方式之一。非专利技术即专有技术，或技术秘密、技术诀窍，是指先进的、未公开的、未申请专利的、可以带来经济效益的技术及诀窍，主要包括工业专有技术和商业（贸易）专有技术。工业专有技术是指生产上已经采用，仅限于少数人知道，不享有专利权或发明权的生产、装配、修理、工艺或加工方法的技术知识；商业（贸易）专有技术，是指具有保密性质的市场情报、管理方法、培训职工方法等保密知识。

其中应当指出，作为投资的专有技术与应由企业支付的技术转让费是不同的，其他单位可以把专有技术转让给企业使用，向企业分期收取一定的费用，企业支付的这种费用，称为技术转让费。

作为投资者出资的商标权、专利权、非专有技术，必须符合下列条件之一：①能生产市场急需的新产品或出口适销的产品；②能显著改进现有产品的性能、质量，提高生产效率的；③能显著节约原材料、燃料和动力的。

我国现行的法律、法规虽允许企业使用无形资产进行投资，但无形资产投资总额不宜过高，否则就会影响货币和实物投资，不利于企业生产经营和发展。

必须指出，投资各方按合同规定向企业认缴的出资，必须是投资者自己所有的货币资产、自己所有并未设立任何担保物权的实物、商标权、专利权、非专利技术等。

（4）土地使用权投资

企业所需场地，应由企业向所在地的市（县）级土地主管部门提出申请，经审查批准后，通过签订合同取得场地使用权。合同应说明场地面积、地点、用途、合同期限、场地使用权的费用（以下简称场地使用费），双方的权利与义务，违反合同的罚款等。

场地使用费标准应根据场地的用途、地理环境条件、征地拆迁安置费用和合资企业对基础设施的要求等因素，由所在地的省、自治区、直辖市人民政府规定。企业所需土地的使用权，如为某企业所拥有，则该企业可将其作为对新企业的出资，其作价金额应与取得同类土地使用权所缴纳的使用费相同。

土地使用权投资与场地使用费不同，土地使用权投资是对企业的一项投资，是企业的无形资产，其价值分期摊销转作费用。土地使用权投资的价值，一般可按土地面积、使用年限和政府规定的土地使用费标准综合计算，其具体作价应由投资各方协商确定。场地使用费是企业向政府申请使用场地，而按场地面积和政府规定的使用费标准，按期向政府交纳的场地使用费用，是企业的一项费用支出。

3. 验资以及出资证明

投资各方按合同规定缴付出资额后，应由中国注册会计师验证。验资工作应坚持合理合法、平等互利、公正无私和实事求是等原则，维护国家法律和国家主权，维护合营各方的正当权益。

验资工作应以我国有关的法律、财务会计制度、企业协议、合同章程以及企业董事会的决议、会议纪要等文件为依据，具体根据企业的会计凭证、账簿和报表等资料，对投资各方的各项投资进行检查核实。

企业的验资工作必须在出资后 60 天内完成。验资工作一般采用以下一些方法：

（1）核对法

核对法就是对有关实物、账目的记录和数据进行核对、复核，查明是否正确无误。对实物投资进行重点抽查，常用这种方法。

（2）审阅法

审阅法就是仔细地审查和阅读各种有关凭证和账目，查明投资核算是否正确合理。

（3）查询法

查询法就是通过查阅或询问的方法取得必要资料，证明一些问题。

（4）分析法

分析法就是在掌握资料和了解情况的基础上，对问题进行分析研究，得出正确的结论。

（5）盘点法

盘点法就是对各种实物进行盘点，并与投资实物清单核对，查明有无遗漏或多列等情况。

下面将对货币、实物、无形资产等投资的验证作简要说明。

第一，对货币投资的验证。企业应凭营业执照在银行开立存款账户。对于货币投资，首先应验证是否符合这一规定。要验证投资者以什么名义，存入哪家银行，存入何种货币，存入多少金额，存入日期是哪一天，存款凭证的号码是多少等，经过核对取得有关凭证，即可通过。

第二，对实物投资的验证。进行实物验资应有三个前提：①实物已运到企业指定的场地；②企业已办好验收手续；③如有索赔情况，索赔手续和索赔款均已落实。具备这三个前提，才可进行验资。

第三，对无形资产的验证。应验证无形资产的有效状况及其技术特征、使用价值、作价的计算根据等资料，以及投资各方签订的无形资产的作价协议。

土地使用权投资，一般在合同中说明使用面积和计算单位，可根据批准的合同进行验证。在验证时，如实际丈量的面积超过合同规定面积，有土地使用证的，以使用证为准；无土地使用证的，由投资各方协商确定，验证依据以协商后的面积为准。

4. 抽查资本金的期限

资本金可以一次或者分期筹集。企业筹集资本金是一次筹集还是分期筹集，应根据国家有关法律、法规以及合同、章程的规定来确定。

四、长期、短期负债筹资

（一）长期借款的种类

1. 按照用途分类

按照用途可分为基本建设贷款、技术改造贷款、科技开发项目贷款和其他项目贷款。

（1）基本建设贷款

基本建设贷款是指商业银行发放的用于基础设施项目建设的中长期贷款，基础项目一般主要包括经国家有关部门批准的基础设施建设、市政工程、服务设施建设等。

（2）技术改造贷款

技术改造贷款是指商业银行发放的用于对现有客户以扩大生产规模或通过改造、引进技术提高现有工艺水平、生产技术水平而发放的贷款。技术改造贷款一般都是中长期贷款。

（3）科技开发项目贷款

科技开发项目贷款是指商业银行发放的主要用于支持企业进行新技术、新产品的研制开发，技术创新和科技成果向生产领域转化或应用的项目贷款。科技开发项目贷款一般都是中期贷款。

（4）其他项目贷款

其他项目贷款是指商业银行发放的主要用于企业购置其他固定资产的贷款，该贷款一般是中长期贷款。

2. 按有无担保分类

按有无担保贷款可分为信用贷款和抵押贷款。

信用贷款是指借款人不需要提供任何的抵押物，仅以借款人的信誉发放的贷款。这种信用贷款是中国银行长期以来的主要放款方式。

抵押贷款是指借款人提供一定的抵押品作为担保而取得的贷款。贷款期满后，如果借款人不能按期偿还，银行有权将抵押品拍卖，用拍卖所得款偿还贷款。用作抵押的资产一般具有易保存、易变现、不易损耗等特点，如有价证券、房地产等。

（二）长期借款的程序

1. 企业提出申请

企业申请借款必须符合贷款原则和条件，并提供以下资料：

（1）书面借款申请；

（2）项目可行性研究报告或项目建议书；

（3）能够证明企业生产经营、管理情况的基础性资料；

（4）经有权部门审计的财务报告及生产经营情况资料；

（5）其他。

2. 金融机构进行审批

银行接到企业的申请后，要对企业的申请进行审查，以决定是否对企业提供贷款。这一般包括以下几个方面：

（1）对借款人的信用等级进行评估。

（2）进行相关调查。贷款人受理借款人的申请后，应当对借款人的信用及借款的合法性、安全性和营利性等情况进行调查，核实抵押物、保证人情况，测定贷款的风险。

（3）贷款审批。

3. 签订借款合同

借款合同，是规定借贷各方权利和义务的契约，其内容分为基本条款和限制条款。限制条款又有一般性限制条款、例行性限制条款和特殊性限制条款之分。基本条款是借款合同必须具备的条款。限制条款是为了降低贷款机构的贷款风险而对借款企业提出的限制性要求。

借款合同的基本条款有贷款种类、借款用途、借款金额、借款利率、借款期限、还款资金来源及还款方式、保证条款、违约责任等。

借款合同的一般性限制条款包括：①保持企业的资产流动性。要求企业需持有一定最低限度的货币资金及其他流动资产，以保持企业资产的流动性和一定短期偿债能力。一般在借款合同中规定了企业必须保持最低的营运资金数额和最低流动比率数值；②限制企业非经营性支出。如限制支付现金股利、购入股票和职工加薪的数额规模，以减少企业资金的过度外流；③限制企业资本支出的规模。控制企业资产结构中的长期性资产的比例，以减少公司日后不得不变卖固定资产以偿还贷款的可能性；④限制公司再举债规模。目的是以防止其他债权人取得对公司资产的优先索偿权；⑤限制公司的长期投资。如规定公司不准投资于规定期限内不能收回资金的项目，不能未经银行等债权人同意而与其他公司合并等。

借款合同的例行性限制条款包括：企业定期向贷款机构报送财务报表、企业不准在正常情况下出售大量资产、企业要及时偿付到期债务、禁止企业贴现应收票据或转让应收账款、禁止以资产做其他承诺的担保或抵押等。

借款合同的特殊性限制条款如：要求公司的主要领导人购买人身保险；借款的用途不得改变；违约惩罚条款等等。

4. 企业取得借款

借贷双方签订借款合同后，贷款银行按合同的规定按期发放贷款，企业便可取得相应的资金。贷款人不按合同约定按期发放贷款的，应偿付违约金。借款人不按合同的约定用款的，也应偿付违约金。

5. 企业偿还货款

企业应按借款合同的规定按时足额归还本息。如果企业不能按期归还借款，可以在贷款到期之前，向银行申请贷款展期。但是否展期，由贷款银行根据自身及企业的实际情况具体决定。

（三）长期借款筹资的优缺点

1. 优点

（1）筹资速度快

发行各种证券筹集长期资金所需时间一般较长。证券发行的准备工作，以及证券发行都需要一定的时间。而向银行借款与发行证券相比，一般所需时间较短，可以迅速地获取资金。

（2）借款弹性较大

企业与银行可以直接接触，可通过直接商谈，来确定借款的时间、借款金额和利息。在借款期间，如果企业情况发生了变化，也可与银行进行协商，修改借款的数额和条件。

（3）借款成本较低

就目前我国情况来看，利用银行借款所支付的利息比发行债券所支付的利息要低。另外，向银行借款无须支付大量的发行费用。

（4）可以发挥财务杠杆的作用

不论公司赚钱多少，银行只按借款合同收取利息，在投资报酬率大于借款利率的情况下，企业所有者将会因财务杠杆的作用而得到更多的收益。

2. 缺点

（1）筹资风险较高

企业举债长期借款，必须定期还本付息。在经营不利的情况下，可能会带来不能按期偿付的风险，甚至会导致企业破产。

（2）限制性条款比较多

企业与银行签订的借款合同中，一般都有一些限制性条款，如定期报送有关报表、不改变借款用途等，这些条款可能会限制企业的经营活动。

（3）筹资数量有限

考虑到借款的安全性，银行一般都不愿借出巨额的长期借款。因此，利用银行借款筹资都有一定的上限。

（四）短期借款

短期借款是指企业向银行和其他非银行金融机构借入的期限在一年以内的借款。主要用于企业正常生产经营周转和临时性资金需要。

1. 短期借款的种类

短期借款主要有生产周转借款、临时借款、结算借款等。按照国际通行做法，短期借款还可依偿还方式的不同，可分为一次性偿还借款和分期偿还借款；依利息支付方法的不同，可分为收款法借款、贴现法借款和加息法借款；依有无担保，可分为抵押借款和信用借款。

2. 短期借款的信用条件

按照国际惯例，银行发放短期贷款时，主要信用条件包括以下内容。

（1）信贷额度

信贷额度亦即贷款限额，是借款人与银行在协议中规定的允许借款人借款的最高限额。银行不会承担不借款的法律责任。

（2）周转信贷协定

周转信贷协定是银行从法律上承诺向企业提供不超过某一最高限额的贷款协定。在协议的有效期内，只要企业借款总额未超过最高限额，银行必须满足企业任何时候提出的借款要求。企业享用周转信贷协定，通常要就贷款限额的未使用部分付给银行一笔承诺费。

（3）补偿性余额

补偿性余额是银行要求借款人在银行中保持按贷款限额或名义借款额的一定百分比计算的最低存款余额。对于借款企业来讲，补偿性余额提高了借款的实际利率。

（4）借款抵押

财务风险较大、信誉不好的企业向银行申请贷款，银行往往需要企业有抵押品担保，以减小自己蒙受损失的风险。借款的抵押品通常是借款企业的办公楼、厂房等。

（5）偿还条件

无论何种借款，银行一般都会规定还款的期限。根据我国金融制度的规定，贷款到期后仍无能力偿还的，视为逾期贷款，银行要照章加收逾期罚息。

（6）以实际交易为货款条件

当企业发生经营性临时资金需求，向银行申请贷款以求解决时，银行则以企业将要实现的实际交易额为贷款基础，单独立项，单独审批，最后做出决定并确定贷款的相应条件和信用保证。

（五）短期借款筹资的优缺点

1. 优点

（1）筹资速度快

企业获得短期借款所需时间要比长期借款短得多，因为银行发放长期贷款前，通常要对企业进行比较全面的调查分析，花费时间较长。

（2）筹资弹性大

短期借款数额及借款时间弹性较大，企业可在需要资金时借入，在资金充裕时还款，便于企业灵活安排。

2. 缺点

（1）筹资风险大

短期资金的偿还期限短，在筹资数额较大的情况下，如企业资金调动不周，就有可能出现无力按期偿付本金和利息，甚至被迫破产。

（2）与其他短期筹资方式相比

资本成本较高，尤其是存在补偿性余额和附加利率情况下，实际利率通常都高于名义利率。

第二节　资本成本与构成管理

一、资本成本概述

（一）资本成本的概念

资本成本是指企业为筹集和使用资本而付出的代价，包括筹资费用和用资费用两部分。筹资费用是指企业在筹集资本过程中为取得资本而支付的各种费用。筹资费用具有一次性支付的特征。用资费用是指企业因使用资本而支付给资本所有者的报酬。用资费用具有经常性、定期性支付的特征。

资本成本的表示方法有两种，即绝对数表示方法和相对数表示方法。

绝对数表示方法是计算所筹资本的筹资费用与用资费用的合计数，反映为筹集和使用一定数量资本到底支付多少费用。

相对数表示方法则是通过资本成本率指标来反映的。由于筹资费用通常是筹集资本时一次性支付的，在资本使用过程中不再发生，实际上是资本筹集总额的减少，因此，在计算资本成本时通常把筹资费用作为筹资总额的一项扣除数，即用年用资费用与筹资净额的比率来表示资本成本。

（二）资本成本的性质

从经济学的角度讲，资本成本是在商品经济条件下的必然产物。它具有以下特定的经济性质。

1. 资本成本是资本所有权与使用权相分离的产物

资本是一种特殊商品，其特殊性表现在它与其他生产经营要素结合后能使自身价值得到增值。商品经济的发展和借贷关系的普遍存在，导致资本的所有权与使用权产生分离，资本使用者使用资本，就必须付出一定代价。资本使用者无论是直接取得的资本还是通过资本市场间接取得的资本，都必须支付给资本所有者和中介人一定报酬，这些报酬实质上就是资本在周转使用中发生的价值增值的一部分。

2. 资本成本具有一般产品成本的基本属性，但又不同于一般的产品成本

资本成本和产品成本一样都是可以得到补偿的资本耗费，但产品成本是现实的资本耗费，而资本成本则可能是实际成本，也可能是机会成本。

3. 资本成本是资金时间价值与风险价值的统一

资本成本既包括时间价值，也包括风险价值。资金时间价值是资本成本的基础，在有风险的情况下，资本成本一方面表现为企业筹集和使用资本的所支付代价；另一方面表现为投资者要求的必要报酬，投资者在测算一项投资所要取得的必要报酬时，必然会将风险因素考虑在内。

(三) 资本成本的作用

资本成本是企业财务管理的一个重要概念和基本"财务标准"。正确计算和分析资本成本，对企业财务管理有着重要的作用。

1. 资本成本是选择筹资方式、拟订筹资方案的依据

不同来源渠道、不同筹资方式的资本，其资本成本的高低是不相等的。在其他条件都相同的情况下，企业应该选择资本成本较低的筹资方式。

2. 资本成本是评价投资项目可行性的重要标准

企业筹资的目的是为了投资，而只有当投资项目获取的收益率大于资本成本率时，投资项目才是可行的，否则投资项目则不应予以考虑。

3. 资本成本是评价企业经营成果的尺度

从资本成本的构成来看，它实际上就是投资者和中介机构应得的收益。而这部分收益能否实现，取决于资本使用者运用资本获取的收益多少及如何进行分配。

(四) 资本成本的种类

1. 个别资本成本

个别资本成本是某一种筹资方式的资本成本，如：长期借款资本成本、债券资本成本、优先股资本成本、普通股资本成本、留存收益资本成本、商业信用资本成本和吸收直接投资的资本成本。

（1）长期借款资本成本

长期借款的资本成本是指借款的手续费与长期借款的利息。借款手续费属于一次性支付的筹资费用，筹资费用一般用占筹资额一定的比例（即筹资费用率）进行估算。长期借款的利息是用资费用，利息一般按期支付，通常作为财务费用在税前扣除，从而降低企业的利润总额，最终使企业少交所得税。因此，长期借款筹资方式具有节税作用。这样，企业实际发生的年用资费用为：年利息×（1－所得税率）。因此，若用相对数表示，长期借款资本成本可按下式计算：

$$K_{借} = \frac{年利率 \times (1 - 所得税税率)}{1 - 筹资费用率} \times 100\%$$

（2）债券资本成本

债券的资本成本主要是指债券的筹资费用和债券的利息。债券的筹资费用一般较高，主要包括申请发行债券的手续费，债券的注册费、印刷费、上市费及推销费等。债券的利息处理同长期借款相似，可获得税收利益，具有节税作用。债券资本成本可按下式计算：

$$K_{债} = \frac{债券年利率 \times (1 - 所得税税率)}{债券筹资总额 \times (1 - 筹资费用率)} \times 100\%$$

（3）商业信用资本成本

商业信用资本成本是指在商品交易中由于延期付款或预收货款所形成的企业间的借贷关系。具体形式包括应付账款、应付票据、预收账款等。商业信用是社会信用体系中最重要的一个组成部分，由于它具有很大的外在性，因此，在一定程度上它影响着企业其他信用的发展。

（4）优先股资本成本

优先股一般要定期向持股人支付固定股息，没有到期日，股息支付在所得税后进行，因此不具有所得税的抵减作用。可以把优先股股息视为一种永续年金。优先股资金成本可按下式计算：

$$优先股资本成本率 = \frac{年股利}{发行价格 \times (1 - f)} = \frac{D_p}{P_0 \times (1 - f)}$$

式中：D_p 表示优先股年股息；

P_0 代表优先股现在市场价格；

f 表示筹资费用率，即优先股发行费用与发行价格之比。

（5）普通股资本成本

普通股资本成本可以看作是普通股股东要求的投资必要收益率。普通股资本成本从理论上讲是使普通股未来股利收益折成现值的总和等于普通股现行价格的折现率。而普通股的股利往往随企业的经营情况变化而变化，因此，普通股的资本成本在计算上相当困难，需要建立一些必要的假设，并简化计算过程。股本股的资本成本可按投资必要报酬率来计算，该方法称为资本资产定价模型法。计算公式如下：

$$股票资金成本 = 股票投资人要求的必要收益率$$
$$= 无风险收益率 + 风险收益率$$
$$= \frac{无风险}{收益率} + \frac{该项资产}{风险系数} \times \left(\frac{市场平均}{收益率} - \frac{无风险}{收益率}\right)$$
$$= R_f + \beta \times (R_m - R_f)$$

式中：R_f 为无风险收益率；

β 为投资某项资产的 β 系数；

R_m 为市场组合的平均收益率。

（6）留存收益资本成本

留存收益资本成本是机会成本，留存收益属于普通股股东的，如果企业不留存，而是发放给股东，则股东可以拿去再投资获利。投资人对于留存收益要求的收益率与普通股资金是相同的，因此留存收益资本成本等于不考虑筹资费用时的普通股资本成本。

（7）吸收直接投资的资本成本

吸收直接投资的资金成本比发行普通股的成本高，因为相对于直接投资来说，当企业盈利的时候，投资者往往要求将大部分利润作为红利分配，向投资者支付的报酬是按其出资数额和企业实现利润的比例来计算的。而对于股票筹资来说，则没有定期发放股利的要求，从这个角度来说吸收直接投资的资本成本较高。

2. 加权平均资本成本

加权平均资本成本是以不同来源资本额占总资本额的比重为权数加权平均计算的公司全部资本的资本成本，反映了企业资本成本整体水平的高低。企业加权资本成本是以个别资本成本为基数，计算时将每种资本的税后资本成本乘以其占总资本的比例，然后加总得到加权平均资本成本。即：

综合资金成本 $= \sum$ 个别资本成本 × 个别资本额占总资本额的比重（即权重）

3. 边际资本成本

边际资本成本指每增加一个单位资本而需增加的资本成本，它是成本的一个边际增加额。边际资金成本是企业追加筹资的决策依据。值得注意的是：资金的边际成本需要采用加权平均资金成本法计算得出。资本边际成本的跳跃变动一般会随企业筹资规模的不断扩大而不断地出现，即筹资总额与资本边际成本正相关。企业筹资越多，负债和权益资本的成本一般都会上升，出现多个资本成本的间断点。任何企业都无法在同一成本水平上不限规模地筹集资本。企业必须确定在不同的筹资规模条件下各筹资方式的个别资本成本，结合企业要求的投资必要报酬率选择最有利的筹资方案。

（五）降低资本成本的途径

降低资本成本，既取决于企业自身筹资决策，也取决于市场环境。要降低资本成本，需从以下几个方面着手。

1. 合理安排筹资期限

原则上看，资本的筹集主要用于长期投资，筹资期限要服从于投资年限，服从于资本预算，投资年限越长，筹资期限也要求越长。

2. 合理利率预期

资本市场利率多变，因此，合理利率预期对债务筹资意义重大。比如，企业采用发行债券方式筹资时，如果能够合理预计未来市场利率将会升高，则应该选择采用固定利率发行债券，这样，企业将来定期支付给债权人的利息就不会因为利率的上升而增加，实际上相当于降低了筹资成本。反之，如果能够合理预计未来市场利率将会下降，则应该选择采用浮动利率发行债券。

3. 提高企业信誉，积极参与信用等级评估

要想提高信用等级，必须积极参与等级评估，让企业了解市场，也让企业走向市场，只有这，才能为以后在资本市场上筹资提供便利，才能增强投资者的投资信心，才能积极有效地筹集所需资本，才能以较小的资本成本筹集到所需的资本。

4. 积极利用负债经营

在投资收益率大于债务资本成本率的前提下，积极利用负债经营，可以取得财务杠杆效益，从而降低资本成本，提高投资效益。

二、杠杆原理

（一）经营杠杆

1. 经营杠杆的概念

经营杠杆，也称营业杠杆，是指由于固定成本的存在而导致的息税前利润变动率大于产销量变动率的杠杆效应。其中，息税前利润是指不扣利息和所得税之前的利润。

经营杠杆对企业来说是把"双刃剑"。在固定成本一定的情况下，在一定业务量范围内，产品成本会随着产销量的增加而减少。虽然单位产品的变动成本基本保持不变，但是产销量增加了，单位产品分担的固定成本会降低，导致单位产品总成本降低，单位产品利润增加，从而使企业息税前利润的增长率大于产销量的增长率；反之，在固定成本一定的情况下，在一定业务量范围内，产品成本随着产销量的减少而增加。虽然单位产品的变动成本基本保持不变，但是产销量减少了，单位产品分担的固定成本上升，导致单位产品总成本升高，单位产品利润减少，从而使企业息税前利润的降低率大于产销量的降低率。

如果不存在固定成本，那么息税前利润的变动率将会与产销量的变动率保持一致。然而，实务中，企业生产经营通常都有固定成本，因此，必然存在经营杠杆作用，即产销量发生较小的变动，就会引起息税前利润较大的变动。

2. 经营杠杆系数

如前所述，只要企业有固定成本，就存在经营杠杆效应的作用。经营杠杆作用的大小一般用经营杠杆系数来度量。

经营杠杆系数（DOL）是指息税前利润变动率相当于产销量变动率的倍数。或者说当产销量变动 1 倍时，引起息税前利润变动的倍数。即：

$$经营杠杆系数 \; DOL = \frac{息税前利润变动率}{产销量变动率} = \frac{\Delta EBIT / EBIT}{\Delta x / x}$$

式中：$EBIT$ 表示息税前利润；$\Delta EBIT$ 是息税前利润变动额，它是预期息税前利润大于基期息税前利润的差额；Δx 是销售变动量，它是预期产品销量大于基期产品销量的差量。

3. 经营风险

（1）经营风险的概念

经营风险也称营业风险，是指企业因经营上的原因而导致息税前利润变动的风险。尤其是指利用经营杠杆而导致息税前利润变动的风险。

（2）影响经营风险的主要因素

①市场需求

市场对企业产品的需求越稳定，企业的 EBIT 越稳定，经营风险越小；反之，经营风险越大。

②销售价格

产品销售价格越稳定，EBIT 越稳定，经营风险越小；反之，经营风险越大。

③材料价格

原材料价格越稳定，EBIT 越稳定，经营风险越小；反之，经营风险越大。

④对销售价格的调整能力

当通货膨胀使生产资料价格上涨时，若公司有能力将因生产资料涨价而增加的生产成本转移到销售价格上，则能够消除其对 EBIT 的影响，这种调整能力越强，经营风险越小；反之，经营风险越大。

⑤固定成本

固定成本与 EBIT 的可变性之间没有必然的联系，但由于固定成本的性质使得当产品的产销量发生变动时，单位产品分担的固定成本随着产销量的增加而减少，导致 EBIT 以更大的幅度波动，从而增加经营风险。

⑥对经济周期的敏感性

若企业的销售收入随经济周期的变化而剧烈地波动，经营风险就大。如汽车制造业、旅游业。若企业对经济周期的敏感性弱，经营风险就小，如煤气公司、电力公司。

4. 经营杠杆与经营风险的关系

经营风险是由于经营上的原因导致的企业未来息税前利润的不确定性。

（1）经营杠杆系数越大，企业经营风险越大

经营杠杆本身并不是利润不稳定的根源，但是经营杠杆扩大了市场和生产等不确定因素对利润变动的影响。

实务中，控制经营风险的方法为：增加销售额、降低单位变动成本、降低固定成本等。

（2）经营风险既可以用经营杠杆系数衡量，还可以使用概率法衡量

经营风险可以经营杠杆系数来衡量，经营杠杆系数越大，经营风险越大。也可以用息税前利润的标准差或标准离差率表示，二者得出的结论是一致的。

（二）财务杠杆

1. 财务杠杆概念

财务杠杆是指由于所筹资本中固定性使用费用的存在，而导致的普通股每股收益变动率大于息税前利润变动率的杠杆效应。

在企业债务资本、优先股资本数量既定条件下，企业债务的利息和优先股的股息是固定不变的。当企业的息税前利润增加时，由于从利润中扣除的固定性使用费用不变，致使每一股息税前利润分担的固定性使用费用降低，导致普通股每股收益以更大的幅度增加，从而给普通股股东带来更大的收益。反之，当企业息税前利润减少时，由于从息税前利润中扣除的固定财务费用是不变的，从而给普通股股东带来更大的损失。因此，财务杠杆与经营杠杆一样，对企业来说也是把"双刃剑"。

2. 财务杠杆系数

财务杠杆系数（DFL），是指普通股每股收益率相当于息税前利润变动率的倍数。或者说当息税前利润变动 1 倍时，引起普通股每股收益变动的倍数。即：

$$财务杠杆系数\ DFL = \frac{普通股每股收益变动率}{息税前利润变动率} = \frac{\Delta EPS/EPS}{\Delta EBIT/EBIT}$$

式中：ESP 表示普通股每股利润；ΔEPS 是每股收益变动额，它是预期每股收益大于基期每股收益的差额；$EBIT$ 表示息税前利润；$\Delta EBIT$ 是息税前利润变动额，它是预期息税前利润大于基期息税前利润的差额。

3. 财务风险

（1）财务风险的概念

财务风险，指因资本结构不合理、融资不当，使企业丧失支付利息和股息及到期本金

能力而导致投资者预期收益下降的风险。在资本结构中，债务资本、优先股资本相对普通股权益的比重越大，公司的支付能力就越差；投资者所要求的收益率就越大，公司的资本成本就越高。狭义的财务风险又称筹资风险，是针对债务资本、优先股股息偿付而言的。

①现金性财务风险

现金性财务风险是指公司在特定时点上，现金流出量超出现金流入量，而产生的不能偿付债务本息的风险。可见，现金性财务风险是由于债务的期限结构与现金流入的期间结构不相配套引起的，它是一种支付风险，它表现为某一项债务不能及时偿还，或者是某一时点债务不能及时偿还。也正由于此，这种风险对公司以后各期的筹资影响不是很大。因此，作为一种暂时性的偿债风险，只要通过合理安排现金流量和现金预算即能回避，因而对所有者收益的直接影响不大。

②收支性财务风险

收支性财务风险是指公司在收不抵支的情况下出现的不能偿还到期债务本息的风险。当公司收不抵支，即发生亏损时，将会减少公司净资产，从而减少作为偿债保障的资产总量。在负债不变的情况下，亏损越多，公司资产偿还债务的能力也就越低。一旦出现收不抵支，公司的债权人权益就很难保障，而作为公司所有者的股东，其承担的风险压力就更大。如果不加强管理，那么公司的再筹资将面临很大的困难。

（2）影响财务风险的主要因素

①债务比例的大小

公司如不发行债券、不借款，就不存在财务风险。公司使用债务资金的比例上升，财务风险也随之增大。

②收支的匹配程度

如果公司的现金流入量与债务本金和利息的支付不匹配，财务风险就会上升；流动负债所占比例越大，无法按时支付利息和本金的可能性就越大，财务风险也就越大。

4. 财务杠杆与财务风险的关系

财务杠杆系数越大，财务风险越大。企业举债比重越大，财务杠杆效应越强，财务风险越大。财务杠杆与财务风险的关系可通过计算分析不同资本结构下普通股每股收益及其标准离差和标准离差率来进行测试。

（三）总杠杆

1. 总杠杆定义

又称复合杠杆，是企业同时运用经营杠杆和财务杠杆而产生的收益。总杠杆是反映由于固定成本和固定财务费用的共同存在而导致的每股利润变动率大于产销量变动率的杠杆效应。

总杠杆用于衡量销售量变动对普通股每股收益变动的影响程度。因此总杠杆是经营杠杆和财务杠杆综合的结果，是二者的乘积。

负债经营企业的总风险既包括经营风险，也包括财务风险。是普通股每股收益变动率相当于产销量变动率的倍数。

2. 总杠杆系数

总杠杆系数（DCL），是指普通股每股收益率相当于产销量变动率的倍数。或者说当产销量变动1倍时，引起普通股每股收益变动的倍数。即：

$$总杠杆系数 DCL = \frac{普通股每股收益变动率}{产销量变动率} = \frac{\Delta EPS/EPS}{\Delta x/x}$$

正是因为总杠杆系数是经营杠杆系数和财务杠杆系数的乘积，所以，可以利用其中的经营杠杆系数和财务杠杆系数的值，来推算总杠杆系数的大小。

3. 总风险

企业总风险是指企业未来每股收益（EPS）的不确定性，它是经营风险和财务风险共同影响的结果。

只要企业同时存在固定成本和固定财务费用等财务支出，就会存在总杠杆的效用。企业总风险的受企业固定成本的高低、负债利息的多少、有无融资租赁租金和优先股股利等因素的影响；同时，也受企业产品销售的单价、销量、产品单位变动成本额的影响。销售额的增加和单位变动成本的降低有利于降低公司的总风险，而固定成本及固定财务费用增加会加大公司的总风险。

4. 总杠杆与总风险的关系

总杠杆系数可以用来衡量企业总风险大小程度。在其他因素不变的情况下，总杠杆系数越大，企业总风险越大。财务杠杆用来衡量企业的财务风险；经营杠杆用来衡量企业经营风险。企业可以在总风险不变的条件下，通过调整各自的风险大小来规避风险。较高的经营风险可以被较低的财务风险抵消，或者相反。合适的企业总风险水平需要在企业总风险和期望收益之间进行权衡。

三、资本结构

（一）资本结构的含义

资本结构，是指企业各种资本的构成及其比例关系。资本结构是企业筹资决策的核心问题，企业应该具体分析影响资本结构的各种因素，并运用适当的方法确定适合本企业发展的资本结构。

资本结构有广义和狭义之分。广义的资本结构，又称财务结构，是指企业全部资本来源的构成与比例关系，不仅包括权益资本和长期债务资本，还包括短期债务资本。

狭义的资本结构是指企业长期资本来源的构成与比例关系，仅包括权益资本和长期债务资本，不包括短期债务资本。短期债务资本作为营运资本管理。

（二）影响资本结构的因素

资本结构理论认为存在最优资本结构，企业在筹资的过程中，要通过不断地优化资本结构使之趋于合理，只有达到企业综合资本成本最低时的资本结构，才能实现企业价值最大化。影响资本结构的因素既有企业外部影响因素，又有企业内部影响因素。

1. 外部影响因素

（1）国家的发达程度

不同发达程度的国家存在不同的资本结构。与其他国家相比，发展中国家在资本形成、资本积累和资本结构的重整过程中存在着制约资本问题的以下障碍：

①经济发展状况落后，人均收入水平低，资本流量形成的源头枯萎；

②发展中国家储蓄不足，金融机构不健全，金融市场不发达，难以将分散、零星的储

蓄有效地转化为投资，进而形成资本。

（2）经济周期

在市场经济条件下，任何国家的经济都处于复苏、繁荣、衰退和萧条的阶段性周期循环中。一般而言，在经济衰退、萧条阶段，由于整个经济不景气，很多企业举步维艰，财务状况经常陷入困难，甚至有可能恶化。因此，在此期间，企业应采取紧缩负债经营的政策。而在经济繁荣、复苏阶段，市场供求趋旺，大部分企业销售增加，利润水平不断上升，因此企业应该适度增加负债，充分利用债权人的资金进行投资和经营。

（3）企业所处行业的竞争程度

宏观经济环境下，不同行业的企业，其负债水平不能一概而论。一般情况下，如果企业所处行业的竞争程度较弱或处于垄断地位，销售顺畅，利润稳定增长，破产风险很小甚至不存在时，可适当提高负债水平。相反，如果企业所处行业竞争程度较高，投资风险较大，其销售完全是由市场决定的，利润平均化趋势使利润处于被平均甚至降低的趋势，这时企业的负债水平应低一点，以获得稳定的财务状况。

（4）税收机制

国家对企业筹资方面的税收机制一定程度上影响了企业的筹资行为，使其在筹资方式选择上做出有利于自身利益的选择，从而调整了企业的资本结构。因此，当资本利润率高于债务利息率时，企业应该更多地筹集债务资本来获得避税收益，从而提高企业的价值。

（5）利率变动趋势

利率变动趋势在一定程度上影响到企业的资本结构。如果企业的财务管理人员认为利息率暂时较低，但在不久的将来有可能上升的话，企业便会发行大量的长期债券，从而使利率在若干年内限制在较低的水平上。

2. 内部影响因素

（1）企业规模

企业规模制约着公司的资本规模，也制约着企业的资本结构。一般而言，大企业倾向于多角化、纵向一体化或横向一体化经营。多角化经营战略能使企业有效分散风险，具有稳定的现金流，不易受财务状况的影响，因而使企业面临较低的破产风险，在一定程度上能够承受较多的负债。纵向一体化经营战略能够节约企业的交易成本，提高企业整体的经营效益水平，提高了企业的负债能力。对于实行横向一体化战略的企业，由于企业规模的扩张会提高产品的市场占有率，因此会带来更高更稳定的收益，所以，可以适当提高企业的负债水平。

（2）资产结构

企业通过发行有抵押担保的债务可以降低债权人由于信息不对称带来的信用风险，因此，在有有形资产作担保的情况下，债权人更愿意提供贷款。企业的有形资产越多，其担保的价值越大，因而可以筹集到更多的资金。资产结构会以多种方式影响企业的资本结构。根据有关学者的研究，有以下结论：

①拥有大量固定资产的企业主要通过长期负债和发行股票筹集资金；

②拥有较多流动资产的企业，更多地依赖流动负债来筹集资金；

③资产适于进行抵押贷款的企业举债较多，如房地产企业的抵押贷款就非常多；

④以技术开发为主的企业负债则很少。

（3）企业获利能力

融资顺序理论认为，企业融资的一般顺序是先使用内部融资，其次是债务融资，最后才是发行股票。如果企业的获利能力较低，很难通过留存收益或其他权益性资本来筹集资金，那么只好通过负债筹资，这样会导致资本结构中负债比重加大；当企业具有较强的获利能力时，就可以通过保留较多的盈余为未来的发展筹集资金，企业筹资渠道和筹资方式选择的余地也较大，既可以筹集到生产发展所需要的资金，又可能使综合资本成本尽可能达到最低。

（4）企业偿债能力

可以通过对流动比率、速动比率、资产负债率、产权比率、有形净值债务率等财务指标的分析，评价企业的偿债能力，同时还应考虑长期租赁、担保责任、或有事项等因素对企业偿债能力的影响。

（5）股利政策

股利政策主要是关于税后利润如何分配的筹资政策。如果企业不愿意接受债券筹资的高风险和产权筹资的稀释作用，则可以考虑用内部积累的方式筹集投资所需的部分或全部的资金。

（6）所有者和经营者对公司权利和风险的态度

企业资本结构的决策最终是由所有者和经营者做出的。一般情况下，如果企业的所有者和经营者不想失去对企业的控制，则应选择负债融资，因为增加股票的发行量或扩大其他权益资本筹资，都有可能稀释所有者权益和分散经营权。

总之，企业的资本结构会受到企业内部、外部因素的影响。由于这些因素并非一成不变，而是处于不断的变化中，所以，企业的资本结构也应该根据内、外因素的变化做出相应调整。为了有利于企业未来的长远健康发展，企业在筹资过程中应选择弹性较大的筹资方式，为今后资本结构的再调整留有余地。

（三）资本结构理论

资本结构理论是财务管理的重要组成部分，也是当代财务理论的核心内容之一，主要研究资本结构的变动对企业价值的影响。综合资本成本最低，同时企业财务风险最小时的资本结构能实现企业价值最大化，因而是最理想的资本结构。

在现实资本市场上，资本结构是否影响公司价值这一问题一直被称为"资本结构之谜"。人们对这一问题的理解过程就像解谜过程一样：思路在一步步向前扩展，但最终并未形成完整的答案。在解谜过程中形成了各种不同的资本结构理论，主要有：

1. 早期资本结构理论

20 世纪 50 年代之前的资本结构理论被美国财务学者归纳为"早期资本结构理论"，主要有三种观点：

（1）净收益理论

净收益理论是资本结构理论中的一个极端理论。它认为负债可以降低企业的资本成本，负债程度越高，企业的价值越大。它假设当资本结构中的负债比例提高时，负债资本成本和权益资本成本均不受财务杠杆的影响，无论负债程度多高，企业的负债资本成本和权益资本成本都不会变化。因此，只要负债成本低于权益成本，那么负债越多，企业的加权平均资本成本就越低，企业价值就越大。当负债比率为 100% 时，企业加权平均资本成本最低，企业价值最大。

（2）营业收益理论

营业收益理论是资本结构理论中的另一个极端。不论财务杠杆如何变化，企业加权平均资本成本都是固定的。因为企业利用财务杠杆时，随着负债比重的上升，即使负债成本本身不变，但加大了权益的风险，会使权益成本上升，于是加权平均资本成本不会因为负债比率的提高而降低，而是维持不变，企业价值也保持不变。即资本结构与公司价值无关，决定公司价值的应是其营业收益。这种理论下，不存在最佳资本结构，融资决策也就无关紧要。

（3）传统理论

传统理论是一种介于净收益理论和营业收益理论之间的理论。它认为，企业利用财务杠杆尽管会导致权益成本的上升，但在一定程度内却不会完全抵消负债的低成本所带来的好处，因此会使加权平均资本成本下降，企业价值上升。但是，超过一定程度地利用财务杠杆，权益成本的上升就不能再为负债的低成本所抵消，加权平均资本成本便会上升。以后，债务成本也会上升，它和权益成本的上升共同作用，使加权平均资本成本上升加快。

2. 平衡理论

平衡理论也称权衡理论，该理论引入财务危机成本概念。它认为，当负债程度较低时，不会产生财务危机成本，于是，企业价值因税额庇护利益的存在会随负债水平的上升而增加；当负债达到一定界限时，负债税额庇护利益开始为财务危机成本所抵消，当边际负债税额庇护利益等于边际财务危机成本时，企业价值最大，资本结构最优。

3. 代理理论

代理理论认为，债务筹资能够促使经理更多努力工作，减少个人享受时间，并且做出更好的投资决策，从而降低由于两权分离而产生的代理成本；但是负债筹资可能会导致另一种代理成本的产生，即企业接受债权人监督而产生的成本。

4. 等级筹资理论

由于企业所得税的节税利益，负债筹资可以增加企业的价值，即负债越多，企业价值增加越多，这是负债的第一种效应；但是财务危机成本期望值的现值和代理成本的现值会导致企业价值的下降，即负债越多，企业价值减少额越大，这是负债的第二种效应。上述两种效应相抵消，企业应适度负债，所以企业的资本结构中应有一定数量的负债。该理论认为不存在明显资本结构，企业偏好内部资金；如筹集外部资金，债务筹资优于股权筹资。

第三节　营运资金管理

营运资金又称营运资本，营运资金是指在企业正常生产经营活动中占用在流动资产上的资金。它在数量上等于流动资产减去流动负债的差额。营运资金的来源是多样性的，具有周转时间短、实物形态易变动、易变现等特点。营运资金的需求既可通过长期筹资方式解决，也可通过短期筹资方式解决。营运资金管理内容主要有现金管理、应收账款管理、存货管理等。

一、现金管理

现金是流动性最强的资产，包括库存现金、银行存款、银行本票和银行汇票等。拥有足够的现金对降低企业财务风险，增强企业资金的流动性具有十分重要的意义。

（一）现金管理的目的和内容

为了说明现金管理的目的和内容，必须了解企业持有现金的动机。

1. 企业持有现金的动机

企业持有现金的动机主要有以下三个方面：

（1）支付的动机

支付的动机是指企业需要现金支付日常业务开支。它包括材料采购、支付工资、缴纳税款等。尽管企业平时也会从业务收入中取得现金，但很难做到收入和付出在数量和时间上那么协调，所以企业需要持有一定数量的现金。

（2）预防的动机

预防的动机是指企业持有现金以备意外事项之需。日常经营活动受价格高低、应收账款不能按期收回等多种因素的影响，现金流量难以准确测算，因此企业需要持有一定数量的现金以防不测。一般说来，经营风险越大或销售收入变动幅度越大的企业，现金流量难以把握的程度就越大，其预防性现金持有量应越多。

（3）投机的动机

投机的动机是指企业持有现金，以便当证券价格剧烈波动时，从事投机活动，从中获得收益。当预期利率上升，有价证券的价格将要下跌时，投机的动机就会鼓励企业暂时持有现金，直到利率停止上升为止。当预期利率将要下降，有价证券的价格将要上升时，企业就可能会将现金投资于有价证券，以便从有价证券价格的上升中得到收益。

2. 现金管理的目的

现金管理的目的是在保证企业生产经营所需现金的同时，节约使用资金，并从暂时闲置的现金中获得最多的利息收入。企业的库存现金没有收益，银行存款的利息率也远远低于企业的资金利润率。现金结余过多，会降低企业的收益；但现金太少，又可能会出现现金短缺，影响企业正常生产经营活动。

3. 现金管理的内容

现金管理的内容包括：

（1）编制现金收支预算，以便合理地估计未来的现金需求；

（2）用特定的方法确定理想的现金余额。当企业实际的现金余额与理想的现金余额不一致时，采用短期融资策略或采用归还借款、投资于有价证券等策略来达到理想状况；

（3）对日常的现金收支进行管理，力求加速现金周转速度，提高现金的使用效率。

（二）现金最佳持有量的确定

现金是一种流动性最强的资产，又是一种营利性最差的资产。现金过多，会使企业盈利水平下降，而现金太少，又有可能会出现现金短缺，影响正常生产经营。在现金余额问题上，存在风险与报酬的权衡问题。西方财务管理中确定最佳现金余额的方法很多，结合我国实际情况，现介绍最常用的几种方法。

1. 成本分析模式

成本分析模式是通过分析持有现金的成本，寻找使现有成本最低的现金持有量。企业持有的现金，将会有三种成本：

（1）资本成本（机会成本）

现金作为企业的一项资金占用，持有现金是要付出代价的，这种代价就是它的资本成本。假定某企业的资本成本率为10%，年均持有50万元的现金，则该企业每年现金的资本成本为5万元。现金持有额越大，资本成本越高。企业为了经营业务，需要拥有一定的资金，付出相应的资本成本代价是必要的，但现金存量过多，资本成本代价大幅度上升，就不合算了。

（2）管理成本

现金管理成本是指对企业持有的现金资产进行管理而支付的代价。如建立完整的企业现金管理内部控制制度，制定各种现金收支规定和现金预算执行的具体办法等。它包括支付给具体现金管理人员的工资费用和各种安全措施费等。

（3）短缺成本

短缺成本是指企业由于缺乏必要的现金，而不能及时支付必要的业务开支使企业承受的损失。现金的短缺成本一般有如下三种：

第一，丧失购买能力的成本。这主要是指企业由于缺乏现金而不能及时购买原材料等生产必要物资，而使企业正常生产不能得以维持的代价。这种代价虽然不能明确测定，一旦发生，则会给企业造成很大的损失。

第二，信用损失和丧失现金折扣的成本。信用损失是指企业由于现金短缺而不能按时付款，因而失信于供货单位，造成企业信誉和形象的下降，信用损失是长久和潜在的。丧失现金折扣的成本是指企业因为缺乏现金，不能在供货方提供的现金折扣期内付款，丧失享受现金折扣优惠的好处，而相应提高了购货成本的代价。

第三，丧失偿债能力的成本。这是指企业由于现金严重短缺而根本无力按期偿还各种负债而给企业带来重大损失的成本。由于现金短缺而造成企业财务危机，甚至导致破产清算的先例举不胜举，在所有现金短缺成本中，此项成本可能对企业造成致命的影响。

2. 存货模式

存货模式的基本原理是将企业现金持有量和有价证券联系起来衡量，即将现金的持有成本同转换有价证券的成本进行权衡，以求得二者相加总成本最低时的现金余额，从而得出最佳现金持有量。

使用存货模式时，首先是建立在一个假定条件之上的，即企业在一定时期内现金的流出与流入量均可预测。企业期初持有一定量的现金，若每天平均流出量大于流入量，到一定时间后现金的余额降至零时，企业就得出售有价证券进行补充，使下一周期的期初现金余额恢复到最高点，而后这笔资金再供生产逐渐支用，待其余额降至零后又进行补充，如此周而复始。

当企业持有的现金趋于零时，就需要将有价证券转换为现金，用于日常开支。但转换有价证券需要支付诸如经纪费用等固定成本。一定时期内变换有价证券的次数越多，其固定成本就越高。当然，企业持有现金也要付出一定代价，因为保留现金意味着放弃了投资于有价证券而产生利息收益的机会。一般地说，在有价证券收益率不变的条件下，保持现金的余额越多，形成的机会成本越大。

存货模式确定最佳现金持有量是建立在未来期间现金流量稳定均衡且呈周期性变化的基础上的。而在实际工作中，企业要准确预测现金流量，往往是不易做到的。通常可以这样处理：在预测值与实际发生值相差不是太大时，实际持有量可在上述公式确定的最佳现金持有量基础上，稍微再提高一些即可。

3. 随机模式

随机模式是适用于企业未来的现金流量呈不规则地波动、无法准确预测的情况下采用的一种控制模式。这种方法的基本原则是制定一个现金控制区域，定出上限和下限。上限代表现金持有量的最高点，下限代表最低点。当现金余额达到上限时则将现金转换成有价证券，低于下限则有价证券出售转换成现金。

(三) 现金收支管理

在现金管理中，企业除合理编制现金收支预算和确定最佳现金余额外，还必须进行现金收支的日常控制。

1. 加速收款

(1) 集中银行

集中银行是指通过设立多个策略性的收款中心来代替通常在公司总部设立的单一收款中心，以加速账款回收的一种方法。其目的是缩短从顾客寄出账款到现金收入企业账户这一过程的时间。具体做法是：企业销售商品时，由各地分设的收款中心开出账单，当地客户收到销售企业的账单后，直接汇款或邮寄支票给当地的收款中心，中心收款后立即存入当地银行或委托当地银行办理票据兑现；当地银行在进行票据交换处理后立即转给企业总部所在地银行。

应用集中银行的优点表现在两个方面：第一是缩短了账单和票据的往返邮寄时间。这是因为账单由客户所在地的收款中心开出，并寄给当地客户，所需的时间明显小于直接从企业所在地邮寄账单给客户的时间；同时，客户付款的票据邮寄到离它最近的收款中心的时间也比直接邮寄到企业所在地的时间要短。第二是缩短票据兑现所需的时间。这是因为各地收款中心收到客户的票据并交当地银行，企业就可向该地银行支取使用。采用这种方法也有不足之处，那就是在银行开设每个收款账户时，地方银行都会要求账户上要保留一定数额的存款。开设的收款中心越多，这部分"冻结资金"的机会成本也就越大。另外，设立收款中心需要一定的人力和物力，花费较多，这些都是财务主管在决定采用集中银行收款时必须考虑到的问题。

(2) 锁箱系统

锁箱系统是通过承租多个邮政信箱，以缩短从收到顾客付款到存入当地银行的时间的一种现金管理办法。具体做法是：企业对客户开出发票、账单，通知客户将款项寄到当地专用的邮政信箱，并直接委托企业在当地的开户银行每日开启信箱，以便及时取出客户票据立即予以登记、办理票据交换手续并存入该企业账户。当地银行依约定期向企业划款并提供收款记录。采用锁箱系统的优点是：比集中银行的做法更能缩短企业办理收款、存储手续的时间。即企业从收到票据到这些票据兑现将款项完全存入银行账户之间的时间差距消除了。不足之处是需要支付额外的费用。银行提供多项服务要求有相应的报酬，这种费用支出一般说来与存入票据张数成一定比例。所以，如果平均汇款数额较小，采用锁箱系统并不一定有利。

2. 控制现金支出

（1）使用现金浮游量

所谓"浮游量"，是指企业从银行存款账户上开出的支票总额超过其银行存款账户余额的金额。出现现金浮游的主要原因是：从企业开出支票、收款人收到支票并将其送交银行、银行通过票据交换办理完款项的划转，通常需要一定的时间。在这段时间里，企业已开出支票却仍可动用银行存款账户上的这笔资金，以达到充分利用现金之目的。企业使用现金浮游量应谨慎行事，要预先估计好这一差额并控制使用的时间，否则会发生银行存款的透支而遭受到处罚。

（2）延缓应付款的支付

企业在不影响自己信誉的前提下，应尽可能地推迟应付款的支付期，充分运用供应商所提供的信用期限。如果企业确实急需资金，或短期调度资金需要花费较大代价，也可放弃折扣优惠，当然，应在信用期的最后一天支付款项。

此外，企业还可以利用商业汇票这一结算方式来延迟现金支出的时间。因为汇票和支票不同，企业可以开出远期商业汇票，不用见票即付。远期商业汇票还需经承兑人承兑后方能付现，故企业实际支付款项的时间迟于开出汇票的时间。

二、应收账款管理

应收账款是企业因对外销售产品、材料、提供服务等而应向购货单位或接受服务单位收取的款项。应收账款的存在是企业采取赊销和分期付款方式引起的，其产生的原因一是适应市场竞争的需要；二是销售和收款存在时间上的差异。

（一）应收账款的成本与管理目标

企业运用应收账款的商业信用与持有现金一样是有代价的，应收账款管理的成本表现为机会成本、管理成本、坏账损失成本、短缺成本。

1. 机会成本

企业为了扩大销售而采取信用政策，这就意味着有一部分销货款不能及时收回，要相应为客户垫付一笔相当数量的资金，垫付这笔资金在没有收回之前也就丧失了投资获利的机会，这便产生了应收账款的机会成本。

2. 管理成本

应收账款的管理成本是指为管理应收账款所花费的一切费用开支，主要包括客户的信誉情况调查费用、账户的记录和保管费用、回收应收账款的费用、收集与整理各种信用资料的费用等。

3. 坏账损失成本

由于各种原因，应收账款可能会有一部分不能收回，这就是坏账损失成本，它一般与应收账款的数量成正比例关系。

4. 短缺成本

由于资金的有限性，企业不能向某些信誉好的客户提供信用，而这些客户转向其他企业，使本企业销售收入下降，这种潜在的销售收入损失称为短缺成本。

（二）信用政策

提高应收账款投资效益的重要前提是制定合理的信用政策。信用政策就是应收账款的管理政策，即企业为规划与控制应收账款投资而确立的基本原则与行为规范，包括信用标准、信用条件和收账策略三个方面内容。

1. 信用标准

信用标准是指企业同意顾客要求而在销售业务中给予其一定付款宽限期，这种商业信用的最低标准，通常以预期的坏账损失率表示。这项标准的确定，主要是根据本企业的实际经营情况、当前市场竞争的激烈程度和客户的信誉等因素综合考虑来制定的。

（1）信用标准的定性评估

对于信用标准的评估一般可从质与量两个方面来进行。信用标准质的衡量往往比量的衡量更为重要，因为一个客户信用品质如何是其以往从商信誉的集中体现，它能综合地反映某一顾客承付货款的履约程度，这对于确定合适的信用标准是至关重要的。客户资信程度的高低通常决定于五个方面，即品德（Character）、能力（Capacity）、资本（Capital）、担保（Collateral）、条件（Condition），简称5C系统。

①品德

品德指客户履约或赖账的可能性。由于信用交易归根结底是对付款的承诺与履行，因而品德也可指客户承诺责任、履行偿债的一种诚意。

②能力

即客户付款能力的高低。一般根据客户流动资产的数量、质量及其与流动负债的结构关系来进行判断。

③资本

资本（特别是有形资产净值与留存收益）反映了客户的经济实力与财务状况的优劣，是客户偿付债务的最终保障。

④担保

担保指客户所能提供的作为债务安全保障的资产。

⑤条件

条件指可能影响客户目前付款能力的经济环境。

上述五种信用状况，可通过查阅客户的财务报告资料或通过银行提供的客户信用资料取得；也可通过与客户有同一信用关系的其他企业相互交换该客户的信用资料，或从企业自身的经验与其他途径取得；最后还可通过商业代理机构或征信调查机构提取相关的信息资料及评价信用等级标准的相关资料。

（2）信用标准的定量评估

信用标准的定量评估，可以通过设定信用标准来进行。设定信用标准是依据客户的具体信用资料，以若干个具有代表性、能说明企业偿付能力和财务状况的指标作为信用标准确定的指标，并以此作为给予或拒绝客户信用的依据。

2. 信用条件

信用标准是企业评价客户信用等级，决定给予或拒绝客户信用的依据。而信用条件是指企业要求客户支付赊销款的条件，主要包括信用期限、折扣期限和现金折扣等。例如，企业规定若客户能够在发票开出后的10日内付款，可以享受2%的现金折扣；如果放弃折扣优惠，则全部款项必须在 30 日内付清。在此，30 日为信用期限，10 天为折扣期限，2% 为现金折扣（率）。

（1）信用期限

信用期限是企业向客户提供赊账的最长期限。一般而言，信用期限过长，对扩大销售具有刺激作用，但有可能会为企业带来更多的坏账损失，使被占用资金的机会成本和收账费用增大。因此，企业必须慎重研究，给予客户恰当的信用期限。

（2）折扣期限与现金折扣

在企业延长信用期限后，会使应收账款占用更多的资金。为了加速资金的回收与周转，减少坏账损失，企业往往可采用向客户提供现金折扣的办法，来吸引客户为享受优惠而提前付款，缩短企业的平均收款期。另外，现金折扣也能招揽一些视折扣为减价出售的客户前来购货，借此扩大销售量。现金折扣率的大小往往与折扣期联系在一起。折扣率越大，则折扣期限（付款期限）就越短，反之亦然。

（3）收账政策

企业对不同逾期账款的收款方式，以及准备为此付出的代价，这就是收账政策。如对短期拖欠款户，可采用以书信形式婉转地催讨账款；对较长期的拖欠户，可采用频繁的信件手段、电话催询、上门催收等方式，甚至可在必要时运用法律手段加以解决。

企业在制定应收账款政策时，应明确以下几个问题：

第一，收账成本与坏账损失的关系

企业花费的收账成本越高，应收账款被拒付的可能性就越小，企业可能遭受的坏账损失也就越小。但是，收账成本与坏账损失之间并不存在线性关系。当企业刚开始发生一些收账成本时，应收账款的坏账损失会有小部分降低；随着收账成本的继续增加，应收账款被拒付的可能性明显减少；当收账成本增加一旦越过某个限度，则追加的收账成本对进一步减少坏账损失的作用便呈减弱的趋势，因为总会有一些客户由于种种原因而拒不付款。

第二，收账成本与期望收回的应收账款之间的关系

只有当预期收回应收账款的收益大于企业所支付的收账成本时，企业才有必要付出代价去收回应收账款。

（三）应收账款的日常管理

企业对于已经发生的应收账款，还应进一步强化日常管理工作，采取有力的措施进行分析、控制，及时发现问题，提前采取相应对策。这些措施主要包括对应收账款进行追踪分析、账龄分析、收现率分析和应收账款坏账准备金制度。

应收账款账龄追踪分析是指在应收账款管理中，应根据赊销对象信用条件和拖欠时间长短对客户进行分析并制定相应催收政策的一种管理方法。这可用于判断欠款可回收性大小的标准，又可成为企业计提坏账准备的重要依据。

账龄分析可通过编制分析表的形式进行，企业按某一时点，将所发生在外的各笔应收账款按照开票日期进行归类（即确定账龄），并计算出各账龄应收账款的余额占总计余额的比重，从而好根据不同账龄账款所处的地位来制定不同的收账策略。

应收账款收现率分析能够真实、正确地反映企业应收账款的变现速度。加快应收账款回收速度，能够减少营运资金在应收账款上的占用，从而盘活企业营运资金，提高企业的资金利用效率。企业在应收账款的管理中，需要安排专员跟进每一笔应收账款收回状况。

在应收账款坏账准备制度中，首先应对客户进行分析，对于信用良好的客户，所计提的坏账准备率较低，对于信用较差的客户，由于收回款项的可能性越小，所计提的坏账准备率应该高一些。对于关联方企业的应收账款也应计提坏账损失，不能因为对方企业是自己的关联方企业而不计提坏账损失。同时，还需要结合账龄分析，拖欠账款时间越长回收风险越高，所需计提的坏账准备率也应越高。

三、存货管理

存货是企业在生产经营中为生产耗用或者销售而储存的各种资产，包括库存商品、产成品、半成品、在产品及各类材料、燃料、包装物、低值易耗品等。作为联系商品的生产与销售环节的重要物资，存货控制或管理效率的高低，直接反映并决定着企业收益、风险、资产流动性的综合水平，因而存货管理对保证企业生产正常进行，满足市场销售的需要，保持均衡生产，降低生产成本，预防意外事故的发生都起着非常重要的作用。

（一）存货管理目标

企业出于保证生产或销售的正常需要或出自价格的考虑，必须储备一定量的存货。企业各个部门人员对存货储存有着不同的观点。

采购人员希望能大批量采购存货，以便取得价格优惠并可节约采购费用。他们还希望尽可能提早采购，以减少紧急订货造成额外支出，避免供应中断而受到各方面的指责。

生产人员希望能大批量、均衡而且稳定地进行生产。经常改换品种，势必加大成本，降低生产效率。每个品种的大批量生产，将使平均存货成本降低。

销售人员希望本企业有大量存货，这样不仅可以改进市场上的竞争能力，而且现货交易有利于扩大销售额。他们还希望存货的品种齐全，或者生产部门能按客户要求及时改换品种，而不管批量多么小。

针对上述特点，企业存货既要保证生产、销售等功能的充分发挥，使生产经营活动得以顺利进行，又要有利于降低存货成本、减少企业流动资产占用、提高资金的使用效果，这样企业存货管理的目标就是在存货的成本与收益之间进行利弊权衡，实现二者的最佳组合。

（二）存货成本

存货成本是企业为了存储存货而发生的各种支出，包括以下三种：

1. 进货成本

进货成本主要由存货的买价、进货费用及采购税金三方面构成。这里如果假设物价与税率不变且无采购数量折扣，这样采购税金总计数就保持相对稳定，属决策无关成本。

（1）进价成本

指存货本身的价值，常用数量与单价的乘积来确定。存货每年需用量用 A 表示，单价用 p 来表示，于是全年进价成本为 Ap。

（2）进货费用

企业为组织进货而发生的各种费用，一是与进货次数有关的费用，如差旅费、邮资、电报电话费等，称为进货变动性费用，属于决策相关成本；二是与订货次数无关的费用，如常设采购机构的基本开支，称为进货的固定性费用，属于决策无关成本。用 B 表示每次进货的变动性费用，全年订货次数等于存货年需用量 A 除以每次进货批量 Q 的商。所以：

$$年变动性订货成本 = 年订货次数 \times 每次变动性订货成本$$

$$= \frac{A}{Q} \times B$$

2. 储存成本

储存成本是企业储存存货而发生的各种支出，包括存货占用资金的利息支出、仓库费用、保险费用、存货破损和变质损失等。

储存成本包括：一是与存货数量多少无关的储存成本，如仓库折旧额，仓库职工的固定工资等，称为储存固定成本，属于决策无关成本；二是与存货数量多少有关的储存成本，如存货资金的应计利息、存货的破损与变质损失、保险费用等，称为储存变动成本，属于决策相关成本。单位储存变动成本用 C 表示，存货平均持有量用每次进货批量 Q 的一半来表示。则有：

$$年存货储存变动成本 = 存货年平均持有量 \times 单位储存变动成本$$

$$= \frac{Q}{2} \times C$$

3. 短缺成本

短缺成本是指企业由于现金的持有量不足，不能满足正常的业务开支，而使企业蒙受的损失或付出的代价。如丧失购买能力成本、信用损失成本等。

一般说来，现金短缺数额越大，其导致的经济损失可能也越大，现金短缺成本将越高；反之，则低。即现金的短缺成本与现金持有量成反比例关系。在实际工作中，有的现金短缺成本可以准确地进行计量，而有的现金短缺成本却需要通过某种方法进行估计、测算。企业一旦发现有现金短缺征兆，就应立即采取补充措施，适时满足现金供应，最大限度地降低现金短缺成本。

（三）存货经济批量模型

存货经济进货批量是指能够使一定时期存货的相关总成本达到最低点的进货数量。影响存货经济进货批量的成本因素主要包括变动性进货费用、变动性储存成本以及允许缺货时的缺货成本。

值得注意的是，存货订货批量越大，平均库存就越大，每年的库存储存成本就越大。然而，订货批量越大，每一计划期需要的订货次数会相应越少，订货总成本就会降低。在不允许缺货情况的假设前提下，存货经济订货批量是变动性进货费用和变动性储存成本之和最低时的进货批量。研究表明，变动性进货费用与变动性储存成本相等时，存货的相关总成本最低，此时的进货批量就是经济进货批量。

（四）存货的日常管理

存货管理是将厂商的存货政策和价值链的存货政策进行作业化的综合过程。存货管理主要考虑的是存货的存储成本，减少库存，防止积压。企业存货品种繁多，不同存货对企业财务目标实现的作用是不同的。如果存货管理不分轻重缓急，必然会造成企业人才、物力、财力的浪费。存货日常管理的方法有很多，较为常用的方法有存货 ABC 分类管理法。存货 ABC 分类管理法是将企业所有品种的存货按照它们全年需要量、占用资金多少划分为 A、B、C 三类，然后针对不同类别的存货采用不同的管理对策。对 A 类存货分品种实行重点控制、严格管理；B 类存货分类别实行一般控制，无须像 A 类存货那样经常进行逐项对比分析，只需定期进行概括检查即可；C 类存货单位价值较低，容易采购，可按总量进行控制和管理。企业只有分清主次，抓住重点，才能实现对存货储存成本的有效控制。

第四节　营运资本管理策略

企业的短期财务决策，就是营运资本的财务管理与决策，它包括短期融资和流动资产管理两方面的内容。短期财务决策的目的是：筹措融通由于季节性、周期性和随机性因素造成企业经营活动的波动变化所需的资金；正确地管理与运用流动资产，使现有的固定资产得到最大限度的利用，促进企业的正常运营与有效增值。

一、营运资本的特征及原则

营运资本又称营运资金、循环资本，有广义和狭义之分，广义的营运资本又称总营运资本，是指一个企业流动资产的总额；狭义的营运资本又称净营运资本，是指流动资产减去流动负债之后的余额。如果该余额值为正，则称营运资本为正。流动资产通常包括现金、有价证券、应收票据、应收账款、预付账款、存货以及其他应收款项等；流动负债通常包括短期借款、应付票据、应付账款、预收账款以及其他应付款项等。

二、营运资本管理策略

营运资本管理策略包括营运资本投资策略、营运资本筹资策略、营运资本策略组合。

（一）营运资本投资策略

营运资本投资策略的目的在于：在总资产水平既定的条件下，合理确定流动资产与固定资产等长期资产的比例关系。这一比例关系的表现形式是流动资产占总资产的比重。

企业可以选择的营运资本投资策略有三种：

1. 保守策略

企业流动资产占总资产的比例相对较大。除正常流动资产需要量及基本保险储备量外，企业再增加一定的流动资产额外储备量。由于流动资产的收益率一般低于固定资产的收益率，因此，这一策略的预期盈利能力将较低。

2. 激进策略

企业流动资产占总资产的比例相对较小，流动资产一般只满足正常需要，不安排或只安排很少的保险储备。

3. 适中策略

企业流动资产占总资产的比例相对适中，流动资产在保证正常需要的情况下，再适当增加一定的保险储备。其预期盈利能力和风险都介于保守与激进策略之间。

最优的营运资本投资水平，也就是预期能使企业价值最大化的水平。这一水平是多种因素共同作用的结果，它们包括：销售水平和现金流动的变动性、经营杠杆和财务杠杆等。

（二）营运资本筹资策略

营运资本筹资策略的目的在于：在总资产水平既定的条件下，合理确定流动负债与长期负债的比例关系。这一比例关系的表现形式是流动负债占总资产的比重。企业可以选择的营运资本筹资策略有三种：

1. 保守策略

全部长期资产、永久性流动资产以及部分临时性流动资产所需要的资金均由长期负债与自有资金来筹集，其余部分临时性流动资产由短期负债来筹集。在这种情况下，短期融资的使用以及流动负债占总资产的比例均被限制在一个较低的水平上。

2. 激进策略

临时性流动资产和一部分永久性流动资产所需资金由流动负债来筹集，其余的永久性流动资产与长期资产所需要的资金通过长期负债与自有资金来筹集。更加极端的表现是，有的企业所有的永久性流动资产乃至部分固定资产所需资金也通过流动负债来筹集。

3. 适中策略

在这种策略下，将资产与负债的期间相配合，以降低企业不能偿还到期债务的风险和尽可能降低融资成本。临时性流动资产所需资金以流动负债来筹集，永久性流动资产与长期资产所需资金由长期负债和自有资金来筹集，这种策略使流动负债水平介于激进策略与保守策略之间，因此，其收益与风险也处于两者之间。

(三) 营运资本管理的策略组合

营运资本管理是营运资本投资管理与筹资管理的统一结合，既要研究它们各自的策略选择，更需要分析它们之间的相互作用。

1. 最激进的营运资本管理策略

当营运资本的投资策略和筹资策略均选择十分激进的策略时，在这种情况下，企业的收益水平最高，但相应的风险水平也最高。

2. 激进的营运资本管理策略

激进的营运资本管理策略具体有两种情况：

（1）激进的筹资策略和中庸的投资策略的组合；

（2）中庸的筹资策略和激进的投资策略的组合。

3. 中庸的营运资本管理策略

中庸的营运资本管理策略具体有三种情况：

（1）激进的筹资策略和保守的投资策略的组合；

（2）保守的筹资策略和激进的投资策略的组合；

（3）中庸的筹资策略和中庸的投资策略的组合。

4. 保守的营运资本管理策略

保守的营运资本管理策略具体有两种情况：

（1）保守的筹资策略和中庸的投资策略的组合；

（2）中庸的筹资策略和保守的投资策略的组合。

5. 最保守的营运资本管理策略

企业营运资本的筹资策略和投资策略均十分保守，在这种情况下，企业的收益水平最低，相应的风险水平也最低。

三、影响营运资本管理策略选择的因素

风险与收益的权衡是影响营运资本管理策略选择的首要因素，此外，还有以下因素影

响营运资本管理策略的选择。

（一）行业因素

不同行业的经营内容和经营范围有着明显的差异，从而导致不同行业的流动资产比例、流动负债比例以及流动比率等也存在着较为明显的差异。

（二）规模因素

规模大的企业与规模小的企业相比，其流动资产比例可以相对较低。因为规模大的企业具有较强的融资能力，当出现偿债风险时，一般能够迅速筹集到资金，承担风险的能力较强，从而可以使流动资产比例处于一个较低的水平。

（三）利率因素

利率的动态变化及长短期资金利率的静态差异均会对营运资本水平产生明显影响。当利率较高时，企业倾向于降低流动资产比例，以减少对流动资产的投资，降低利息支出。当长短期资金的利息率相差较小时，企业倾向于降低流动负债比例，以更多地利用长期资金进行流动资产投资；反之，流动资产比例和流动负债比例则会出现相反的变动趋势。

（四）经营决策因素

营运资本管理策略是企业整体经营决策的一个组成部分，它不仅对其他经营决策产生影响，而且也受到其他经营决策的影响。这些经营决策主要包括：生产决策、信用政策、股利政策、长期投资决策等。

生产决策是指企业在考虑短期生产活动时，对于生产什么、生产多少以及如何生产等问题所做的选择。生产决策的主要任务是：在现有生产条件下，最有效地利用企业的各种人力、物力和财力资源，以取得最大的经济效益。

信用政策是指企业为对应收账款进行规划与控制而确立的基本原则性行为规范，是企业财务政策的一个重要组成部分。信用政策主要包括信用标准、信用期间、现金折扣三部分内容，主要作用是调节企业应收账款的水平和质量。

股利政策是指公司股东大会或董事会对一切与股利有关的事项所采取的较具原则性的做法，是公司关于是否发放股利、发放多少股利以及何时发放股利等方面的方针和策略。

长期投资决策是指拟定长期投资方案，用科学的方法对长期投资方案进行分析、评价、选择最佳长期投资方案的过程。长期投资决策是涉及企业生产经营全面性和战略性问题的决策，其最终目的是为了提高企业总体经营能力和获利能力。因此，长期投资决策的正确与否，直接影响着企业生产经营长远规划的实现。

第五节　投资管理

一、投资管理概述

（一）投资的意义

投资是指企业寻找有价值的项目并投入资金的过程，其目的是在未来一定时期内获得与风险相匹配的报酬。从特定企业角度看，投资就是企业对现在所持有资金的一种运用，是企业最重要的财务管理活动。在市场经济条件下，公司的投资项目能否取得效益和规避风险，对企业的生存和发展十分重要。

1. 投资是企业价值增值的基本前提

企业财务管理的目标是不断增加企业价值，为股东创造财富。因此，企业必须进行投资，并通过投资获得效益。

2. 投资对企业自身的生存和发展具有重要意义

企业无论是维持简单再生产还是实现扩大再生产，都必须进行一定的投资。要维持简单再生产的顺利进行，就必须及时对设备进行维修或更新，对工艺进行改造等；要实现扩大再生产，就必须进行新项目的投资，如扩建厂房、增添新设备等。这些都是投资的主要内容，是企业生存和发展的需要。

3. 企业投资是提高综合生产能力和降低经营风险的重要方法

企业往往将资金投向生产经营的关键环节和薄弱环节，这样可以使企业的生产经营能力更加均衡，形成更大的综合生产能力。同时，一般企业都会对多个不同的领域进行投资，这样可以有效地规避风险，也是降低企业经营风险的有效手段。

（二）投资的分类

按照不同的划分标准，企业投资可做如下分类。

1. 按照投资时间长短，分为长期投资与短期投资

短期投资是指能够随时变现、持有时间不超过 1 年的有价证券及不超过 1 年的其他投资。

长期投资是指不准备随时变现、持有时间超过 1 年的有价证券及超过 1 年的其他投资。

短期投资与长期投资的界限主要有两个：一是能够随时变现；二是准备随时变现。只有同时符合这两个条件，才列入短期投资，否则将列入长期投资。

2. 按投资方向的不同，分为对内投资和对外投资

对内投资就是项目投资，是指企业为了保证生产经营活动的连续和规模的扩大，对本企业生产经营所需的固定资产、无形资产、其他资产进行的投资。

对外投资是指企业将所拥有的资产直接投入其他企业或购买国家及其他企业发行的有价证券或其他金融产品形成的投资，其主要形式有对外证券投资和对外直接投资两种。

对外直接投资又称实物投资，是指企业以现金、实物、无形资产等投入其他企业进行的投资。

对外证券投资又称间接投资，是指以购买有价证券（如股票、债券等）的方式对其他企业进行的投资。

3. 按照投资对企业前途的影响，分为战术性投资与战略性投资

战术性投资是指不涉及企业整个前途的投资。

战略性投资是指对企业全局产生重大影响的投资。

4. 按照投资的风险程度，分为确定性投资与风险性投资

确定性投资是指在对未来影响投资决策的各种因素的变化方向及影响程度都明确掌握情况下进行的投资。

风险性投资是指在对未来影响投资决策的各种因素的变化方向或影响程度不能明确掌

握情况下进行的投资。

（三）投资管理的特点

企业投资的重要意义在于获取利润、降低风险，从而实现企业财务管理的目标，综合对内投资和对外投资的情形，投资管理的特点如下。

1. 投资的计划性

企业投资应该是按照企业的财务管理目标进行具体行动的结果。在市场经济的前提下，投资计划受诸多因素的影响，有经济大环境的影响，也有企业产品供求关系的影响，所以企业在投资前，必须认真进行市场调研，利用有利的投资机会，按计划进行投资。

2. 投资程序的科学性

在市场经济条件下，企业的投资都会面临一定的风险。为了保证投资决策科学有效，必须制定科学有效的投资决策程序，认真进行投资项目的可行性分析，从技术的可行性和经济的有效性等方面进行论证，运用财务管理的专门方法计算出相关指标，对项目进行科学的评价。

3. 适当控制投资风险

收益与风险是如影随形的。只要有投资，就会有风险，高收益往往伴随着高风险。因此，企业在投资时，必须要将收益与风险进行统筹考虑，不应一味地看重收益而是应该选择一个合适的收益水平，并尽量降低由此带来的风险程度。

（四）投资管理的原则

1. 谨慎性原则

投资项目一旦实施，便会在较长时间内影响企业，一般的项目投资都需要几年、十几年甚至几十年才能收回。因此，项目投资对企业今后长期的经济效益，甚至企业的命运都有着决定性的影响。所以，企业在进行项目投资管理时必须遵循谨慎性的原则。

2. 量力而行的原则

项目投资一般都需要较多的资金，小到几万元的设备，大到上百万、上亿元的建设项目。因此，项目投资实施后对企业财务状况和现金流都有很大的影响。这就要求企业根据企业的实际情况和筹资能力，合理安排资金预算，量力而行，切忌贪大求全。

3. 科学决策的原则

项目投资事关重大，影响深远，绝不能在缺乏调查研究的情况下就轻率拍板。所以，项目投资必须按照一定的程序，认真细致地收集信息，考虑各种量化和非量化的因素，运用科学的方法，严格按照科学的程序进行投资项目的论证，并严格控制资本预算的执行过程，如期完成投资项目。

4. 收益与风险相结合的原则

实行投资计划时，我们既不能不考虑风险的因素，盲目地进行投资导致企业亏损，也不能一味回避风险，错失大好的投资机会，必须要将收益与风险结合起来。只有在收益与风险达到均衡状态，企业才能在市场竞争中不断增加企业价值，实现财务管理的目标。

二、投资项目的评价

（一）投资项目评价的原理和程序

投资项目的评价主要是评估投资项目给企业带来的收益或损失。其原理是根据预测的投资项目投产后的现金流量来具体计算项目评价的各种指标，通过比较来得到相应的结果。根据相关评价指标是否考虑资金的时间价值，评价指标分为动态评价指标和静态评价指标。结合投资项目评价的原理，投资项目管理的基本程序如下。

1. 投资项目的提出

投资项目的提出是投资程序的第一步，是根据企业的长远发展规划、中长期投资计划和投资环境的变化，在把握良好的投资机会的情况下提出的。它可以由企业管理当局或企业高层管理人员提出，也可以由企业的各级管理部门和相关领导部门提出。

2. 投资项目的评价

投资项目的评价主要涉及以下几个方面的工作：

（1）对提出的投资项目进行适当分类，为分析评价做好准备；

（2）计算投资方案或项目的建设期和经营期，测算投资项目投产后的收入、费用和经济效益，预测有关投资方案或项目的现金流量；

（3）运用各种投资评价指标，并选择一个标准进行分析排队；

（4）写出详细的评价报告。

3. 投资项目的决策

投资项目经过评价后，应按照分权管理的决策权限由企业高层管理人员或相关部门做最后的决策。投资额小的战术性投资或维持现有生产规模的投资，一般可以由部门经理做出决策，而关系公司未来前途的重大投资项目还需要由董事会或股东会批准。不管由谁做最后的决策，决策一般可以分为以下三种情况：①接受这个投资项目；②拒绝这个项目，不能进行投资；③返还给项目提出的部门，由其重新论证。

4. 投资项目的执行

决定对某个项目进行投资后，要积极筹措资金，实施投资项目。在执行过程中，要对工程进度、质量、成本和概算等要素进行监督、控制和审核，以使投资按照预算规定如期完成。在项目的实施过程中，要定期进行后续分析。将实际的现金流量与报酬和预期的现金流量与报酬进行对比，找出差异，分析差异存在的原因，并根据不同情况做出不同的处理：①若是因为投资时机不恰当，但在可以预见的将来该项目仍然具有投资价值，则可以考虑延迟投资；②在项目的实施过程中，如果发现该项目的现金流状况与预期的相差甚远，如果继续投资会给公司带来巨大的损失，公司应该及时放弃该投资项目；③如果该投资项目的实际情况优于预期值，则可以考虑为该项目提供额外的发展资源。

5. 投资项目的事后审计与评价

投资项目的事后审计主要由企业内部审计机构完成。将投资项目的审计表现与原来的预期相对比，通过对其差异的分析可以更深入地了解某些关键性的问题。依据审计结论还可以对投资管理部门进行绩效考核，并建立相应的激励制度，以持续提高投资管理效益。

（二）投资项目现金流量的估计

长期投资项目中所说的现金流量是指与长期投资决策有关的现金流入和现金流出的数量，它是评价投资项目是否可行时必须事先计算的一个基础性指标。值得注意的是，这里的"现金"是广义的现金，不仅包括各种货币资金，而且还包括项目需要企业投入的非货币资源的变现价值。例如，一个项目需要使用原有的厂房、设备和材料等，则相关的现金流量是指它们的变现价值，而不能用它们的账面价值来表示其现金流量。一个项目的现金流量包括现金流入量、现金流出量和现金净流量。

1. 现金流入量

现金流入量是指投资项目实施后在项目计算期内所引起的企业现金收入的增加额，具体包括以下几个方面的内容：

（1）营业收入

营业收入是指项目投产后每年实现的全部营业收入。一般情况下，为了简化核算，假定正常经营年度内每期发生的赊销额和回收的应收账款大致相等，即全部营业收入均可看作是现金营业收入。一个正常经营的企业，营业收入应该是经营期内主要的现金流入项目。

（2）固定资产的余值

固定资产的余值是指投资项目建成的固定资产在报废清理时的残值收入，或转让时的变价收入。

（3）回收流动资金

回收流动资金是指投资项目在项目计算期结束时，收回的原来投放在各种流动资产上的营运资金。

（4）其他现金流量

其他现金流量是指上述项目以外的现金流入项目。

2. 现金流出量

现金流出量是指投资项目投产后引起的企业现金支出的增加额，具体包括以下几个方面的内容：

（1）建设投资

建设投资是指项目投资过程中发生的固定资产投资、无形资产投资、开办费投资等发生的投资额。

（2）垫支的流动资金

垫支的流动资金是指企业投资项目建成投产后为开展正常生产经营活动而投放在流动资产上的投资额。它是项目投产前后投放于投资项目的营运资金。

（3）经营成本

经营成本是指企业投资项目投产后在生产经营期内为满足正常生产经营需要而发生的用现金支付的成本费用。注意这里的经营成本不包括折旧、摊销等费用。它是生产经营期内最主要的现金流出量。

（4）所得税支出

所得税支出是指项目投产后的收益按税法规定应支付给国家的所得税额。

（5）其他现金流出量

其他现金流出量是指除上述项目以外的其他各项现金流出项目。

3. 现金净流量

现金净流量（记作 NCF）也称净现金流量，是指投资项目在项目计算期内现金流入量和现金流出量的差额。它是计算投资项目中投资决策评价指标的重要依据。现金净流量的计算一般以年度为单位进行。现金净流量的计算公式为：

$$现金净流量（NCF）=年现金流入量-年现金流出量$$

当现金流入量大于现金流出量时，现金净流量为正值；反之，现金净流量为负值。

4．现金流量估算的原则

（1）实际现金流量原则

实际现金流量原则是指计量项目投资的成本和收益时，采用收付实现制来计算现金流量。因为会计的利润是按照权责发生制来计算的，会计利润的计算包含了一些非现金因素，如折旧、长期摊销费用等，这些费用并没有发生实际的现金支出，只是减少了企业的利润。因此，在现金流量分析中，折旧、摊销等费用应加回到收益中。同时会计的利润不仅与企业的经营活动有关，还取决于所选择的会计政策与方法。现金净流量显示了企业经营活动的现金流量的增加或减少的状况，具有客观性和准确性的特点。

（2）增量现金流量原则

现金流量的预测要建立在增量或边际的概念基础上。只有增量现金流量才是与投资项目相关的现金流量。增量现金流量是指接受或拒绝某个投资项目时，企业总的现金流量因此而发生的变动，而不仅仅局限于该项目的现金流量所发生的变动。因采纳某个项目而引起的整个企业现金流出或现金流入增加额，才是项目的现金流出或现金流入。为了正确计算投资方案的增量现金流量，在判断增量现金流量时，需要注意以下问题：

一是考虑机会成本。在投资方案的选择中，如果选择了一个投资方案，则必须放弃投资于其他途径的机会。其他投资机会可能取得的收益是实行该方案的一种代价，被称为该项投资方案的机会成本。机会成本总是针对具体的方案，离开了具体的方案就无从计量确定。机会成本在决策中的意义在于有助于全面考虑可能采取的各种方案，确定企业资源的最优使用途径。

二是放弃沉没成本。沉没成本是指过去已经发生，无法由现在或将来的任何决策所能改变的成本。在投资决策中，沉没成本属于决策无关成本，因此在决策中不予考虑。一般说来，大多数沉没成本是与研究开发及投资决策前进行市场调查有关的成本。

三是考虑投资方案对其他部门的影响。当选择一个新的投资项目后，该项目可能会对企业的其他部门造成有利或不利的影响。因此，企业在进行投资分析时，不应将新项目的销售收入就直接作为增量收入来处理，而应考虑其他部门因此可能减少的销售收入。有时也可能会发生相反的情况。当然，这类影响事实上是很难准确计量的，但是决策时仍要将其考虑在内。

（三）投资项目评价的基本方法

项目投资贯穿于企业整个生产经营期，是企业生存发展的基础。投资决策指标是评价投资方案是否可行或优劣的标准。从财务评价的角度，投资决策指标主要有净现值、现值指数、净现值率、年金净现值、内含报酬率和投资回收期等。

投资决策评价指标按照是否考虑资金时间价值来分类，可分为贴现现金流量指标和非贴现现金流量指标。贴现现金流量指标又称动态指标，是指在决策时考虑货币时间价值的要求，将投资项目的现金流量按某一标准折算成同一时点的指标，再对投资支出和各年现金流量进行比较。贴现现金流量指标由于考虑了货币时间价值，比非贴指标具有更高的准确性。常用的贴现现金流量指标有净现值、现值指数、净现值率、年金净现值、内含报酬率。非现金流量指标又称静态指标，用该指标进行决策时，不考虑资金的时间价值，而是认为不同时期的现金流量的价值是相等的，可以直接进行比较。非贴现现金流量指标的最大优点是计算简单，经常用来进行辅助决策，常用的非贴现现金流量指标主要是投资回收期。

1. 净现值

（1）净现值概述

净现值（NPV）是指在项目计算期内，投资项目投入使用后的现金净流量，按照资金成本率或企业要求达到的报酬率折算为现值，减去原始投资现值后的余额。净现值也指特定方案未来现金流入的现值与未来现金流出的现值之间的差额。净现值的决策规则是：$NPV \geq 0$，项目方案可行；$NPV < 0$，项目方案不可行。

净现值所依据的原理是：假设预计的现金流入在年末肯定可以实现，并把原始投资看成是按预定贴现率借入的。如果投资方案的净现值为正数，说明该方案的报酬率超过成本率，在偿还本息后该项目仍有剩余收益。净现值的经济意义是投资方案贴现后的净收益。

（2）净现值计算方法

根据净现值的定义，其计算公式为：

$$NPV = -\sum_{K=0}^{m} \frac{NCF_K}{(1+i)^K} + \sum_{K-m+1}^{n} \frac{NCF_K}{(1+i)^K}$$

式中，K 为表示项目计算期，m 为建设期；n 为生产经营期；i 表示资金成本或预期报酬率。项目计算期包括该项目的建设期和生产经营期，通常以年来为单位。

NCF_K 表示项目产生的现金净流量。公式加号前面的 NCF_K 表示建设期第 K 年的投资额，加号后面的 NCF_K 表示项目投产后第 K 年的现金净流量。

当净现值为正数时，说明投资项目所产生的收益偿还借入资金后仍有剩余；当净现值为负数时，说明投资项目所产生的现金流量无法偿还借款本息。

（3）净现值的特点

①净现值的优点

其优点主要有两个：一是考虑了货币时间价值。由于投资项目的报酬和资本支出发生在项目的不同时期，两者必须在同一时点的基础上进行比较才会比较合理，增强投资项目经济性评价的可靠性。二是考虑了投资项目的风险性。净现值法下的折现率为投资项目的风险报酬率，在确定折现率的时候，要求选择与投资项目风险和报酬类似的项目作为基础拟订，充分考虑了投资的风险和报酬。

②净现值的缺点

净现值并不能揭示各个投资方案本身可能达到的实际报酬是多少。由于净现值是一个绝对量指标，也不便于不同投资项目获利能力的比较。

2. 现值指数

（1）现值指数概述

现值指数（PVI）是指投产后按行业基准折现率或设定折现率折算的各年净现金流量的现值合计与原始投资的现值合计之比，即未来现金流入量现值与现金流出量现值的比例，也称为现值比率、获利指数、折现后收益和成本比率等。

现值指数的决策规则是：$PVI \geq 1$，项目方案可行；$PVI < 1$，项目方案不可行。

（2）现值指数计算方法

根据现值指数的定义可得其计算公式为：

$$PVI = \frac{\sum\limits_{K=n+1}^{n} \dfrac{NCF_K}{(1+i)^K}}{\sum\limits_{K=o}^{m} \dfrac{NCF_K}{(1+i)^K}}$$

式中，NCF_K 表示项目产生的现金净流量，上式分母的 NCF_K 表示建设期第 K 年的投资额；分子的 NCF_K 表示项目投产后第 K 年的净现金流量，其中 m 为建设期；i 表示资金成本或预期报酬率。

现值指数大于 1，说明其收益超过成本，即投资报酬率超过资金成本率或投资者期望的报酬率；现值指数小于 1，说明其报酬率没有达到资金成本率或投资者期望的报酬率。

（3）现值指教的评价

现值指数是贴现相对数的正指标，反映了投入和产出的关系。现值指数由于用相对数来进行表示，可以运用在投资额不同的项目中进行方案的优选。在多个方案进行优选时，在现值指数大于 1 的方案中选择获利指数最大的方案。

现值指数法和净现值法的本质是相同的，一个方案的净现值大于等于 0，则其现值指数必定大于等于 1；反之亦然。在面对多个相互独立的投资方案进行优劣排序选择时，使用现值指数为决策标准有利于资金投入总效益发挥至最大。这也是净现值指标和现值指数指标交替使用的原因。现值指数的优点是可以从动态的角度反映项目的资金投入与产出之间的关系；缺点是无法直接反映投资项目的实际收益。

值得注意的是，净现值率（$NPVR$）是指投资项目净现值与原始投资的现值合计之比。而投资项目净现值是项目投产后各年现金净流量的现值合计，减去原始投资现值后的差额。所以净现值率与现值指数存在以下关系：

净现值率 = 投资项目净现值/原始投资的现值合计

$$= \frac{投产后各年现金净流量现值合计 - 原始投资现值合计}{原始投资现值合计}$$

= 获利指数—1

或者： 获利指数 = 净现值率 + 1

从以上公式分析可知，一个投资项目的净现值如果大于等于 0，则该投资项目的净现值率必会大于等于 0，现值指数必会大于等于 1，这时项目是可行的；反之，则项目不可行。

3. 年金净现值

年金净现值（$ANCF$）又称为年金净流量，是指项目计算期间全部现金净流量总额的总现值（即净现值）折算为等额年金的平均现金净流量。年金净流量的计算式为：

$$ANCF = \frac{NPV}{(P/A,i,n)}$$

与净现值指标一样，年金净流量指标的结果大于零，说明每年平均的现金流入能抵补现金流出，方案的报酬率会大于所要求的报酬率，方案可行。在两个以上寿命期不同的投资方案做比较时，年金净现值越大，方案越好。

4. 内含报酬率

内含报酬率（IRR）是使未来现金流入量现值等于未来现金流出量现值的贴现率，也可以说是使投资方案净现值等于零的贴现率。

内含报酬率是投资方案本身可能达到的实际报酬率，反映的是项目内在的收益能力。内含报酬率是假设项目在整个生命周期内，按照该收益率能够恰好收回其原始投资总额。所以，内含报酬率是项目的预期报酬率。如果内含报酬率超过该项目的资金成本，那么偿还资本成本后，剩余的收益归股东所有；接受内含报酬率低于资本成本率的项目会损害股东的利益，因此内含报酬率是资本项目取舍的临界点。

内含报酬率的决策规则是：$IRR \geq i$，则投资项目可行；$IRR < i$，则投资项目不可行。这里 i 表示投资项目的资金成本率或基准收益率。

对于单一项目的决策而言，满足上述规则就可以做出正确的决策。对于多个投资项目进行评价时，首先在内含报酬率应大于资金成本率或基准收益率，且内含报酬率越大越好。

内含报酬率的测算一般采用插值法来计算，其原理是假定净现值和折现率组成的函数在一定的范围内呈现线性分布，利用不同点坐标求斜率的原理，来测算内含报酬率指标。具体的计算方法是：先估计一个折现率，并按此折现率计算净现值。如果计算出的净现值为正数，则表示预估的折现率小于该项目的实际内含报酬率，应该提高折现率，再进行测算；如果计算出的净现值为负数，则表明预估的折现率大于该方案的实际内含报酬率，应降低折线率，再进行测算。经过如此反复测算，找到净现值由正到负并且比较接近于零的两个折现率。然后运用插值法，计算出方案的实际的内含报酬率。具体测算步骤如下：

第一步：先建立各年净现金流量的总现值减去原始投资的净现值等于零的公式：

$$\text{NPV} = -\sum_{K=0}^{m} \frac{NCF_K}{(1+i)^K} + \sum_{K-m+1}^{n} \frac{NCF_K}{(1+i)^K} = 0$$

第二步：给定贴现率逐步测试。

①先自行设定一个折现率 i，计算项目 NPV；

②若 $NPV = 0$，说明内含报酬率 $IRR = i$，计算完成。

若 $NPV > 0$，说明内含报酬率 $IRR > i$，提高 i，继续测算。

若 $NPV < 0$，说明内含报酬率 $IRR < i$，降低 i，继续测算。

第三步：反复测算，找到净现值由正到负且最接近于零的两个净现值（一个是正值，一个是负值）及其对应的贴现率（假定是 i_1，i_2），再运用内插法计算出内含报酬率。

利率	NPV
i_1	NPV_1
IRR	0
i_2	NPV_2

$$\frac{IRR - i_1}{i_2 - i_1} = \frac{0 - NPV_1}{NPV_2 - NPV_1}$$

从而可以得到，内含报酬率 $\text{IRR} = i_1 + \frac{0 - NPV_1}{NPV_2 - NPV_1} \times (i_2 - i_1)$

5. 投资回收期

投资回收期（PP）就是使投资项目累计的现金净流量等于原始投资额所需的时间，即投资项目通过资金回流量来回收投资的年限。标准投资回收期一般是根据行业或部门的技术经济特点规定的平均先进的投资回收期。投资回收期一般可分为静态投资回收期和动态投资回收期。

(1) 静态投资回收期

静态投资回收期是在不考虑资金时间价值的条件下，以项目的现金净流量回收其全部投资所需要的时间。

静态投资回收期可根据现金流量表计算，其具体计算又分以下两种情况。

①项目建成投产后各年的净收益（即现金净流量 NCF）均相同

则静态投资回收期的计算公式为：

$$投资回收期 = 建设期 + \frac{原始投资额}{每年 NCF}$$

②项目建成投产后各年的净收益不相同

这种情况下，静态投资回收期可根据累计净现金流量求得，也就是在现金流量表中计算累计现金净流量，投资回收期在累计现金净流量由负值转为正值的年份之间。其计算公式为：

$$投资回收期 =（累计现金净流量第一次出现正值的年份数 - 1）$$
$$+ \frac{出现正值上一年累计现金净流量的绝对值}{出现正值年份的现金净流量}$$

③评价准则

将计算出的静态投资回收期与所确定的基准投资回收期进行比较：若静态投资回收期≤基准投资回收期，表明项目投资能在规定的时间内收回，则方案可以考虑接受；若静态投资回收期＞基准投资回收期，则方案是不可行的。

(2) 动态投资回收期

动态投资回收期是把投资项目各年的现金净流量按基准收益率折算成现值之后，再来推算投资回收期，这就是它与静态投资回收期的根本区别。动态投资回收期就是现金净流量的现值累计等于零时的年份。

投资者一般都十分关心投资的回收速度，为了减少投资风险，都希望越早收回投资越好。动态投资回收期是一个常用的经济评价指标。动态投资回收期弥补了静态投资回收期没有考虑资金时间价值的这一缺点，使其更符合实际情况。

①计算公式

动态投资回收期的计算在实际应用中根据项目的现金流量表，用下列近似公式计算：

$$投资回收期 =（累计现金净流量现值第一次出现正值的年数 - 1）$$
$$+ \frac{出现正值上一年累计现金净流量现值的绝对值}{出现正值年份的现金净流量现值}$$

②评价准则

求出的动态投资回收期也要与行业标准动态投资回收期或行业平均动态投资回收期进行比较。若动态投资回收期≤基准投资回收期时，说明项目（或方案）能在要求的时间内收回投资，是可行的；若动态投资回收期＞基准投资回收期时，则项目（或方案）不可行，应予拒绝。

（3）投资回收期法的优缺点

投资回收期法的优点在于计算简单，易于理解，且在一定程度上考虑了投资的风险状况（投资回收期越长，投资风险越高；反之，投资风险越低）。

但是投资回收期也存在一些致命的缺点：一是静态投资回收期没有考虑资金的时间价值，将各期的现金流赋予了同样的权重；二是只考虑了投资回收期内现金流量对投资收益的贡献，没有考虑回收期之后的现金流量；三是投资回收期的标准期确定主观性较大。

6. 贴现现金流量指标的比较

贴现现金流量指标有净现值、净现值率、现值指数、内含报酬率等，当上述指标发生矛盾时，该如何决策？

（1）净现值和内含报酬率的比较

在多数情况下，运用净现值和内含报酬率这两种方法得出的结论是相同的。会产生差异的两种情况：一是投资规模不同，因为投资规模大的项目，一般净现值比较大，但投资规模小的项目可能有更高的内含报酬率；二是现金流量发生的时间不同，有的项目早期现金流量比较大，而有的项目早期现金流量比较小，早期现金流量比较大的项目内含报酬率有可能比较大，而早期现金流量比较小项目在贴现率比较小的时候净现值有可能比较大。由于净现值可以给公司带来价值的增值，所以，净现值决策规则优于内含报酬率决策规则。

（2）净现值和现值指数的比较

净现值和现值指数使用的是相同的信息，在评价投资项目的优劣时，它们常常是一致的，但有时也会产生分歧，只有当初始投资额不同时，净现值和现值指数才会产生差异，净现值越高，企业的报酬越大，而获利指数只反映投资回收的程度，而不反映投资回收的多少，在没有资金限量情况下的互斥选择决策中，应选用净现值较大的投资项目。

第六节　销售收入与利润管理

一、销售收入管理

（一）销售收入管理概述

1. 销售收入的概念及组成

在商品经济条件下，企业生产产品的目的不是为了自己消费，而是为了对外出售。企业在一定时期因销售产品或对外提供劳务所获取的收入就是销售收入，包括产品销售收入和其他业务收入。

（1）产品销售收入

产品销售收入是企业生产经营活动的主要收入，在整个企业销售收入中占有最大比重，是销售收入管理的重点。工业企业的产品销售收入包括销售产成品、自制半成品和工业性劳务等取得的收入。

产品销售收入的实现不受销售对象的限制。企业的产品销售收入除包括对企业以外的其他单位销售产品取得的收入外，还应包括对企业内部非生产部门等销售商品产品取得的收入。

（2）其他业务收入

其他业务收入是指企业从产品销售业务以外的其他销售业务中所取得的收入，包括材料销售、固定资产出租、包装物出租、外购商品销售、运输业务、无形资产转让、提供非工业性劳务等取得的收入。

2. 销售收入的确认

销售收入的确认是销售收入管理的重要内容，它直接影响到纳税时间的确定和利润的计算。正确确认销售收入的实现，对于处理好国家与企业的分配关系，保证国家的财政收入，正确评价企业的经营成果和经济效益，具有十分重要的意义。

如何区分销售商品收入和提供劳务收入，如何判断商品所有权上的主要风险和报酬转移，可以按下述五个步骤来确认计量：①识别与客户订立的合同；②识别合同中的单项履约义务；③确定交易价格；④将交易价格分摊至各单项履约义务；⑤履行每一单项履约义务时确认收入。

企业按上述要求确认的销售收入，不是销售净收入。因为，在实际业务中存在着销售退回、销售折让、销售折扣等事项。

销售退回是指企业已销产品，因质量或品种规格等不符合合同或有关规定的要求，由购买方全部或部分退回企业的经济事项。销售折让是指企业已销产品，因种种原因达不到规定要求，如发现外观破损等，经过协商，而在价格上给购买方以折让的经济事项。对于销售退回和销售折让，企业应及时查明原因和责任，冲减销售收入。

销售折扣是企业为鼓励消费者或用户多购商品数量而采取的一种促销措施。销售折扣常见的有数量折扣、季节折扣等方式。数量折扣是指企业为鼓励购买者多买而给大量购买者的一种减价，即买得越多，产品单价越便宜。季节折扣是指生产、经营季节性产品的企业给予购买过季产品的购买者的一种减价。企业按折扣后的销售价款记入销售收入。

3. 销售收入管理的意义

销售收入是企业的重要财务指标，是企业生产成果的货币表示。加强销售业务管理，及时取得销售收入，对国家和企业都具有十分重要的意义。

（1）及时取得销售收入，是保证企业再生产过程顺利进行的重要条件。

在市场经济条件下，企业作为自主经营、自负盈亏的经济实体，要以自己的收入补偿自己的支出。工业企业的再生产过程包括供应、生产和销售三个环节。企业只有将自己生产的产品销售给消费者和用户，并及时收回货款，再生产才能顺利进行。

（2）及时取得销售收入，才能满足国家建设和人民生活的需要。

在社会主义市场经济条件下，企业生产的目的是为了满足社会需要，并以收抵支，取得盈利。企业将产品生产出来，还未达到此目的，只有将已经生产出来的产品及时销售出去，才能证明企业生产的产品是社会所需要的，才能达到满足国家经济建设和人民生活的需要的目的。

（3）及时取得销售收入，是企业完成上缴财政任务，扩大企业积累的前提。

企业取得的销售收入，扣减生产经营过程中的耗费，剩下的就是企业的纯收入，包括税金和利润两部分。企业将税金和利润的一部分上缴财政，其余按规定顺序进行分配，企业盈余是企业自我积累的主要来源。

（二）销售价格的管理

销售收入是销售数量和销售单价的乘积。在销售数量既定的前提下，销售价格是影响销售收入的决定性因素，因此，销售价格的管理是销售收入管理的重要内容。

1. 产品价格的概念

产品价格是产品价值的货币表现，它包括物化劳动转移的价值和活劳动新创造的价值。产品价值的大小取决于生产该种产品的社会必要劳动量。

产品价值从构成上看，可以分为三个部分，一是已消耗的生产资料转移的价值，用 C 表示；二是生产者为自己劳动所创造的价值，用 V 表示；三是生产者为社会劳动所创造的价值，用 M 表示。产品价值 W 可以用下面的公式表述：

$$W = C + V + M$$

2. 工业品价格体系及构成

自经济体制改革以来，随着商品经济的发展和企业自主权的扩大，计划管理体制下高度集中的价格管理体制的弊端越来越明显地表露出来，不少产品的价格既不能反映产品的价值，又不能反映产品的供求关系，严重影响了经济体制改革的深入和社会经济的发展。

我国现行工业品价格体系，按产品在流通过程中经过的主要环节，一般分为出厂价格、批发价格和零售价格三种。

（1）出厂价格

出厂价格是生产企业出售给商业批发企业，或其他企业所采用的价格，是其他价格形式的基础。

（2）批发价格

批发价格是批发企业对零售企业或大宗购买单位出售产品时所采用的价格，是确定零售价格的基础。

（3）零售价格

零售价格是零售企业向消费者或用户出售产品所采用的价格，是产品在流通过程中最后一道环节的价格。

从工业品价格体系及其构成不难看出，工业品的出厂价格是整个工业品价格构成的基础，对批发价格、零售价格有决定性的影响。

3. 出厂价格的制订

工业品出厂价格的制订，在遵守国家物价政策的前提下，应综合考虑以下几个因素：

（1）产品价值

价格是价值的货币表现，产品价格的制订应以价值为基础，基本符合其价值。只有这样，企业在正常生产经营条件下，才能补偿生产耗费，完成上缴财政任务，满足自我积累和扩大再生产的需要。

（2）供求关系

价格围绕价值上下波动主要受供求关系的影响。当产品供不应求时，价格会上涨，刺激生产，限制消费；当产品供过于求时，价格会下跌，刺激消费，限制生产。

（3）其他因素

企业在制定产品价格时，除应考虑产品价值、供求关系这两个基本因素外，还应考虑各产品之间的比价、分销渠道、消费者心理，以及质量差价、季节差价、环节差价等因素，使产品价格趋于合理。

工业品出厂价格的定价方法多种多样，常见的有以下几种。

①成本外加法

成本外加法是指以产品成本费用（包括制造成本和期间费用）为基础，再加上一定的销售税金和利润，以此来确定产品出厂价格的方法。其计算公式为：

出厂价格 = 单位产品成本费用 + 单位产品销售税金 + 单位产品利润

②反向定价法

反向定价法又称销价倒扣法，它是以零售价格为基础，以为批零差价、进批差价为依据，反向计算产品出厂价格的一种方法。其计算公式为：

批发价格 = 零售价格 × （1 - 批零差率）

出厂价格 = 批发价格 × （1 - 进批差率）

③心理定价法

心理定价法是指根据消费者和用户购买产品时心理状态来确定产品价格的方法。如某些名牌产品的定价可以远远高于其他同类产品。这样既满足了消费者追求名牌的心理需要，又可以使企业增加盈利。

产品价格的制订，除上述三种方法外，还有创利额定价法、比较定价法、取消定价法等。总之，随着社会主义市场经济的进一步发展，企业定价权的扩大，企业应遵循价值规律的要求，综合考虑各方面的因素，选择恰当的定价方法，制订出合理的产品价格，以达到扩大销售、增加盈利的目的。

（三）销售收入的管理

1. 产品销售预测

产品销售预测是指企业根据目前的销售情况，结合对市场未来需求的调查，运用科学的方法，对未来时期产品的销售量和销售收入所进行的测算和推断。

产品销售预测的方法很多，大致可归纳为经验判断法和数学分析法两类。

经验判断法是指利用人们的实践经验，通过分析判断，从而对企业未来的销售发展趋势进行预测的方法。常见的有专家调查法、集合意见法、调查分析法等。这类方法简便易行，主要用于缺乏历史资料情况下的中长期预测。

数学分析法是根据企业销售的历史资料，通过运用一定的数学方法，对企业未来的销售发展趋势进行预测的方法。常见的有时间序列法、回归分析法、本量利分析法等。

（1）时间序列法

时间序列法是指按照时间顺序，通过对过去几期销售数据的计算分析，确定未来时期销售预测值的方法，包括简单平均法、加权平均法、移动平均法等。

第一，简单平均法。简单平均法是指将企业过去几期的实际销售数据之和除以期数而求得预测值的方法。

第二，加权平均法。加权平均法是指根据各期实际销售量对销售预测值的影响程度，分别给予不同的权数，然后求出加权平均数，并以此作为销售预测值的方法。

第三，移动平均法。移动平均法是指从销售时间序列数据中选取一组数据求其平均值，逐步移动，以接近预测期的平均值为基数，考虑发展趋势加以修正，从而确定销售预测值的方法。

（2）回归分析法

回归分析法是指根据销售变动趋势，建立回归方程，通过解回归方程求得销售预测值的方法。此法适用于销售量直线上升的企业。

（3）本量利分析法

本量利分析法是指利用成本、销售量与利润三者的内在联系，在已知产品成本的前提下，根据目标利润的要求来预测销售量的方法。

2. 销售收入的日常管理

（1）按需组织生产，做好广告宣传工作

企业的产品，只有符合社会需要，质量上乘，品种规格齐全，价格合理，受广大消费者和用户欢迎，才能销售出去，迅速实现销售收入。因此，企业必须十分重视市场调查和预测，按社会需要组织生产，研究开发新产品，不断提高产品质量，努力降低产品成本，向市场提供适销对路、物美价廉的产品。

（2）加强销售合同管理，认真签订和执行销售合同

经济合同是法人之间为实现一定经济目的，明确相互之间的权利和义务而订立的协议。企业现今的产品销售，大都是通过销售合同来实现的。因此，企业财务部门应积极协助销售部门加强销售合同管理，认真签订和执行销售合同，以确保销售收入的实现。首先，企业要根据生产情况及时与购买单位签订销售合同，明确规定销售产品的品种、数量、规格、价格、交货日期、交货地点、结算方式以及违约责任。其次，加强库存产品的保管，及时按合同要求进行选配、包装，搞好发运工作。

（3）做好结算工作，及时收回货款

产品销售包含两层含义：一是向购买者发出产品；二是向购买者收取货款。鉴于此，企业既应重视产品的发出，更应关心货款的收回。首先，企业应从既要有利于销售产品，又要有利于及时收回货款的原则出发，选择正确的结算方式。其次，在托收承付结算方式下，企业发货后应尽快从有关部门取得发货和运输凭证，向银行办妥托收手续、监察督促购货单位按期付款。最后，对逾期未收回的账款，应及时查明原因，分别情况妥善处理。企业只有及时回收销售货款，才能实现企业资金的正常周转。

（4）做好售后服务工作，为今后进一步扩大销售奠定基础

企业应树立对消费者和用户负责的观念，在产品售出后，做好售后服务工作。诸如为消费者和用户免费安装调试产品，提供配件、备件，建立维修网络，坚持上门服务，及时检修和排除故障，以及采取包修、包退、包换等措施。良好的售后服务，有助于解除消费者和用户的后顾之忧，树立良好的企业形象，提高产品声誉，扩大社会影响力，为今后进一步扩大销售、增加盈利奠定基础。

二、利润管理概述

（一）利润的构成

利润是指企业在一定会计期间的经营成果，包括营业利润、利润总额和净利润。它是衡量企业生产经营成果的重要综合指标。利润总额若为正数，则表示盈利；若为负数，则表示亏损。

1. 营业利润

营业利润是指企业从事日常经营活动所取得的净收益，它由营业收入扣除营业成本，再扣除当期的期间费用后形成。其计算公式为：

营业利润 = 营业收入 – 营业成本 – 税金及附加 – 销售费用 – 管理费用 – 财务费用 – 资产减值损失 – 信用减值损失 + 公允价值变动损益 + 投资净收益 + 资产处置损益 + 其他收益

营业收入是指企业经营业务所确定的收入总额，包括主营业务收入和其他业务收入。营业成本是指企业及经营业务所发生的实际成本总额，包括主营业务成本和其他业务成本。资产减值损失是指因资产的可回收金额低于其账面价值而造成的损失。信用减值损失是指企业持有金融资产的账面价值，高于这项金融资产的可收回金额，从而产生的损失。公允价值变动损益是指企业交易性金融资产等公允价值变动所形成的应计入损益的利得（或损失）。投资净收益是指企业对外投资所取得的投资收益扣除投资损失后的余额。资产处置损益是指企业出售划分为持有待售的非流动资产（金融工具、长期股权投资和投资性房地产除外）或处置组时确认的利得或损失，以及处置未划分为持有待售的固定资产、在建工程、生产性生物资产及无形资产而产生的处置利得或损失。其他收益是反映与企业日常活动相关的但不在营业收入项目核算的经济利益流入，包括部分政府补助、个税扣缴手续费、特定纳税人加计抵减税额、债务人以非金融资产偿债的债务重组收益等。

2. 利润总额

利润总额是"亏损总额"的对称，是企业在一定时期内通过生产经营活动所实现的最终财务成果。制造企业的利润总额，主要由营业利润和营业外净收支两部分构成。营业外收支净额是指与企业生产经营无直接关系的收入与支出的差额，即营业外收入与营业外支出的差额。利润总额的计算公式为：

利润总额 = 营业利润 + 营业外收入 – 营业外支出

3. 净利润

净利润，又称税后利润，是企业缴纳所得税后形成的利润，是企业所有者权益的组成部分，也是企业进行利润分配的基础。其计算公式为：

净利润 = 利润总额 – 所得税费用

净利润是企业经过一定时期的生产经营活动所取得的最终财务成果。根据我国公司法的规定，公司利润分配就是关于公司净利润的分配。

（二）增加利润的途径

从利润总额构成可以看出，企业利润是销售量、单价、单位成本、期间费用和营业外收入等多个因素综合作用的结果。因而，增加利润的主要途径如下。

1. 增加产量，提高质量，不断扩大销售

这是增加利润的根本途径。企业通过增加产量，提高产品质量，多生产适销对路的产品，充分地进行市场预测，扩大销售收入。

2. 挖掘潜力，降低成本

这是增加利润的重要途径。在扩大销售收入的前提下，成本费用的多少便是利润多少的决定因素。它们之间存在着此消彼长的关系。成本费用开支越大，利润越少；反之，成本费用开支越少，利润越多。

3. 合理运用资金，加速资金周转

这是增加利润的又一重要途径。合理运用资金，使各种资金占有形态保持恰当的比例关系，加速资金周转。在资金占用总量不变的情况下，周转速度加快，销售收入会增加；在成本不变情况下，企业利润也会增加。

（三）利润管理的要求

1. 实行利润目标分管责任制，保证目标利润完成

利润是通过各项经营活动和对资金、费用以及其他损益项目的管理取得的。所以，对利润的管理实际上要对企业实行全面的质量管理，力求做到投入少、产出多。在利润总额中，营业利润是主体。

通常的做法是将企业计划利润作为一个总目标，按组织层次层层展开，分解成若干个分目标，形成一个目标网络。为了完成企业的总目标，在企业内部各层次、各部门都要设立部门目标或个人目标，由若干个下级目标或个人目标支持一个部门目标，若干部门目标支持总目标。

2. 正确处理财务关系，合理进行利润分配

企业采取各项增盈的措施时，必须严格执行国家相关财经法规。应当正确结转、分摊或计提费用，正确计算和结转产品生产成本、各种期间费用和营业外收支，如实反映企业财务状况，以确保企业财务结果的真实性。同时，应正确地将利润在国家、企业和投资者个人之间进行分配。在保证国家财政收入的前提下，促使企业的投资者和职工个人关心企业的经营成果，提高投资者和职工参与经营管理的积极性，使企业盈利能够持续、稳定地增长。

（四）利润规划

利润规划是企业为实现目标利润而综合调整其经营活动规模和水平所做的计划，它是企业编制期间预算的基础。利润规划要把企业持续发展及实现目标利润所需的资金、可能取得的收益，以及未来要发生的成本和费用这三者紧密联系起来。利润规划之所以总强调成本、数量、利润分析，也正是这个缘故。

1. 本量利分析

本量利分析，亦称 CPV 分析，是指对成本、数量、利润相互关系的分析。它是在成本划分为变动成本和固定成本的基础上发展起来的，是企业财务计划和控制最主要的基础工具。

（1）成本性态分析

本量利关系的研究以成本和数量的关系为基础，它们通常被称为成本性态研究。所谓成本性态，是指成本总额与业务量之间在数量上的依存关系，也被称为成本习性、成本特性等。业务量是企业生产经营活动水平的标志量，既可以是产出量，也可以是投入量；既可以是实物量、时间量，也可以是货币量，如产品产量、人工工时、销售量、材料消耗量、生产能力利用百分数、工人工资、机器运转时数、运输吨公里等。

按成本习性，成本可划分为固定成本、变动成本和混合成本三类。

①固定成本

固定成本是指其总额在一定时期和一定业务量范围内不随业务量发生任何变动的那部

分成本。属于固定成本的主要有按直线法计提的折旧费、保险费、管理人员工资、办公费等。

固定成本还可进一步区分为约束性固定成本和酌量性固定成本两类。约束性固定成本属于企业"经营能力"成本，是企业为维持一定的业务量所必须负担的最低成本，如厂房、机器设备的折旧费、长期租赁费等；酌量性固定成本属于企业"经营方针"成本，是企业根据经营方针确定的一定时期（通常为一年）的成本。

应当指出的是，固定成本总额只是在一定时期和业务量的一定范围（通常称为相关范围）内是保持不变，当业务量在一定的范围变动时，对其没有显著影响。

②变动成本

变动成本是指其总额随着业务量成正比例变动的那部分成本。业务量增加，变动成本也随之增加；业务量下降，变动成本也随之减少。直接材料、直接人工等都属于变动成本，但产品单位成本中的直接材料、直接人工成本将保持不变。

③混合成本

有些成本虽然也随业务量的变动而变动，但不成同比例变动，这类成本称为混合成本。混合成本按其与业务量的关系又可分为半变动成本和半固定成本。

半固定成本会随产量的变化而呈阶梯形增长，产量在一定限度内，这种成本不变，当产量增长到一定限度后，这种成本就跳跃到一个新的水平。

半变动成本通常有一个初始量，类似于固定成本，在这个初始量的基础上随产量的增长而增长，又类似于变动成本。

在成本习性分类下，混合成本最终要按照一定的方法分解成固定成本和变动成本。

成本性态可通过高低点法、散布图法、回归直线法、工业工程法、契约检查法和账户分析法等，建立成本与业务量关系的直线方程式进行分析：

$$Y = a + bx$$

式中：Y —成本总额；

　　　a —固定成本；

　　　b —单位变动成本；

　　　x —业务量；

　　　bx —变动总成本。

第一，高低点法。

高低点法是根据历史资料中最高业务量、最低业务量时期的总成本之差（用 Δy 表示），与两者业务量之差（用 Δx 表示）进行对比，推算出单位业务量的变动成本 b，然后再根据总成本和单位变动成本确定固定成本，即：

$$\Delta y = b\Delta x$$

$$b = \frac{\Delta y}{\Delta x}$$

用求出的 b 值代入最高业务量（用 H 表示）或最低业务量（用 L 表示）的总成本，便可求出 a：

$$a = y(H) - bx(H)$$

$$或：a = y(L) - bx(L)$$

第二，散布图法。

散布图法是根据若干期历史资料，绘制各期成本点散布图，按目测所得成本变动趋势在图上画出成本直线，直线的截距即固定成本，然后在直线上任取一点，据以计算单位变动成本。

第三，回归直线法。

回归直线法是根据一系列历史成本资料，用数学上的最小平方法原理，计算能代表平均水平的直线截距和斜率，以其作为固定成本和单位变动成本。

（2）本量利数学表达式——损益方程式

第一，基本的损益方程式。

由于：利润 = 销售收入 – 总成本

　　　销售收入 = 单价 × 销量

　　　总成本 = 变动成本 + 固定成本 = 单位变动成本 × 产量 + 固定成本

假设产量和销量相同，则有：

$$利润 = 销售收入 – 变动成本 – 固定成本$$
$$利润 = 单价 × 销量 – 单位变动成本 × 销量 – 固定成本$$
$$= px – bx – a（式中 p 表示销售单价）$$

上式中的利润是包含经营期间应支付的利息和所得税，所以称为息税前利润（用 *EBIT* 表示）。其中：销售收入减去变动成本，又称为边际贡献或边际利润（用 *M* 表示）。

息税前利润、边际贡献、净利润之间的关系可以用以下公式来表示：

$$息税前利润 = 销售收入 – 变动成本 – 固定成本$$
$$= 单价 × 销量 – 单位变动成本 × 销量 – 固定成本 = px – bx – a$$
$$= 边际贡献 – 固定成本 = M – a$$
$$= 净利润 + 利息 + 所得税$$

上述公式是明确表达本量利之间数量关系的基本损益方程式，如果已知其中的 4 个变量，则可以求出另一个未知量的值。

第二，损益方程式的变换形式。

把基本损益方程式中的"利润"放在等号的左边，其他的变量放在等号的右边，这种形式便于计算预期利润。如果待求的数值是其他变量，则可以将方程进行恒等变换，使等号左边是待求的变量，其他参数放在右边。

2. 各因素变动分析

因素变动分析主要研究两个问题：一是产销量、成本和价格发生变动时，测定其对利润的影响；二是目标利润发生变动时，分析实现目标利润所需要的产销量、收入和支出。如果说，盈亏临界分析主要研究利润为零的特殊经营状态的有关问题，那么，变动分析则主要研究利润不为零时的一般经营状态的有关问题。

（1）分析有关因素变动对利润的影响

在决定任何生产经营问题时，都应事先分析拟采取的行动对利润的影响。一般情况下，企业遇到下列三种情况时，常要测定利润的变化：

①外界因素发生变化，如单位变动成本、价格、固定成本或销量等；

②由于企业拟采取某项行动，将使有关因素发生变动；

③由于外界因素变化或企业拟采取某项行动，使有关的因素发生相互关联的影响。

（2）分析实现目标利润的有关条件

企业可以采取单项措施以实现目标利润，如减少固定成本、变动成本，提高售价、增加产销量等，然而在现实生活中，影响利润的因素是相互关联的。为了提高产量，往往要增加固定成本，与此同时，为了把它们顺利销售出去，有时又需要降低售价或增加广告费，因而企业很少采取单项措施来提高利润，而大多采取综合措施以实现利润目标，这就需要企业进行综合计算和反复平衡。

三、利润分配管理

利润分配是指企业实现的利润总额经调整后，按照有关规定上缴所得税，提取盈余公积金、公益金，向投资者分配利润等活动。企业利润是生产者剩余劳动所创造产品价值的一部分，利润分配的实质就是利用货币形式对这部分产品进行分配。利润分配是一项政策性很强的工作，必须按照国家制订的有关法规、制度进行，兼顾国家、企业、投资者和职工等各方面的经济利益。

利润分配制度作为财务管理体制的重要组成部分，随着财务管理体制的调整变化，在我国经历了一个曲折的演变过程。利润分配制度的长期改革与实践证明：无论是以利代税、以税代利或是利税承包形式，任何形式的税利合一，都存在着种种弊端，不符合政企分开、经营权和所有权相分离的原则，"税利分流，税前还贷，按资分红"才是利润分配制度改革发展的方向。

（一）利润分配的一般程序

1. 亏损的管理

企业一定时期的收入如果抵补不了支出，其差额表现为亏损。企业的亏损按性质不同可分为政策性亏损和经营性亏损两种。

（1）政策性亏损

政策性亏损是指企业因执行国家有关政策而发生的亏损。对于政策性亏损，经财政部门核定后，可实行定额补贴或亏损包干等办法，促使企业增产节约，增收节支，努力减少亏损。

（2）经营性亏损

经营性亏损是指企业因经营不善，管理混乱而造成的亏损。对于经营性亏损，原则上应由企业自行解决。企业发生的年度亏损，可以用下一年度的税前利润等弥补；下一年度不足弥补的，可以在 5 年内延续弥补；5 年内不足弥补的，用税后利润等弥补。

2. 税后利润分配的管理

企业实现的利润总额，按照国家有关规定作相应调整后即为应纳税所得额，应纳税所得额乘以适用所得税税率即为应纳所得税额，企业应依法缴纳所得税。除国家另有规定外，企业税后利润按下列顺序进行分配：

①被没收的财物损失，违反税法规定支付的滞纳金和罚款；

②弥补企业以前年度亏损；

③提取法定盈余公积金。法定盈余公积金按照税后利润扣除前两项后的 10% 提取，盈余公积金已达注册资金 50% 时可不再提取；

④提取公益金；

⑤向投资者分配利润。企业以前年度未分配的利润，可以并入本年度向投资者分配。

对税后利润分配进行管理，应注意以下几个问题：

第一，企业以前年度亏损未弥补完，不得提取盈余公积金、公益金。

盈余公积金是指企业从税后利润中形成的公积金，包括法定盈余公积金和任意盈余公积金。法定盈余公积金是企业按照国家的有关规定，从税后利润中按规定比例提取的公积金。任意盈余公积金是企业出于经营管理等方面的需要，根据董事会决定或公司章程自行决定，从当期税后利润中提取的公积金。

第二，在提取盈余公积金、公益金之后，方能向投资者分配利润。

企业可供向投资者分配的利润由两部分组成：一是企业税后利润在按上述顺序分配后的剩余部分；二是企业以前年度未分配的利润。企业向投资者分配利润的方式，取决于企业的组织形式。

第三，股份有限公司利润分配的特殊性。

股份有限公司税后利润在提取法定盈余公积金和公益金后，根据财务制度的规定，剩余利润按照下列顺序进行分配：

①支付优先股股利；

②提取任意盈余公积金。任意盈余公积金按照公司章程或者股东大会决议提取和使用；

③支付普通股股利。

上述规定表明：任意盈余公积金的提取，是在分配优先股股利之后，但在分配普通股股利之前；向投资者分配利润时，先向优先股股东分配，有剩余再向普通股股东分配。

（二）股利政策

股息和红利简称股利，它是股份有限公司从税后利润中分配给股东的部分，是股份公司对股东投入资本的一种回报。股利政策是指股份有限公司在确定股利及相关事项时所采取的方针和策略，它通常包括股利支付比率、股利支付方式、股利支付程序等内容。股利政策的核心是股利支付比率，它影响到股份有限公司股票在证券市场上的价格、筹资能力和积累能力。

1. 影响股利政策的因素

制订合理的股利政策，是股份有限公司利润分配管理的重要内容，也是一项难度较大的工作。股利政策是否合理，关系到公司的市场价值、再筹资能力以及将来的发展。影响股利政策的因素归纳起来主要有以下三个方面。

（1）法律因素

法律因素是指国家有关法律、法规中关于股利分配的规定。概括起来主要体现在以下两个方面：

第一，资本保全要求。为了保护投资者的利益，要求支付股利的资金只能是公司的当期利润或保留的盈余，即不能因为支付股利而减少资本总额。

第二，资本积累要求。公司在股利分配时，要求遵循积累优先的原则，必须先按一定的比例和基数提取各种公积金。

（2）股东因素

股利政策由于最终须经董事会决定并由股东大会审议通过，所以公司股东的意见和要求也是影响股利政策的重要因素。

第一，控制权的稀释。在控制权为少数股东所掌握的公司，如果股利支付比率过高，留存收益将相应减少，公司将来要发展势必会通过增发股票来筹集资金，从而可能导致控制权稀释或旁落他人。

第二，避税。有的股东为减少股利的所得税支出，要求采用低股利政策，以期通过提高股票价格来获取更多的资本收益。

第三，投资目的。有的股东依靠股利收入来维持生活，要求给予固定的股利收益。

（3）公司因素

公司因素是指企业的经营情况和财务状况等因素。

第一，偿债要求。公司对外负债时，债权人为了降低债务风险，往往在贷款合同或企业债券上规定了公司支付股利的一些限制性条款。例如规定每股股利的最高限额；规定公司的某些财务指标如流动比率、利息保障倍数等达到安全标准才能支付股利；规定必须建立偿债基金后方能支付股利等。

第二，借债能力。如果公司借债能力强，在较短时间内就能筹措到所需的货币资金，即可采用高股利政策；反之，则应采用低股利政策。

第三，资产的流动性。如果公司拥有大量的现金和流动资产，流动性较强，可以采用高股利政策；反之，则应采用低股利政策以降低财务风险。

第四，资本成本。资本成本的高低是公司选择筹资方式的重要依据。与发行股票、债券和银行借款等筹资方式相比较，利用留存收益筹资具有资本成本低、隐蔽性强等优点。因此，如果公司发展需要大量资金，应采用低股利政策。

2. 股利政策的确定

合理确定股利政策，就是在综合考虑上述影响因素的基础上，在各种类型的股利政策中做出正确的选择。股份公司采用的股利政策通常有以下几种类型。

（1）固定股利政策

在该种政策下，不论企业经营情况的好坏，将每期支付的股利固定不变，只有当预期未来盈余会显著不可逆转地增长时，方能提高每期股利的支付额。企业采用该政策的主要目的是为了避免出现因经营不善而削减股利，影响公司树立良好的财务形象。该政策的主要缺点是股利的支付与企业盈利脱节，当盈利较低时仍要支付固定的股利，从而可能导致企业资金短缺，财务状况恶化。

（2）固定股利支付率政策

该政策亦称变动的股利政策，即企业每年按固定的比例从税后利润中支付股利。由于企业在各年间的利润是变动的，因而股利额也随之发生增减变动，这样就可以使股利的支付与企业盈利密切配合，体现多盈多分，少盈少分，不盈不分的原则。该政策不足之处是每年股利随企业盈利频繁变动，影响企业股票价格的稳定性，不利于树立企业良好的财务形象。

（3）正常股利加额外股利政策

在该种政策下，企业除按固定数额向股东支付正常股利外，当企业盈利有较大幅度增加时，还需向股东增发一定数额的股利。

（4）剩余股利政策

在该种政策下，企业如果有盈利，首先应考虑满足投资需要，只有在满足投资需要后还有剩余，方用来支付股利。

3. 股利支付形式

股利支付形式，常见的有现金股利、股票股利、财产股利、负债股利和股票回购等。股份公司支付股利可采用现金和股票两种形式。

（1）现金股利

现金股利是指用货币资金支付的股利。它是股份公司支付股利所采用的最普遍、最基本的一种形式，也是投资者最愿意接受的一种形式。企业采用现金股利形式，必须同时具备以下两个条件：要有董事会决定并经股东大会讨论批准；企业要有足够的留存收益和现金。

（2）股票股利

股票股利是指企业经股东大会批准同意，以发行新股方式支付的股利。采用股票股利形式，对于企业来讲由于不必支付现金，有利于更好地满足生产经营活动对现金的需要。对股东而言，由于股票股利不是股东的应税所得，可以享受免缴个人所得税的好处，而股东需要现金时，又可将股票售出以换取现金。

（3）财产股利

财产股利是公司用现金以外的公司财产向股东支付的股利，股利发放的形式之一。它可以是上市公司持有的其他公司的有价证券，也可以是实物。

（4）负债股利

负债股利是公司通过建立一种负债，用债券或应付票据作为股利分派给股东。这些债券或应付票据既是公司支付的股利，又确定了股东对公司享有的独立债权。

（5）股票回购

股票回购是指上市公司利用现金等方式，从股票市场上购回本公司发行在外的一定数额的股票的行为。股票回购可以维持或提高公司每股收益水平和公司股票价格，以减少经营压力。公司在股票回购完成后可以将所回购的股票注销。但在绝大多数情况下，公司将回购的股票作为"库藏股"保留，不参与每股收益的计算和分配。公司保留的库藏股日后可移作他用，如奖励优秀经营管理人员、以优惠的价格转让给职工等，或在需要资金时将其出售。

第三章　企业风险管理

企业风险管理框架包含内部控制，作为企业风险管理组成部分的内部控制与企业风险管理之间的联系是十分紧密的。风险管理是内部控制的主要内容，内部控制的实质就是风险控制。两者之间存在着相互依存的、不可分离的内在联系。有效的企业风险管理有助于内部控制目标的实现，有助于管理者实现目标。但是企业风险管理无论设计得多么完美，实施得如何好，都不能保证一个企业完全成功。政府政策或计划的变化、竞争者的行为或经济形势等都可能会超出管理者的控制，从而导致人的决策可能会出现错误。而且企业也会因为简单的错误或过失等人为原因而发生事故。企业风险管理不能把本来不好的经理变成一个好的，而且内部控制可能被两个或多个人的串通而绕过，管理层也有能力越过包括风险反应和风险控制在内的企业风险管理程序，这些都会影响风险管理的效果。企业风险管理的设计必须反映资源约束的现实，并且风险管理的收益必须与它们的成本联系起来进行考虑。企业风险管理能够帮助企业管理者规避或减少一些决策上失误或偏差，但它也不是万能药。

第一节　企业风险管理概述

没有一个组织可以在没有风险的环境中运营，企业风险管理也不能创造这样一个环境。企业风险管理可以使管理者在一个充满风险的环境中把企业经营得更好，资源实现更为有效的配置和利用。

一、企业风险管理的概念

企业的风险管理的本质含义是"考虑了企业所有的风险因素和所有业务部门及其关于企业整体的风险管理"，是相对于传统的单风险因素或单业务部门的风险管理而言的。其核心是用系统的、动态的方法进行风险管理，以控制项目过程中的不确定性。它不仅要各层次的项目建立风险意识，重视风险问题，防患于未然，还要在各个阶段、各个方面实施有效的风险控制，是一个前后连贯的管理过程。归纳起来，企业的全面风险管理具有四个方面的显著特征：

第一，全面的风险管理范围。

第二，全球的风险管理体系。

第三，全程的风险管理过程。

第四，全员的风险管理文化。

COSO框架中对企业风险管理给出的定义为：企业风险管理是企业的董事会、管理层和其他员工共同参与的一个过程，应用于企业的战略制定和企业的各个部门和各项经营活动，用于确认可能影响企业发展的潜在事项并在其风险偏好范围内管理风险，为企业目标的实现提供合理的保证。

具体来说，企业风险管理指企业围绕总体经营目标，通过在企业管理的各个环节和经营过程中执行风险管理的基本流程，培育良好的风险管理文化，建立健全风险管理体系，包括风险管理策略、风险理财措施、风险管理的组织职能体系、风险管理信息系统和内部控制系统，从而为实现风险管理的总体目标提供合理保证的过程和方法。企业风险管理应从以下几个方面着手：

第一，强调过程导向和环境依赖，对风险进行全过程的管理。对组织的生存环境进行分析和监控要从薄弱环节入手，提高组织的柔性（资源柔性、制度柔性、文化柔性、反应柔性等），促使组织中的个人思考，增强组织对外部环境变化的灵敏性和正确反应的快速性和敏捷性。

第二，对组织结构系统进行分析。对组织结构系统进行分析的中心是该系统本身及包含在结构内部的缺陷，以确定该系统对于正常事件的敏感度。

第三，概率分析。针对风险评估过程，要对各种事件和情况发生的概率进行假设或估计；同时要对主观概率和客观概率之间的区别加以阐明，对所有的概率值要加以核对，以保证相互之间的一致性。这里风险偏好和价格能够发挥一定程度的限制作用，故可以利用其更准确地估计概率。

第四，企业全面风险管理体系自身也存在不确定性，对于体系的实施也不是从一而终的，而是一个随着企业所面临的内部环境以及外部环境的不断变迁而不断的自我修订、自我完善的过程。

这样的体系可以应用到个人和复杂组织的风险决策过程，使得个人和组织能够系统、成功地管理它们各自的风险，从而实现企业所期望的目标：使组织目标和社会利益得到优化。

二、企业风险管理的意义

企业风险管理的意义体现在以下几个方面：

（一）调整风险偏好和战略

风险偏好是广义上公司或其他组织在追求其目标的过程中愿意接受的风险程度。管理者在评价战略、选择战略的时候，在设立与所选择的战略相一致的目标时以及制定相关风险管理的机制时都要考虑组织的风险偏好。风险管理对企业的风险偏好和战略选择也会起到一定的制约或推动作用。

（二）实现风险与回报链环增长

企业把风险作为价值创造的一部分来接受，他们期望得到与风险相当的收益。企业风险管理增强了企业识别和评估风险的能力，帮助企业明确与收益目标相关的可接受的风险水平，实现风险与收益的同步增长或减少。

（三）增强风险反应决策

企业风险管理提供了识别和选择替代风险反应的严格标准，并为企业做出应对风险的相关决策提供了方法和技术，一定程度中提高了风险反应决策的正确性。

（四）使经营意外和损失最小化

企业增强了识别潜在事项、评价风险和建立反应措施的能力，从而减少意外的发生和相应的成本或损失，有利于管理者目标的实现。

（五）识别和管理贯穿企业的风险

每个企业都面临很多影响组织运营的风险。管理层不仅要识别和管理个别风险，还要了解个别风险对企业其他部门或其他业务的影响，以及由此可能发生的连锁反应，以便从全局的角度把控企业的风险，保证企业整体目标的实现。

（六）为多重风险提供综合反应措施

企业经营过程会面临许多内在风险，企业风险管理能够使企业规避部分风险或在风险事件发生时为管理者提供综合控制风险水平方法，使企业效益达到最大化。

（七）抓住机遇

管理者不仅要考虑现在面临的风险，更要考虑可能面临的潜在风险事项。而管理者在全面了解风险的同时，也要了解某些事项背后可能带来的机会，从企业实际情况出发，及时抓住可以利用的机会，必要时甚至可以为企业创造机会，以实现企业资源的最优配置。

（八）资本合理化

管理者掌握总风险的信息越充分、越可靠，就可以越有效的评估各部分资本的价值，及时改良资本结构，将资本运用到效益更好的项目中去，以更好地实现企业的财务管理目标。

企业风险管理本身不是目的，而是企业实现目标的一个重要手段。它不能也不会在一个企业中独立运行，它是一个管理过程的推动者。企业风险管理通过向管理者提供有关重大风险的信息以及如何管理这些风险的对策而与公司治理结构相互关联。企业风险管理有助于企业实现它的绩效和利润目标，并防止资源损失，有助于确保企业报告有效，有助于保证企业遵守法律和法规、避免声誉受损以及出现其他不利后果。总之，企业风险管理有助于企业实现其目标并且可以避免这个过程中的可能出现的意外。

第二节　企业风险管理的组成要素

企业风险管理由八个相关要素组成，这些要素来自管理者管理一个企业的方式，并和管理过程相结合。

一、内部环境

企业的内部环境是企业风险管理所有其他要素的基础，它不仅影响着企业如何制定战略和目标，如何组织经营活动、如何识别、评价风险并对风险采取行动，也影响着企业的控制活动、信息与沟通体系及监督活动的设计和职能。内部环境由许多要素组成，包括企业的道德价值、职员的能力和发展、管理者的经营风格以及它如何分配权力和责任等。董事会是内部环境的主要部分，并大大影响内部环境的其他要素。作为内部环境的一部分，管理者要建立风险管理哲学、制定企业的风险偏好、形成风险文化并把与企业风险管理有关的积极因素都结合起来。

一个能被所有人了解的企业风险管理哲学有助于员工识别和有效管理风险。这个关于企业风险以及企业如何选择它、实施它并如何处理风险的企业风险管理哲学，反映了企业从企业风险管理中寻求的价值，影响着对企业风险管理要素的应用。管理者通过政策说明和其他沟通方式向员工传达他的企业风险管理哲学。值得注意的是，管理者不仅要用言辞强化这个哲学，还要通过每天的行为强化它。

由管理者制定并由董事会审核的风险偏好是制定战略的路标。企业通常会设计许多不同的战略以实现希望的增长速度和利润目标。每个战略都有不同的对应风险。应用于战略制定中的企业风险管理有助于管理者选择与它的风险偏好一致的战略。管理者期望通过调整组织、人力、过程和基础设施来保证战略的成功实施并使企业承担的风险保持在它的风险偏好之内。

风险文化是指一个企业如何考虑日常活动中的风险的共同态度、价值和惯例。对许多公司来说，风险文化是从企业的风险哲学和风险偏好中产生的。对于那些没有明确定义它们的风险哲学的企业，风险文化可能随意形成，这就导致在企业内或甚至在一个特定的业务单位、职能部门内的风险文化有很大的区别。

二、目标设定

企业风险管理要求管理者要根据既定的任务或远景，制定战略目标，选择战略并制定贯穿企业并与战略相联系的相关目标。目标必须在管理者能识别潜在影响目标实现的事项之前制定。企业风险管理保证管理者有一个适当的过程，既制定目标又把目标和企业的任务、远景结合起来，并和企业的风险偏好一致。

企业目标可以分为以下四种类型：

第一，战略——与高层目标有关，结合并支持企业的任务、远景。

第二，经营——与企业的经营效益和效率有关，包括绩效和利润目标。它们随管理者选择的结构和绩效而变化。

第三，报告——与企业报告的有效性有关。它们包括内部和外部报告以及可能涉及的财务或非财务信息。

第四，遵守——与企业遵守适用的法律和法规有关。

企业目标的分类允许管理者和董事集中关注企业风险管理的不同方面。一个特殊的目标可能会归入不止一个类别中，表达了企业不同主体的要求，而且可能是不同执行者的直接责任。这个分类也可以区分企业不同主体期望从每个目标中得到的东西。

在一些企业中还出现了另一类目标——资源防护。资源防护有时称为资产防护，在这里"防护"概念仅适用于防止或及时发现未经授权取得、使用或处理企业的资产。广泛地看，这类目标是防止一个企业的资产或资源通过盗窃、浪费、低效等，被证明是完全不好的资源，如低价格出售产品、没能防止专利侵权、招致无法预料的债务而流失等。这种广泛意义上的资产防护范畴可能因某些报告目的而缩小。

三、事项识别

管理者确认事件存在不确定性——它不能确切知道事件是否发生和何时发生，或它将产生的结果。作为事项识别的一部分,管理者要考虑影响事件发生的外部和内部因素。外部因素包括经济、业务、自然环境、政治、社会和技术因素。内部因素反映管理者的选择,包含诸如基本设施、人力、过程、技术等因素。

一个组织的事项识别方法可能把技术和辅助工具结合在一起。事项识别技术要关注过去和未来。集中于过去事项的技术考虑诸如支付拖欠历史,商品价格变化和耽搁时间等事项。集中于未来风险的技术考虑诸如移动人口统计学、新的市场和竞争者行为等事项。

所有事项都有潜在地负面影响、正面影响或两者都有。有潜在负面影响的事件表现为风险,它要求管理者进行评价和反应。相应地,风险被定义为一个事件将发生并负面影响目标实现的可能性。有潜在正面影响的事件表现为机会或弥补风险的负面影响。表示机会的事项引导管理者制定战略或目标的过程,因此可以规划行动以抓住机遇。潜在弥补风险负面影响的事项在管理者的风险评价和反应中考虑。

四、风险评估

风险评估允许一个企业考虑潜在的事项如何影响目标的实现。管理者从两个方面评估所有事件:可能性和影响。可能性表示一个特定的事件将发生的可能性,而影响表示它会产生的影响效果。风险可能性和影响的估计可依据过去观察事件的数据来确定,这样分析比完全主观评估更客观的基础。但是,即使内部产生的资料是第一位的来源,但外部资料作为一个检验点,对于提高分析结果的正确性都是有用的。使用者必须注意的是,当用过去事件来预测未来时,影响事件的因素可能随时间而发生了变化。

风险评价首先应用于固有风险——在缺少管理者可能采取任何措施以改变风险的可能性和影响时的风险。一旦风险反应已经形成,接着管理者用风险评价方法确定剩余风险——管理者采取措施改变风险的可能性或影响之后的残存的风险。管理者应承认剩余风险总是存在的,不仅因为资源是有限的,还因为固有的未来不确定性的存在以及所有活动的固有局限性。

风险评价方法通常由定性和定量方法相结合而组成。如果风险不适宜于定量,或定量评价所必需的充分可靠的数据不能实际得到或获得和分析数据不符合成本收益原则时,管理者通常用定性方法来评价。定量方法更精确,用于较复杂活动的评价,以补充定性方法的不足。一个企业不必所有业务单位用相同的评价方法。相反地,方法的选择应反映精确和业务单位的文化的需要。在任何情况下,单个业务单位所使用的方法都应有助于企业对整体风险的评价。

管理者经常用绩效衡量来确定目标被实现的程度。如果考虑一个风险对特定目标的实现的影响,用相同方法可能是有益的。当系列事件联合并相互作用,以产生不同的可能性或影响时,管理者可能会要评价这些事件是如何相关的。虽然单个事件的影响可能是微小的,但一系列事件的影响可能就是较重大的了。如果潜在事项不是直接相关的,管理者会单独的评价它们;但如果风险可能在多个业务单位发生,管理者就要进行综合评价,并把可识别的事项划分到一般范畴。

通常一个潜在的事件有很多可能的结果,因此管理者把它视为一个风险反应的基础。通过风险评价,管理者单独或分类评价贯穿企业的系列潜在事件的正面和负面的后果。

管理者在根据一个企业的战略和目标评价风险,常常倾向于集中关注短期到中期范围的风险。但是，战略方向和目标的一些要素常常延长到了较长的期间，使管理者需要关注的时间框架也相应延长，而且不能忽略可能随着时间的延长而进一步出现的风险。

五、风险反应

风险反应形成后，管理者设计和实施反应的选择并考虑选择该风险反应后在相关风险容忍度和成本收益原则下对事件可能性的影响和效果的影响。考虑风险反应并选择和实施一个风险反应是一个完整的企业风险管理过程。有效的企业风险管理要求管理者选择一个能使预期产生风险的可能性和影响置于企业风险容忍度之内的反应。

风险反应属于风险规避、风险降低、风险分享和接受的范畴。规避反应就是采取措施以排除可能产生风险的活动。降低反应就是降低风险的可能性、影响或两者都降低。分享反应就是通过转移或另外分享部分风险的方法来降低风险的可能性或影响。接受反应是不采取任何降低风险发生可能性或影响的措施。作为企业风险管理的一部分，对于每一个重大风险，一个企业要从一系列反应类型中考虑潜在的反应。这就要求企业深入考虑反应选择，也向企业"现状"提出了挑战。

管理者已经选择了一个风险反应后，就要在残余基础上重新校准风险，从企业范围、组合视角或远景考虑风险。管理者可能采取这样的方法：让负责每个部门、职能或业务单位的经理为本单位制定一个综合的风险评价和风险反应。有了单个部门或单位的风险视图，企业的高级经理就可以从一个从风险组合的角度来确定企业的风险组合是否和与其目标相关的总体风险偏好相一致。

六、控制活动

控制活动是帮助确保适当实施风险反应的政策和程序。控制活动存在于整个企业、各个级别和所有职能部门里。控制活动是一个企业努力实现其业务目标过程，它们通常包括两个要素：确定应做什么的策略和实施策略的程序。

由于企业管理广泛依赖于信息体系，因此，企业需要对信息体系进行控制，以保证信息的完整、准确和有效性。有两大类信息体系控制可供企业管理者使用。

第一类是一般控制信息体系，它虽然没有应用于所有应用体系，但也在企业中应用较广，有助于保证企业信息体系持续、适当的运行。一般控制包括对信息技术管理、信息技术基础设施、安全管理和软件购买、开发和维持的控制。这些控制应用于信息体系——从主机到客户或服务器、再到桌面的计算机处理环境。

第二类是应用控制信息体系，它包括应用控制技术的应用软件里的系统化控制步骤，在必要时还可与其他手工控制过程相结合。应用控制是用来保证数据捕获和交易处理的完整性、准确性和授权的有效性。单个的应用控制依赖于信息体系控制的有效运行，这些信息体系是用来确保在企业管理需要时能产生界面数据，并能快速检测出界面的错误。

因为每个企业都有自己的一套目标和执行方法，所以每个企业的目标、结构和有关的控制活动都存在差别。即使两个企业有同样的目标与结构，它们的控制活动也可能是不同的。每个企业被不同的人管理，他在实施内部控制中都有自己特有的判断。此外，控制活动反映了一个企业运作的环境和所处的行业，也反映出企业发展历史和文化的差异性。

七、信息和沟通

来自内部和外部的有关信息，必须被识别、捕获并以一种能使员工履行他们职责的方式传达出去，这个就需要沟通。有效的沟通会在更广泛的意义上发生，自上而下、横向以及自下而上等。与外部群体如消费者、供应商、监督者和股东也要进行有效的沟通和相关信息的交换。

企业所有级别的管理者都需要信息以识别风险、评价风险并对风险做出反应，以便管理好企业并实现它的目标。大量信息能被利用，往往因为它与企业的一个或多个目标有关。管理者需要建立一个信息体系，以获取、捕捉、处理、分析和报告与其管理目标相关的可用信息。这些信息体系通常计算机化，但在处理内部产生的相关数据时也会考虑手工录入或处理。设计信息体系并用它来支持企业的战略已在现代管理中运用很久了，当企业需要变革为战略优势创造新的机会时，这个角色就变得尤为关键。

为支持有效的企业风险管理，一个企业需要捕获和使用历史和现在的数据。历史数据可以使企业追踪相对于目标、计划和期望的真实绩效，它可以洞察企业在变化的环境里如何经营，使管理者识别相关性和趋势并预测未来绩效。历史数据也能对潜在事件提出预警，确保引起管理者的关注。

现在或当前状态的数据能及时评价一个企业在特定时期的风险，并控制其保持在已制定的风险容忍度范围之内。目前状况数据使管理者可以适时评估一个过程、操作程序或单元存在的固有风险，并识别与期望的差别，适时调整企业的风险偏好，进而调整所必需的活动。

信息是沟通的基础，必须满足团队和个体的期望，使他们能有效地履行他们的职责。管理者提供详细和有指导性的沟通，来表述行为方面的期望和个人职责，这包括清楚陈述企业风险管理哲学、方法及授权。过程和程序的沟通应支持和巩固期望的风险文化。另外，应当对信息进行适当"设计"。信息的表述能较大地影响如何理解它以及如何评价相关的风险或机遇。沟通应传达企业的风险偏好和风险容限，应使用一个通用的风险用语，向员工传达他们在实施企业风险管理中的角色和职责。

内部信息沟通应保证个人能在业务单位、过程或职能中传递风险信息。在大部分情况下，企业里正常的报告方式是合适的沟通渠道。但是，在有些情况下，需要单独的沟通方式充当故障保险机制以防正常的渠道无效。在所有情况下，保证所有员工在获知报告相关的信息后不会遭到报复非常重要的。

外部信息沟通能提供关于产品、服务设计或质量的高度重要的信息。管理者要考虑如何把企业的风险偏好和风险容忍度与消费者、供应商、合作伙伴的风险偏好和风险容忍度结合起来，保证企业的业务不会因为相互作用或疏忽承担了太多风险。来自外部的沟通经常提供有关企业风险管理职能发挥的重要信息。

八、监督

企业风险管理是被监督的。风险管理监督是一个评价其要素的存在、职能发挥及长期实施质量的过程。风险管理监督可以通过两种方式实施：正在进行的监督活动和事后单独的评价。这两种方式相结合将确保企业风险管理持续应用于企业所有的管理层次。

正在进行的监督成为企业正常经营活动的组成部分。正在进行的监督在适时基础上执行，动态地对变化的环境做出反应并在企业里长期使用，这种实施方式比单独的评价更有效。因为单独的评价在事后发生，事中监督程序能更快地发现问题。

单独评价的频率是管理层的判断问题。在做决定时，管理层要考虑内部和外部环境变化的性质和程度及与它们相关的风险、员工执行风险反应和有关控制的能力和经验，以及事中监督的结果。即使企业有健全的事中监督活动仍然要实施企业风险管理的单独评价。通常，事中监督与单独评价相结合保证了企业风险管理持续进行的有效性。

一个企业风险管理的记录范围随组织的规模、复杂性和相似因素而变化。企业风险管理所有要素不被记录的事实并不意味着它们不是有效的或它们不能被评估。然而，一个适当水平的风险管理记录通常会使监督更有效且变得更有效率。管理层打算向外部群体做一个企业风险管理有效性的报告时，应考虑完善并保留相应的风险管理记录以支持这个报告。

所有影响一个企业规划、实施的战略，已制定目标实现的企业风险管理缺陷都应报告给那些负责采取必要措施的人。给合适的当事人提供关于企业风险管理缺陷的必要信息非常关键。然而，被沟通事情的性质将会随个人处理发生情况的授权和上司的监督活动而变化。在经营活动中产生的信息企业通常通过正常渠道报告，但也应存在报告如非法的或不正当的行为等敏感信息的沟通渠道，这样才能全面收集企业管理中存在的问题。企业还应制定协议，规定一个特别部门做出有效决策需要识别或收集些什么信息。这样的协议反映了决策的一般原则：管理者既应接收影响职员职责内的举动或行为的信息，也应接收实现专门的目标所需要的信息。这既可起到监督管理者行为的作用，又可有效降低企业决策的风险。

第三节　企业风险管理框架与风险识别方法体系

为使整个企业不同职能部门、不同层次机构全方位的运作有效，管理层必须制定一套通用的风险语言的定义，这样才有助于企业所有风险管理者的相互了解和沟通。因为信息的有效沟通往往是风险管理成效大小的关键，而缺乏通用的沟通语言则无法对商业风险进行有效理解。一个有效的风险管理离不开企业组织内部不同职能、不同部门之间、上下级之间的信息相互沟通，这部分 COSO 框架已经做得非常完善。

一、企业风险管理体系框架的构建

全面的风险管理体系主要包括风险管理环境、风险管理流程、内部控制程序和风险审计等相互联系的子系统。

（一）风险管理环境

风险管理环境包括内、外部环境两个方面。外部环境是银行经营所处的宏观经济、社会文化以及监管要求等外部环境；内部环境主要包括风险文化、风险战略、风险偏好、风险管理组织架构、人员培养等。

（二）风险管理流程

所谓风险管理流程，是指从风险识别、风险评估到风险防范，以及贯穿其中的风险信息报告路径的管理的全过程。虽然风险管理要保持与业务部门的独立性，但风险管理流程则必须建立在业务操作流程的基础上，实现和业务操作流程的有机结合。

（三）内部控制体系

内部控制是企业董事会、管理层对企业内部风险以及外部风险管理过程中可能出现的操作性风险进行管理，保证企业所有的经营活动符合企业既定的经营目标的一种组织行为。内控体系的构建需要遵循全面性、独立性原则。内部控制应渗透到企业的各项业务过程和各个操作环节，做到全员参与、全程管理、全面覆盖。内部审计部门作为内控管理的核心部门，要保持相互独立，将内控评价结果直接向最高决策层负责。内部控制的主要目的就是进行风险防范和风险监控。内部控制和风险管理的本质目标是一致的，都是要维护投资者利益、实现资产保值增值。

（四）风险审计体系

风险审计是指企业内部审计机构采用一种系统化、规范化的方法来测试风险管理信息系统、各业务循环以及相关部门对风险识别、分析、评价、管理及处理能力等的一系列审核活动。风险审计的作用在于对全面风险管理体系及其运行进行评价，进而持续改进，以保持全面风险管理体系的稳定运行。风险审计是建立风险管理长效机制的重要保障。

风险审计的内容离不开风险评估体系。企业风险评估体系可以细分为风险事件、风险识别、风险评估和风险反应四部分。风险事件是指查找企业各业务单元、各项重要经营活动及其重要业务流程中可能存在哪些风险。风险识别是对辨识出的风险及其特征进行定性描述和辨别，即分析和描述风险发生可能性的高低、风险发生的条件。风险评估是评估风险对企业实现目标的影响程度、风险的价值等。风险反应是指评价了相关风险以后，管理层考虑成本效益关系，根据企业期望的风险承受度，选择一个可带来预期可能性和影响的应对措施。

企业风险审计的成效受企业内外部环境的影响。内部环境是一个组织的基调，影响员工的风险意识，同时还是企业风险管理的基础。企业内部环境风险有企业内部事件、活动和条件生成的数据信息；企业的风险偏好和风险文化；董事会监管；企业员工的诚信、道德观和能力；管理哲学和经营风格，以及管理部门分配权力和职责、组织和引导员工的方式等。影响风险审计的具体内部因素可分为以下几个方面：

（一）内部环境方面

包括风险管理原理、风险文化、董事会、操守和价值观、对胜任能力的承诺、管理方法和经营模式、风险偏好、组织机构、职责和权限的分配、人力资源政策等。

（二）目标设定方面

包括战略目标、相关目标、风险容忍程度等。

（三）信息与沟通方面

包括信息系统、信息传送渠道、制度等。

相对应的外部环境风险指由外部因素引起的可能导致企业产生重大损失或使企业战略目标难以实现的风险，如资本的可获得性，竞争对方的行动及监管条例的变化等。笔者认为外部环境的变化对企业的影响一方面是直接应用于企业的战略；另一方面是通过对企业风险管理体系的内部环境产生影响进而给系统的要素带来改变，故而在体系中没有明确地加以列及。

虽然在理论上将企业风险管理体系分为四个部分的技术问题已解决，但是在实际应用过程中四个方面的理论和应用是互相关联、紧密联合在一起的。四个部分互相包容，共同构成了企业全面风险管理体系。

二、企业风险识别方法体系

（一）企业风险的识别与分析

风险识别也称作风险辨识，即准确地辨别出可能会影响企业战略目标的实现和战略绩效达到的风险事件以及风险事件产生不利结果，并对风险事件发生的可能性概率、影响程度以及损失进行分析和估量。但是任何风险都不是直观显露、显而易见的，多数情况下，风险隐蔽在战略管理的各项活动、各个环节和各个方面以及各个时期，很难被发现，甚至风险可能存在于种种假象之后，具有极大的迷惑性；同时风险的基本理论告诉我们风险具有多发性的特征。通过研究各种风险发生的概率和频率。我们可以探索战略风险事件的某些规律，从而可以辨识其是否存在，衡量其发生可能性的大小，为战略风险的预警和控制提供依据。可见，识别和衡量战略风险在战略管理中极为重要。

识别风险是一项复杂而细致的工作，要按特定的程序、步骤，采用适当的方法逐层次地分析各种现象，并实事求是地做出评估。

（二）企业风险识别的步骤

辨识风险的过程包括对所有可能的风险事件来源和结果进行实事求是调查、访问和对案例进行研究。识别企业战略风险必须系统、持续、严格分类并恰如其分地评价其严重程度。战略层面风险及对策分析程序。风险管理部门 COSO 内部控制框架和 ERM 框架要求要制定本公司的工作流程，对公司层面风险数据库进行编制与确认，主要程序如下：

1. 确立公司总体目标

公司内部控制管理部门要根据公司制定的战略目标、与战略目标相关的中长期发展规划确立公司总体目标。

2. 收集公司及同行业其他公司在资本市场披露的公司风险情况

公司风险管理部门和相关部门将公司及同行业的其他公司最近年度在资本市场上披露的相关风险进行收集、整理、归纳和分析，找出公司与同行业其他公司披露的风险的共同点和差异点，作为识别公司层面风险的参考资料。

3. 识别确认风险

公司风险管理部门和相关部门管理人员参考公司和同行业其他公司披露的风险，采取分组讨论、对部门负责人进行访谈等方式，逐项识别公司内、外部影响公司战略目标实现、影响公司整体发展和公司声誉等方面的负面因素，完成公司战略层面风险的识别和确认。

4. 风险分析

公司风险管理部门组织具有经验的风险管理人员和相关管理人员，结合国内外政治因素的变化情况、市场价格变化趋势、技术发展趋势、自然灾害发生规律、竞争环境变化情况、信息系统运转现状等实际情况，分析确定相关风险发生的可能性、影响程度、重要性水平、相关财务报表认定、相关重要事项的披露等。

5. 确定风险反应

风险反应是从单独或关联角度、业务层次和公司总体层次对风险进行评估后，根据各类风险的大小而采取的相应的管理策略。不同的风险、风险发展所处的阶段不同，所采取的风险反应是不同的。企业可通过转移或共享风险来降低风险产生的后果。

6. 记录公司层面风险

形成"公司层面风险及对策指引表"，报送相关部门审核并确认后，送交风险管理部门审议通过后发布实施。

(三) 企业风险识别的方法

风险是客观存在的。企业所承受风险的大小与面对风险的客观主体是密切相关的。企业在市场经济活动中所面对各种风险的大小，是由企业所决定的，有的企业获取信息的能力很强，企业管理人员在对市场信息进行分析过程中能做到去伪存真，从而减少因为信息不对称所带来的种种风险。所以企业所掌握信息的数量多少以及企业领导人的分析判断能力在企业识别风险的过程中起着至关重要的作用。但是，仅仅依靠这些是不够的，最重要的是要构建一种风险识别预警机制，由专门的工作人员做信息搜集和风险分析工作，这样才能形成一套系统的、行之有效的风险识别体系，只有这样的体系才能为企业的健康发展保驾护航。风险识别方法很多，但并不是每一种方法都适用于企业，特别是一些比较专业的识别方法，对使用人员的相关知识要求很高。企业管理中常用的风险识别方法主要有以下几种：财务报表分析法、事件清单法、访谈法、流程图法、专家调查法、风险临界法、环境分析法、幕景分析法等。

(一) 财务报表分析法

财务报表是综合反映企业财务状况和经营成果的一张"晴雨表"，企业所有的经营信息都体现在于其中。财务报表分析法是以企业的资产负债表、损益表、现金流量表、所有者权益变动表和财务报表附注等资料为依据，对企业的资产、负债、所有者权益、资本结构、反映企业运营状况的各种财务指标等财务数据的变化进行逐年对比分析，以便从财务的角度发现企业面临的潜在风险。加强对财务报表的分析力度有助于发现企业在经营管理过程中存在的缺陷，从而为相关工作人员发现风险提供相关的线索。

财务报表分析的主要内容包括：

1. 资本结构与资金分布分析

企业就像生命一样，它需要"资金"这种血液来进行正常的带动，以供应整个企业系统的运转。因此，企业所需资金的分布是否合理势必严重影响着企业的健康发展。对于企业来说，不仅要保证资金有合理的来源，还要保证资金在企业再生产过程中能进行通畅的循环运转。所以，企业应该预留一定数量的资金，用以防止企业大量资金停滞在生产销售环节而出现资金断流的情况。资金断流情况在企业扩张的过程中是非常常见的，一旦发生这种情况就会导致整个企业资金链的断裂，资金循环出现问题，风险也就出现了。

2. 财务报表趋势分析

趋势分析是根据企业连续若干年的资产负债表和损益表的各个项目进行比较分析，得出相关项目金额的增减变动方向以及变动幅度，通过趋势分析来判定企业当前的实际财务状况。例如，通过资产负债表和损益表比较分析，可以发现企业存货的变化，在资产中所占比重的变化。如果存货数量是逐年上升，在资产中所占的比重也越来越大，而企业每年的营业收入水平却保持稳定，这就说明企业的产品销售出现了问题，这时企业管理人员就得注意存货出现堆积的原因是什么，是企业的生产销售环节出现了脱节还是企业扩张导致的。如果在比较历年的资产负债表后发现，企业每年的负债是节节攀升，而企业的偿债能力却没有增加，这就意味着企业可能陷入债台高筑的境地，这时企业为了进一步地生存下去，不得不加大借款力度，最终陷入债务纠纷甚至破产清算。这些都是企业在经营过程中很容易出现的风险，只要对报表中相关数据的变化趋势加以简单分析即可得出。但是，对于一些比较深层次的问题，则需要通过其他的手段来对报表进行分析了。最常用的就是对企业的各种经营指标进行分析，通过各种比率来反映企业的营运状况。

3. 财务报表的比率分析

比率分析就是将财务报表之间的若干个项目进行比较，以得出能反映企业经营状况的各种比率。常用的比率有：资产利润率反映企业资金的获利能力，资产负债率反映企业偿还债务的能力，存货周转率反映存货每年的周转次数等。还有流动比率和速动比率，它们都是反映经营状况常用的指标。对于每个指标的计算结果，每个行业都会存在本行业的平均值，这个平均值代表了企业的平均水平，因此企业可以将自身的指标与行业的平均指标甚至该指标的最优值进行对比，以此来发现差距。如果与平均值差距太大，且是处于同行业最低水平，那么企业就应该注意，这一现象产生的原因是什么，企业在历史同期是否都会出现这种情况，还是突然出现这个现象。如果这种情形以前没出现过，那就得注意企业在这一方面是否存在风险。

总之，财务报表就是反映企业生产经营活动情况的汇总表，财务人员通过分析可以发现很多的有用信息，甚至可以看出潜在的风险和损失。但是，这种方式也有它的局限性，因为它是依靠数据说明问题，所以很多以非货币性形式存在的问题就无法通过财务报表反映出来，如员工素质、企业制度、管理人员的管理风格等，这时候就需要参考企业财务报表附注来进行判断。报表附注可以对一些问题出现的原因进行阐述，但是也不可能全部说明清楚，因此，在使用这种方式识别企业风险时还要注意结合其他方式方法，以做到取长补短。

（二）事件清单法

事件清单法又称标准调查法，这种调查法中涉及的事件对于同一行业的不同企业来说都有意义，制作这种事件清单的依据是同行业企业在某一事件上所具有的可比性，以软件行业为例，企业每年的研发资金、员工整体素质、整个企业人员流动率等都可以作为调查对象。

（三）访谈法

访谈法是指工作分析人员通过与员工进行面对面的交流，加深对员工工作的了解以获取工作信息的一种工作分析方法。其具体做法包括个人访谈、同种工作员工的群体访谈和主管人员访谈。在企业风险管理中运用这个方法时，主要是由管理人员通过制订详细的访谈计划，对相关部门中熟悉业务流程、有经验的管理人员进行访谈，了解和讨论存在的风险，并形成访谈记录。

这种方法的优点：

第一，获取的信息更加深入、全面和详细，行为具有很强的针对性。

第二，可以深入到受访者的内心，了解他们的心理活动和思想观念。

第三，深入地了解风险发生的背景和影响风险的广泛决定因素。

第四，访谈人员有更多机会分享和了解应答者对于潜在风险点的看法，以及他们对公司运行情况的宏观认识和意见。

（四）流程图法

流程图法是指将企业生产经营管理的某一过程进行细化，通过建立一个流程图，使得该过程中的每个关键控制点都在流程图中得到体现。在进行风险识别分析时，管理人员只要将企业的实际操作方法与每一个环节逐一对照，一经分析就可发现潜在的风险和问题。对于出现的问题，只要在流程图中一一对照，即可发现问题的根源所在。这种方法在内部审计中是非常实用的一种方法，在企业的经营管理中发挥着巨大的效应。

（五）专家调查法

专家调查法是指通过引用专家的专业知识和工作经验、发挥他们的专业特长来识别可能出现的风险及辨别风险的大小。这种方法在企业管理中是非常普遍的一种做法，具有很强的针对性。专家调查法具有多种形式，例如集合意见法、德尔菲法等都属于专家意见法。通常来说，运用这种方法的步骤有：

第一，选择目标项目，选聘相关领域的专家。

第二，专家对目标项目进行专门的风险分析。

第三，回收专家意见并整理分析结果，再将结果反馈给专家。

第四，综合专家的再次反馈，对有异议的部分进行再次分析，直到对分析结果满意为止。

实践证明，专家调查法是一种很科学的方法，它在实际生产生活中的应用取得了良好效果。但是，必须慎重选择专家，不要迷信权威，并及时提出疑问，这样才能得出客观正确的结果。

（六）风险临界法

风险临界法在企业风险管理中的应用非常广泛，也是企业常用的一种风险识别方法。风险临界法还可以根据识别结果来判断当前风险的大小。它的原理是将当前的事件与预先设定的标准进行对比，当风险达到临界值时就应引起管理人员的关注。企业可以根据不同的标准值采取不同的风险应对策略，尽量提高风险管理效率和降低风险管理成本。

（七）环境分析法

环境分析法是一种识别特定企业风险的方法。它是通过对企业面临的外部环境和内部环境进行系统分析，推断环境可能对企业产生的风险与潜在损失的一种风险识别方法。企业的外部环境主要包括原材料供应商、资金来源、竞争者、顾客、政府管理者等方面的情况。企业的内部环境则包括其生产条件、技术水准、人员素质、管理水平等。

在对各方面因素进行分析的同时，重点关注它们之间相互联系的特征。分析这些因素之间的联系及其结果，以及一旦因素发生变化可能产生的后果，这样就能发现企业面临的风险和可能产生的潜在损失。

（八）幕景分析法

幕景分析法是一种能识别关键因素及其影响的方法。一个幕景就是一项事业或组织未来某种状态的描述，可以在计算机上计算和显示，也可用图表曲线等简述。幕景分析的结果大致分两类：一类是对未来某种状态的描述，另一类是描述一个发展过程，及未来若干年某种情况一系列的变化。幕景分析法有利于企业管理者对企业未来可能出现的风险做到心中有数，并提前设计好应对策略，以保证企业目标的顺利实现。

第四节　企业风险管理的评价

一、企业风险管理评价的意义

风险管理评价是根据风险管理的理想模式，对企业现行风险管理体系的健全性、遵循性与有效性进行的检测、分析和评定，其实质是评价企业风险管理体系的设计与执行情况，进行风险管理评价的意义主要体现在三个方面。

（一）对风险管理制度可行性检测和改进

由于不同的企业，其经营规模、所面临的外部和内部经营环境不同，一模一样的风险管理体系也不可能适用于所有的单位。即使在同一单位，因为不同时期内、外部各项条件的时刻变化，其不同时期的风险管理与内部控制的效果也不相同。因此，不断地调整和完善企业的风险管理体系及内部控制制度，定期或不定期地开展风险管理评价，是有效实施全面风险管理的重要手段和必要环节。

（二）对风险管理制度贯彻执行情况的检查和强化

通过对风险管理与内部控制进行评价，不但能够发现和检测企业风险管理与内部控制制度的缺陷，而且还可以了解员工对风险管理与内部控制制度的执行程度和执行结果，从而提高企业的经营管理水平。

（三）对企业审计和自律监管重点的选择和确定

随着现代企业的经营规模和经营业务的不断扩展，内部审计工作的业务量也不断加大，监督领域逐步拓宽，涉及企业经营管理的方方面面。过去的事无巨细都要进行全面审计的方式已经显然不可取。通过对风险管理与内部控制进行评价，可以首先发现风险管理与内部控制的失控点和风险点，有侧重地集中力量、针对重点进行审计，从而提高审计工作的准确性和效率性，并降低审计成本。现阶段，西方先进的审计理论和方法已经相当科学和完善，内部审计已经发展到以风险管理与内部控制评价为主体、以风险防范为目标、以提高绩效为目的的高级阶段。

二、企业风险管理评价的内容

企业风险管理评价可用以检查、评价风险管理过程的充分性和有效性。

（一）评价风险管理主要目标的完成情况

主要表现在评价公司以及同行业的发展情况和趋势，确定是否可能存在影响企业发展的风险；检查公司的经营战略，了解公司能够接受的风险程度；与相关管理层讨论部门的目标、存在的风险、对降低风险策略的有效性进行评价；对风险管理体系设计、建设、管理和运行情况进行全面分析和评估；对企业因规避、减轻、转移、控制风险而建立的风险管理体系或方法的完备性、有效性进行评估，帮助企业或企业监管单位进一步改进该风险管理体系；评估与风险管理有关的薄弱环节，并与管理层、董事会、审计委员会进行讨论，提出意见并监督实施。

（二）评价管理层选择的风险管理方式的适当性

每个公司应根据自身活动来设计风险管理过程。一般来说，规模小的、业务不太复杂的公司，可以设置非正式的风险管理委员会定期开展评价活动；规模大的、有市场融资能力的公司必须成立专门的风险管理部门，用正式的方法评价风险管理方式。这时，内部审计人员的职责是评价公司风险管理的方式与公司活动的性质是否适当。

三、风险管理评价的目标

风险管理的目标就是要以最小的成本获取最大的安全保障。因此，它不仅仅只是一个安全生产问题，还包括识别风险、评估风险和处理风险的过程，涉及财务、安全、生产、设备、物流、技术等多个方面内容。一套完整的方案也是一个系统工程。

进行风险管理评价，如同启动正式的风险管理工作一样重要。因为，所有工作都是围绕企业的目标进行的。是否能够达到预期的设计目标，需要有明确的目标导向引导工作的进行。如此一来，树立起清晰、可操作的标杆，就可以根据工作进展，及时界定风险管理工作的有效性。

实施风险管理工作类似计划假期旅行：除非选择了目的地，否则不能随意上路。同样，企业不能开始就计划风险管理工作，除非已经知道最终的目的。当管理层在年度报告中向董事会出具风险管理的报告时，如果肯定地回答出本年度对风险管理的工作卓有成效，并且企业的风险管理系统运行正常、管理有效，则意味着企业年度风险管理工作取得了满意的成绩。

企业建立全面风险管理体系是为了达到以下目标。

（一）损前目标

1. 经济目标

企业应以最经济的方法预防潜在的损失，即在风险事故实际发生之前，就必须使整个风险管理计划、方案和措施是最经济、最合理的。这就要求对安全状况、保险费用以及采取预防损失行动方案的费用等进行准确分析。

2. 安全状况目标

安全状况目标就是将风险控制在可承受的范围内。

3. 合法性目标

风险管理者必须密切关注与经营相关的各种法律法规。对每一项经营行为、每一份合同都要进行合法性的审查，保证企业生产经营活动的合法性。

（二）损后目标

1. 生存目标

一旦不幸发生风险事件，给企业造成了损失，损失发生后风险管理的最基本、最主要的目标就是维持生存。企业应在分析风险事件后找到自身的生存空间，这样才有可能"起死回生"。

2. 保持企业持续生产经营的目标

风险事件的发生会给企业带来了不同程度的损失和危害，影响正常的生产经营活动，严重者可使生产和生活陷于瘫痪。企业应积极调动各方的积极性，及时止损，使企业能持续运营下去。

3. 收益稳定目标

保持企业经营的连续性才有可能实现企业收益稳定的目标，从而使企业保持生产持续增长，以实现企业的目标。

4. 社会责任目标

尽可能减轻企业受损对他人和整个社会的不利影响。企业全面风险管理体系是从企业整体层面建立的企业风险管理整体架构，包括制定企业的风险管理战略、设计企业风险管理组织结构及其职能、设计与优化企业的风险管理流程、完善企业的内控体系等，从而使企业建立起风险管理的长效机制，从根本上提升风险管理的效率和效果。

四、风险管理评价的指标

（一）企业风险管理机制评价指标

评价企业对风险是否能够进行有效的管理，首要问题是考察企业的风险管理机制。概括地说，企业风险管理机制主要寓于决策机制和内控机制中。企业投资的风险管理，取决于决策机制；企业实际运营与操作中的风险管理，取决于内部控制机制。

1. 评价决策机制

评价决策机制主要关注以下三点：一是对其制衡机制的有效性做出判断，进行权力结构科学、合理性分析；二是考察在具体执行过程中是否常有"例外"情况发生，进行决策程序的可行性分析；三是进行决策责任的确定性分析，即考察决策责任是否落实到具体人，当发生决策失误时，要能够找到应该承担责任的人。良好的决策机制主要表现为：权力结构合理、责任与权力统一、制衡机制有效、决策程序能够严格执行、出现决策失误责任人明确具体等。

2. 评价内部控制机制

评价内部控制机制主要关注以下四点：一是内控制度是否健全。企业运营的所有操作都要有据可依，内部控制不能有侥幸心理，制度必须全面、严密、明确、具体；二是内控制度执行是否严格。"有法不依"是风险防范的"天敌"，比"无法可依"危害更大。企业运营中需要严格执行相关法律法规和制度，任何人、任何行为都不能有"例外"；三是组织结构是否有利于内控机制的正常运转，不相容的职务是否分设，制约制衡机制是否有效；四是"罚则"是否具体，能否落实。

良好的内部控制机制应具备以下四个特征：

（1）内部控制的全面性。

即内部控制是对企业组织一切业务活动的全面控制，而不是局部性控制。它不仅要控制考核财务、会计、资产、人事等政策计划执行情况，还要进行各种工作分析和作业研究，并及时提出改善措施；

（2）内部控制的常态化。

即内部控制不是阶段性和突击性工作，它涉及各种业务的日常作业与各种管理职能的经常性检查考核；

（3）内部控制的潜在性。

即内部控制行为与日常业务与管理活动并不是明显的割裂开来，而是隐藏与融汇在日常业务与管理活动中。不论采取何种管理方式，执行何种业务，均有潜在的控制意识与控制行为。

（4）内部控制的关联性。

即企业内部控制之间是相互关联的。一种控制行为成功与否均会影响到另一种控制行为。一种控制行为的建立，可能会导致另一种控制的加强、减弱或取消。

（二）企业经营风险管理评价指标

通常，对企业经营风险可以从生产、市场、资源、管理、财务、环境等方面进行考察和分析评价。具体做法：可采取企业自测和专家分析相结合的方法。经过分析研究，由企业相关人员对可能发生的风险列表，对这些风险做出自测分析，在风险度上给出"高、中、低"三个层次等级的预测，然后再由有关专家进行鉴别。这种方法一般用来评价企业风险意识及风险管理的敏感程度。

1. 生产风险分析

主要分析设备的适用性，能否满足当前生产经营需要，能否满足企业发展需要；产品的市场定位和市场地位，客户的满意程度；主要产品所处的技术寿命周期和市场寿命周期；产品的质量状况；技术储备和新产品开发情况；生产成本的竞争能力；工艺合理性及先进程度等。

2. 市场风险分析

在分析本企业竞争优势、销售策略、销售网络、价格策略、市场份额时，也要对主要竞争对手的情况进行详细分析。

3. 资源风险分析

主要分析人力、资本、原材料、能源、技术等重要资源的来源、价格、质量，以及资源占有率、地域分布等。

4. 管理风险分析

主要分析企业组织结构对企业发展战略的适应性，决策程序的合理性，企业控制制度和控制方法的有效性，分配制度的合理有效性，业绩考核方式的合理合规性，内控制度的完备性和执行有效性等。

5. 财务风险分析

主要分析资产结构的合理性，与本企业经营性质的适应性；根据财务报告，分析资产的可流动性和偿债能力；投资评价制度的科学合理性以及对投资主体的激励作用；财务信息的可靠性、及时性、完整性；财务信息对决策的影响力；汇率、利率变动对企业的影响等。

6. 环境风险分析

主要分析企业外部因素变化给企业带来的风险，包括资金的供应状况对企业融资的影响；社会上能够满足企业发展需要的人力资源的质量、价格对企业的影响；重要客户、供应商的资信状况；社会技术进步状况及发展趋势对企业发展的影响；国家法律和政策变化对企业发展的影响；经济全球化的现状和发展趋势对企业生存空间及未来发展的影响；国际市场与国内市场变化对企业的影响等。

五、风险管理评价体系

风险管理评价主要是对企业风险管理状况的评价，包括企业风险管理环境、企业风险识别与评估、企业内部控制、风险管理信息交流与反馈、风险管理监督与改进、风险管理与案件和责任事故评价六个评价系统。

（一）企业风险管理环境评价系统（占评价总权重的15%）

评价的主要内容包括：风险管理组织体系是否建立健全，主要包括规范的公司法人治理结构（包括对子公司的控制）；风险管理职能部门、内部审计部门和法律事务部门以及其他有关职能部门、业务单位的组织领导机构是否健全；股东（大）会、董事会、监事会与经理层、各职能部门之间的权责分配是否合理，职责分工是否明确，报告关系是否清晰；是否制定了明确、适宜、有效的风险管理与内部控制政策；是否建立了风险管理目标；是否建立了符合风险管理与内部控制要求的授权管理体系；是否制定了完整的人力资源政策；是否建立了完善的人力资源管理体系；是否建立了法律风险管理体系；是否培育和塑造了良好的风险管理文化等。

（二）企业风险识别与评估评价系统（占评价总权重的10%）

评价的主要内容包括：是否建立了风险识别、评估的机制和程序，并进行持续的风险识别和评估；是否及时识别、系统分析经营活动中与实现内部控制目标相关的风险，合理确定风险应对策略；是否及时改进风险管理与内部控制制度、有效地防范和控制风险；是否建立了风险与危机预警系统；是否建立了风险应急、危机处理和相应的防范措施等。

（三）企业内部控制评价系统（占评价总权重的50%）

评价的主要内容包括：内部控制是否贯穿决策、执行和监督全过程，是否覆盖企业及其所属单位的各项业务和事项；各项业务、事项和各个职能部门是否执行和实施了有效的相互制约、相互监督的内部制衡措施；各项业务和事项是否按照组织控制、权限控制、目标控制、措施控制、流程控制等环节进行管理和控制等。内部控制评价系统包括十个子系统。

第一，企业预算内部控制评价（占内部控制评价系统权重的5%）。

第二，企业筹资内部控制评价（占内部控制评价系统权重的5%）。

第三，企业投资内部控制评价（占内部控制评价系统权重的5%）。

第四，企业财务内部控制评价（包括货币资金、存货、固定资产、无形资产、工程项目、成本费用、担保、关联方交易、财务报告编制与信息披露等）（占内部控制评价系统权重的55%）。

第五，企业采购内部控制评价（占内部控制评价系统权重的5%）。

第六，企业销售内部控制评价（占内部控制评价系统权重的5%）。

第七，企业质量内部控制评价（占内部控制评价系统权重的5%）。

第八，企业安全生产内部控制评价（占内部控制评价系统权重的5%）。

第九，企业环境保护内部控制评价（占内部控制评价系统权重的5%）。

第十，企业并购内部控制评价（占内部控制评价系统权重的5%）。

（四）风险管理信息交流与反馈评价系统（占评价总权重的5%）

评价的主要内容包括：是否建立了适用企业、覆盖企业全部业务和事项的信息系统；决策层、管理层是否能够掌握充分、综合、可靠、连续的财务、经营以及影响决策的其他内外部信息；是否建立了内部上下之间、内外部横向之间信息交流机制和渠道；是否能够及时、安全、准确、可靠地传递、存储和使用信息等。

（五）风险管理监督与改进评价系统（占评价总权重的10%）

评价的主要内容包括：业务部门、风险管理部门、审计部门、纪检监察部门等是否对风险管理和内部控制规章制度、业务流程的建设和执行情况进行连续的监管；监管活动是否合规；是否建立了监管结果直接向管理层、决策层和股东或股东大会报告的机制；监管中发现的风险管理和内部控制缺陷是否及时报告并得到有效纠正。风险管理监督与改进评价系统又可分为以下四个评价子系统。

第一，审计监督评价（占风险管理监督与改进评价系统权重的15%）。

第二，纪检监察监督评价（占风险管理监督与改进评价系统权重的15%）。

第三，自律监管评价（占风险管理监督与改进评价系统权重的40%）。

第四，问题整改评价（占风险管理监督与改进评价系统权重的30%）。

（六）案件和责任事故评价（占评价总权重的10%）

评价的主要内容包括：企业是否发生了重大的风险或内部控制失误事件，如果没有发生重大的风险或内部控制失误事件则记零分；如果发生了重大的风险或内部控制失误事件，但损失和影响较小且及时采取了补救措施，则适当扣分；如果企业发生了重大的风险或内部控制失误事件且损失和影响较大时，则本评价指标要全部扣分，但最高扣10%。

第五节　风险管理决策效果评价的内容

一、风险管理决策效果评价的内容

风险管理决策效果评价的任务是客观地评价风险管理决策方案，总结风险管理工作的经验和教训，分析风险管理决策所导致失误偏差的程度。这不仅可以提高风险管理决策的有效性，充分有效地利用资源，而且可以防止或者减少风险事故的发生。风险管理决策效果的评价包括以下几个方面的内容。

（一）评价风险管理决策的效果

风险管理措施是否降低了风险事故发生的频率，是风险管理决策效果评价的主要评价。风险管理决策效果评价的首要任务是：是否降低了风险事故造成的损失。如果已经采取的风险管理措施对于防止、减少损失发挥了很大的作用，则采取的风险管理措施是可行的；反之，则是不可行的。

（二）评价风险管理决策的科学性

风险管理决策是否科学，需要风险管理的实践来检验。如果企业的风险管理决策有效，则将会有助于降低风险事故造成的损失，有助于促进企业的进一步发展，如降低能源消耗、治理环境污染等；反之，则可以判定为无效。

（三）评价风险管理者的管理水平

风险管理者的知识结构、经验和业务水平是否适合风险管理的需要，风险管理者采取的风险管理措施是否适合风险管理单位的经营活动，都可以通过风险管理决策效果评价可以得到。

（四）评价风险管理决策的执行情况

风险管理措施的执行情况，直接影响风险管理决策的效果。风险管理措施执行中的任何偏差，都有可能导致风险管理的失败。因此，评价风险管理决策的执行情况是风险管理决策效果评价的重要内容，对风险管理决策的实施和改进风险管理决策执行中的失误都是大有助益的。

二、风险管理决策效果评价的程序

风险管理项目的内容、投资额、管理方式、执行情况等方面的评价大致需要经过以下几个步骤。

（一）制定风险管理决策效果评价计划

制定风险管理决策效果评价计划是风险管理效果评价的首要任务。国家有关管理部门、企业风险管理部门、保险公司等都可以是风险管理决策效果评价的单位。风险管理决策效果评价机构会根据风险管理单位的具体特点来确定评价的对象、范围、目标和方法，据此制定风险管理决策评价计划。针对风险管理单位的具体特点制定出来的风险管理决策评价计划能够较好地反映风险管理单位的管理绩效。

（二）搜集与整理有关资料

风险管理决策效果评价单位根据风险管理决策效果评价计划搜集有关资料，根据资料评价风险管理决策的效果。风险的特点决定了风险管理决策的效果在短期内是难以考察、评价的，需要长期的观察和大量的风险管理资料来支持，这一阶段需要搜集的资料包括以下几个方面。

1. 风险管理的有关资料

这方面的资料主要包括风险管理意见书、风险管理措施的可行性报告、风险评价报告、建设风险管理设施的成本预算以及其他有关的合同文件。

2. 风险管理措施实施后的有关资料

这方面的资料主要包括风险管理措施实施后的运行状况、风险管理决策的收益状况、风险管理决策的成本等，可以通过风险管理决策实施前后发生风险的概率及其以此为依据计算出的技术指标的对比中获得这些资料。如果风险事故的发生量呈上升的趋势，则应该分析发生问题的原因，并提出调整建议。

3. 国家有关政策与规定方面的资料

这方面的资料主要包括同风险管理措施有关的国家政策、法规等，评价风险管理措施是否符合国家的政策和法规。

4. 有关部门制定的风险管理措施评价的方法

风险管理决策效果的最终评价不仅和数据资料是否充分真实有关，也和风险管理决策效果的评价方法有很大的关系。风险管理决策效果的评价方法要符合风险管理单位具体情况，还应该兼顾风险管理单位的管理目标。

5. 其他有关资料

根据风险管理决策的具体特点与风险管理目标的要求，尽可能多地搜集其他相关资料也是十分必要的，如风险管理技术资料、设备安全运行情况资料等，这些可以为风险管理决策效果评价提供参考依据。

（三）编制风险管理决策效果评价报告

风险管理决策效果评价报告是风险管理决策效果评价的最终成果。风险管理决策效果评价人员应当根据国家有关部门制定的评价报告格式，将风险管理效果分析结果汇总，编制出风险管理决策效果评价报告，并提交委托单位和被评价的单位。风险管理决策效果评价报告的编制必须坚持客观、公正和科学的原则。

三、风险管理决策效果评价的方法

由于风险性质的可变性，人们对风险认识的阶段性以及风险管理方法处于不断完善之中，因此，需要对风险的识别、估测、评价及管理方法进行定期检查、修正，以保证风险管理方法适应变化后的新情况。风险管理决策效果评价应坚持成本效益原则，具体方法主要有以下几种。

（一）资料搜集法

无论在任何领域，资料搜集都是项目评价的重要基础工作，其质量和效率与风险管理决策评价报告的质量和编制进度直接挂钩，因而是风险管理决策效果评价的重要步骤，搜集资料的方法很多，主要有以下几种。

1. 专家意见法

专家意见法是指有关人员通过听取相关专家的意见来搜集资料的方法。运用该方法进行资料搜集的一般程序如下：

第一，由资料收集人员编制意见征询表，将所要征询的内容按照顺序列于意见征询表中。

第二，将征询意见表分别送给所选择出的本行业的专家。

第三，资料收集人员回收意见征询表并进行汇总整理，最后提出结论性意见。这种方法的优点是费用较低，可以在较短的时间内获得有益的信息。

2. 实地调查法

实地调查法是指有关人员深入到实际中，通过现场考察，进而搜集资料的一种方法。如通过实地调查，对风险管理措施进行实地考察，与最有实际操作经验的一线专业人员进行交谈等。这是一种简单易行的办法。该方法的优点是收集的资料信息量大，真实可靠。

3. 抽样调查法

抽样调查法是指根据随机的原则，在全体调查对象中，随机选择其中的一部分进行调查，进而推算出全体大致情况的一种调查方法。抽样的方法主要有以下几种：简单随机抽样法、分层随机抽样法和分群随机抽样法。

4．专题调查法

专题调查法是指通过召开专题调查会议的方式进行资料搜集的一种方法。通过召集有关人员参加会议，可以广泛地吸取风险管理中对某一问题的不同意见，有利于克服片面性，对于风险管理决策效果的评价具有重要意义。

（二）过程评价法

过程评价法是指对风险管理决策从计划、组织到实施的各个环节的实际情况都进行评价。这种方法的主要流程是：发现问题——与各阶段的其他目标进行比较——分析问题的原因——进行效果评价。通过分析可以确定风险管理决策成败的关键因素，可以为以后的风险管理决策提供有益的借鉴。

（三）指标对比法

指标对比法是一种将实施后所得到的实际数据或实际情况，与实施前的数据或实际情况进行比较的方法。例如，将风险管理措施实施后发生风险事故的实际损失同以往发生风险事故的实际损失进行对比，可以发现风险管理的效果，也可以为未来的风险管理决策提供依据。

（四）因素分析法

因素分析法是指通过对影响风险管理措施实施后的各种技术指标进行分析，进而进行风险管理决策效果评价的一种方法，在风险管理决策效果评价的过程中，各种因素都可能会影响到最后所得到的结果，因而评价人员应该将影响风险管理效果的各种因素加以分析，找出主要的影响因素，并具体分析各影响因素对主要技术指标的影响程度。

以上各种风险管理决策效果评价方法各有特点，密切联系。企业在风险管理决策效果的实际评价中，可以将各种方法有机地结合起来。只有对风险管理决策措施进行系统地分析和评价，才能达到正确评价企业风险管理决策的目的。

四、风险管理决策效果评价与风险评价的区别

（一）阶段不同

风险评价是针对可能发生风险事故的因素进行评价，而风险管理决策效果评价是针对风险管理措施的评价。风险评价只处于风险管理计划阶段，而风险管理决策效果评价则处于风险管理决策的执行阶段。

（二）作用不同

风险评价的作用是为风险管理决策提供依据，其结论直接影响风险管理决策，而风险管理决策效果评价是风险管理决策的信息反馈。通过风险管理决策效果评价可以对企业风险管理状况进行全面考察，分析存在问题的原因，纠正风险管理决策中的失误，调整风险管理决策措施，提高企业风险管理决策水平。

（三）依据不同

风险评价的依据是风险识别或者风险衡量的结果，经过评价风险主体的风险状况更加明确；而风险管理决策效果评价的依据是实施风险管理措施以后风险事故呈现的状况，通过对风险管理决策效果进行评价，可以为企业以后的风险管理决策提供经验数据。

第四章 财务管理的创新理念

第一节 绿色财务管理

现代经济的高速发展带动了各个行业的进步，然而当人们在为取得的成就喝彩的时候，却不得不意识到一个非常严重的问题，即资源的总量日益减少，环境质量变得越来越差。在这个背景之下，财务管理工作就会朝着绿色管理阶段发展。所谓的绿色管理，具体来讲就是将环保和资源管理以及社会效益融合到一起的一种管理方法。

一、绿色财务管理概述

绿色财务管理是在之前财务管理方法的基础之上，更加关注环境生态保护及资源保护，它的目的主要是带动社会的长久发展。

（一）绿色财务管理的内容

1. 绿色财务活动

绿色财务活动是在原有的财务内容中增加了环保和资源利用两个要素，它规定相关的主体在开展财务工作的时候，不单单要将经济效益考虑在内，还要将资源的全面利用及消耗能力、生态的受损程度以及恢复所需的资金等考虑在内，它更加重视社会的长远发展。

2. 绿色财务关系

绿色财务关系是在原有与出资人、债权人、债务人、供应商、买家、政府、同行等财务关系的基础上，增加了对资源关系、环境关系的管理内容。具体来讲，在开展新项目的时候，除了要处理好与相关利益者的关系外，还要做好与环保机构的沟通工作，并联系资源部门。这样做的目的是保证新项目在新的状态之下不会有较为严重的问题产生，否则就会对环境造成污染，导致资源受损，无法被永久利用。

（二）开展绿色管理的意义

1. 带动财务管理工作的进步

作为一种科学体系，财务管理工作并不是一成不变的，它是会伴随社会的发展而一直进步的。当相关环境改变了，与之对应的各种系统及体制等都会随之改变，只有这样才能够适应新的发展态势。当今社会，资源的总数只会减少，并不会增加，因此为了长久地发展，就必须开展绿色管理。

2. 促进社会和谐发展

人类在这个世界上已经存在了数千年，出于自身生存和发展的需要，需要一直开展各种活动，而各种活动的最终目的都是获取利益。如果为了获利，而以破坏环境，浪费资源为代价，长此以往，人类生存的条件将会不复存在。只有保护好环境，加强资源被重复的次数，未来人类的生活才会越来越好。

二、绿色财务管理的现状

（一）环境、资源的产权认定难

以海洋资源为例，海洋占到了地球总体面积的70%左右，海洋资源的产权本身就难以划分。对于资源和环境而言，地球才是总体，这种人为地、条块化地划分，并不利于对资源和环境的整体保护；另外，即使海洋资源的产权可以划分清楚，但是海洋并不是静止不动的，海水每天都在流动，海里的资源每天都在变化。例如曾经发生过的原油泄漏事故，海洋污染物会随着洋流运动发生扩散，很可能会扩散到其他国家的管理范围内。因此，环境、资源的产权认定难。

（二）在环境、资源问题上，各国间难以形成责任共担机制

环境和资源其实是属于全人类共有的，但是在环境、资源问题上，各国间很难形成责任共担机制。如二氧化碳的排放超标，是极地上空形成臭氧层空洞的主要原因，各国在减少二氧化碳整体排放量这件事情上，早已形成了共识。但是，具体到谁应该减少、减少多少问题上，每个国家为了自身经济的发展，都在尽可能地争取最有利的减排额度，甚至互相指责，不断推卸责任，责任共担机制更是难以形成。

（三）缺乏对绿色财务管理的评价体系

绿色财务管理尚处在摸索阶段，评价体系更是缺乏。目前，比较被认可的绿色财务管理评价指标主要有绿色收益率和绿色贡献率。但是，这两个指标有一个比较突出的问题，就是难以进行衡量，即很难评价一个项目有哪些可以列入绿色收益率或者绿色贡献率的范围，以及列入绿色收益率或者绿色贡献率评价的比例标准是怎样的；很难像基尼系数那样有规定的标准，什么样的绿色收益率或者绿色贡献率的指标计算结果是正常的，什么样的指标计算结果是好的，什么样的指标计算结果是绝对不合理的。再加上世界上目前并没有像注册会计师那样拥有审查资质的绿色财务管理师，人员队伍建设的落后，使绿色财务管理评价体系建设更是难上加难。

（四）绿色财务管理的执行和监督不到位

每个国家都有相关的环境保护措施和资源控制制度。按道理，绿色财务管理的执行和监督本应该不成问题，但是在实际的生产生活中，绿色财务管理的执行和监督都不到位。由于法律、人员、经济等方面的原因，绿色财务管理的执行和监督处处受限。很典型的一个企业行为就是废弃物的排放，在有人检查或参观的时候，环保设备是运行的，但是，一旦解除了检查或参观的限制条件，就会有很多企业偷偷向外直接排放废水、废气、废渣等废弃物，虽然国家三令五申，处罚措施也比较严厉，但不少企业依旧我行我素。环保部门的工作人员也不可能时时监控所属的所有企业。只有提升企业的社会责任意识，环保问题和资源问题才能从根本上得到解决。

三、绿色财务管理存在问题的原因分析

（一）对绿色财务管理的认识不足

由于很多人对绿色财务管理不认识、不了解，更不懂，才会对绿色财务管理不重视。

国际上对绿色财务管理的研究也较少，至今都没有完整的关于资源和环境的产权认定标准，对绿色财务管理的执行和监督也没形成一个能全面监管的管理机制。

（二）从众心理作祟

小到个人，大到企业、国家等各个主体，都存在一定程度的从众心理，这才造成在环境、资源问题上，各国间难以形成责任共担机制的局面。

（三）绿色财务管理的评价体系不健全

由于前文中所说的绿色收益率和绿色贡献率指标难以量化考评，新的指标如环保设备上新率、环保设备使用率、资源消耗量、可再生资源再生速率、资源利用率等一系列指标还在研究当中，加之对绿色财务管理的研究队伍目前还未形成规模，研究人员较少，缺乏环境保护、资源管理和精算师等专业人员，因此很难形成合力。同时，由于缺乏政府部门和企业乃至每一个主体的积极参与，导致到目前为止，绿色财务管理的评价体系仍很难健全。

四、加强绿色财务管理的措施

（一）加快对环境、资源等产权认定的研究步伐

虽然对环境、资源等的产权认定很难，但是在人类社会可持续发展的需要面前，一定要发挥主观能动性，迎难而上，攻坚克难。首先，对绿色财务管理的认识、了解和重视，不应仅仅停留在口头上，更要落实在具体行动中；其次，要加强绿色财务管理研究人员的队伍建设，不仅要培养会计方面、财务管理方面的专业人员，更要培养环境保护方面、资源管理方面的专业人员，以及精算师、数学、地理等方面的专业人员，这是一项关系到人类社会千秋万代的工程；最后，思想上重视了，人员到位了，还需要坚定不移地落实和执行，这项工作漫长而琐碎，任务很艰巨。

（二）加强各国政府间的沟通协作，责任共担，共同发展

在绿色财务管理的推行上，各国政府责无旁贷。加强各国政府间的沟通协作，责任共担，首先，要摒弃的就是在环境保护和资源管理方面的从众心理，各国政府都应该认识到绿色财务管理的重要性、政府行为的重要性，加强政府间的沟通与协作，共同履行具有国际约束力的环境保护和资源管理公约；其次，要结合自身实际，灵活制定相关政策、法律和法规，并强制执行；最后，要加强相关的舆论宣传，通过舆论导向引导每一个主体的行为，从而为环境的净化和资源的可持续开发利用提供可能。各国政府只有共担责任，才能实现共同发展、共同繁荣。

（三）健全绿色财务管理的评价体系

健全绿色财务管理的评价体系，首先需要把评价体系具体细化，其次要增加新的评价指标，并加以量化。但是诸如环境改善带来的幸福指数、资源利用效率提高带来的经济效益等这些指标很难量化，给绿色财务管理评价体系的构建带来了一定的困难。而且，人类对绿色财务管理的认知还在不断进步，这也涉及绿色财务管理的评价体系的后续完善工作。

（四）政府引导，加强对绿色财务管理的执行和监督

各国政府间的合作共赢在绿色财务管理的推行上固然重要，但是，具体执行和监督涉

及每个人、每个企业、每个组织、每个国家的各个主体，所以政府的引导非常重要。除了政策、法律、舆论先行之外，相关的奖励和惩罚措施也非常重要，具体如何处理，需要相关主体的严格执行和监督到位。

第二节　财务管理信息化

企业财务管理信息系统是企业管理信息系统的核心组成部分。随着当前网络与通信技术的高速发展，特别是以目标成本管理和预算控制管理为核心的现代化财务管理系统的发展，简单的财务管理信息化系统已经不能够满足企业对管理信息的要求。企业需要更健全、更完善的财务管理信息系统——一个集会计核算、财务管理和经营管理为一体的财务管理信息系统。财务管理信息化需要由单纯的会计核算型向财务管理分析型及企业的信息系统集成型转变，进而为企业生产、经营和管理提供信息集成和决策辅助功能。

一、企业财务管理信息化建设中存在的问题

随着组织规模的不断扩大，业务越来越复杂，企业财务管理工作需要不断地细化和深化，财务人员的工作量不断增加。大量的数据需要及时处理，财务信息的关联程度越来越广，传统的基于手工信息处理特点而设置的会计业务流程越来越暴露出不足，无法满足现代企业财务管理的需要。即便在已实现会计电算化的企业，企业的财务管理信息也暴露出诸多的问题，影响企业管理的水平，制约着企业的发展。

（一）对财务管理信息化的核心地位认识不强

许多企业在信息化建设投入中缺乏重点。部分企业对财务信息化建设的认识还停留在IT技术替代手工操作的层次上，认为实现会计电算化就是财务管理信息化的目标，对实现现代化管理的信息资源的需求了解不够，没有认识到财务管理信息化是企业管理信息化的核心，是实现管理现代化的保障。

（二）信息失真、信息不集成，难以为科学决策提供依据

现代企业最根本的管理是信息的管理，企业必须及时掌握真实准确的信息来控制物流、资金流。然而，当前我国相当多的企业的信息严重不透明、不对称和不集成，没有做到数据的充分挖掘和利用，数据采集、处理口径不一。另外，由于应用的软件不够统一，没有统一的信息编码标准，造成信息的利用率和整合程度不高。

（三）传统会计流程存在缺失

在传统的会计体系结构中，会计数据以汇总的形式重复存储于信息系统，难以反映经济业务的本来面目；而且反映出来的信息往往滞后于业务信息本身。信息的滞后不仅影响了信息的质量，还降低了它的相关性，以致企业无法从效益的角度对生产经营活动进行实时监控。当IT技术在各个领域得到广泛应用时，许多企业的财务人员积极将IT技术应用于会计信息系统。但是在传统财务会计体系结构的束缚下，财务人员并没有充分发挥IT技术的优势重新设计财务会计流程，只是简单模仿和照搬手工的流程，使得会计信息的质量仍存在问题，提高企业管理水平的目标得不到充分实现。

（四）缺乏财务信息化管理的复合人才

现代企业都越来越重视人才的开发和培养。企业不仅拥有各类技术人员、生产经营方面的专家和研发人员，还拥有从事计算机控制方面的技术人员等。但基于中国的国情，很多企业的财务部门仍匮乏掌握现代技术的人才。如许多国有企业或私营家族企业，其财务人员学历往往不高，缺乏信息化管理的能力及思想，其财务管理能力和理念已经不能适应现代企业管理的需求。现代企业需要具有信息化管理技术和信息化管理能力的复合型财务人才。

（五）企业各级管理人员的认识不到位

在企业内部建立财务管理信息系统，是一项重大的管理工程，涉及企业管理的理念、模式、资金运作方式、生产组织形式等诸多方面的变革。如此浩繁的工程，且涉及企业的方方面面，只有企业领导足够重视，有关管理人员齐心协力才能顺利进行。但部分企业有少数管理人员安于现状、缺乏创新精神，认为实现电算化就是财务管理信息化的目标，对实现现代化管理的信息资源的需求了解不够，致使企业财务管理信息化水平得不到大幅提高。

二、信息化建设的重要意义

从管理角度来看，信息化建设在企业财务管理工作中具有重要的实践意义，主要表现在以下四个方面：

（一）信息化在财务管理工作中的应用大大提高了企业财务管理工作水平

信息化在财务工作中的应用，把会计人员的双手从过去繁重的手工劳动中解放出来，会计人员只需掌握信息系统的一些简单操作方式，就可以对财务数据进行计算机录入，必要时还可以进行反复修改，及时进行会计核算，制作各种财务报表。毫无疑问，利用信息化系统完成这些工作，差错率小、可靠性高，提升了财务数据的准确性。

（二）信息化在财务管理中的应用可以有效控制企业成本

成本控制是企业财务管理工作的核心内容，也是企业实现最终盈利的根本保障。利用财务管理信息化建设的先进性，企业财务部门可以全程掌握生产经营中各项大额成本支出的请购、采购、库存和审批等过程，并在业务的每一步进程中都留有痕迹，提高了企业对成本支出等费用的管控能力，大大降低了各项成本费用指标的超标可能。

（三）财务管理信息化建设使企业的资金管控更为严格

企业的日常经营管理活动是以预算管理为主线、以资金管控为核心而开展的，是以货币计量方式对企业经营活动中的资金收支情况进行统计和记录。其中，在企业项目资金的管理方面，企业是以资金使用的情况为核算对象的。如果构建了财务管理工作的信息化系统，企业就可以借助信息化系统对企业资金使用情况进行统筹和预测，降低企业采购与财务之间的往来频率，企业财务人员也能够利用信息化系统了解采购计划的相关信息，有针对性地制订出筹集资金和付款计划，提高工作效率，减少管理漏洞。

（四）财务管理信息化建设提升了企业财务信息传递与交流的时效性

改革开放初期，人们常常会听到这样的口号："时间就是金钱""效率就是生命"。其实，这两个命题的成立是都需要建立在信息的有效传递与有效交流的基础之上的。可以说，在财务管理中进行信息化建设，可以有效整合各部门之间的财务信息和数据，进而借助计算机网络进行汇总、分析、分流和反馈，极大地提高了企业财务信息传递与交流的时效性。

三、企业财务管理信息化建设的发展策略

（一）树立正确的财务管理信息化发展观念

企业财务管理信息化建设是企业实现财务管理现代化的重要前提，是一项以计算机应用技术、互联网应用技术、信息通信技术和"互联网＋"技术为基础的复杂的系统工程。这一工程的顺利建设和竣工，需要企业各级领导、各个部门的通力合作、全面支持，不可能一蹴而就。因此，在财务管理信息化建设进程中，企业各级领导和各个部门必须树立正确的信息化发展理念，既不能忽视、漠视、无视财务管理信息化建设在企业发展进程中里程碑般的重要意义，不积极主动支持信息化建设工作，不积极主动解决信息化建设过程中遇到的问题，也不能操之过急，罔顾企业的技术条件和操作人员的专业化水平，仓促引进、盲目上马，造成财力、物力、人力等的浪费，更不能过分强调、放大财务管理信息化建设的功能，把信息化建设看成是可以解决一切财务问题的万能钥匙。在财务管理信息化建设进程中，企业各级领导和各个部门应本着实事求是、循序渐进的原则，在综合考量企业各方面因素、各方面条件的基础上，按部就班、有条不紊地实施信息化工程建设，这样才能为以后信息化建设在企业财务管理中发挥应有的作用奠定良好的技术和管理基础。

（二）加强领导对财务管理信息化建设的重视

企业要完成财务管理信息化建设，企业领导就要首先对财务管理信息化建设给予足够的重视，身先士卒、身体力行，根据企业财务管理工作的实际需要，结合企业的具体发展情况，切合实际地制定出具有企业特色的财务管理信息化建设规划。由于财务管理信息化建设资金需求量大，所以如果没有企业主管领导的大力支持，信息化建设所需的大量资金是无法悉数到位的。因此，企业领导对财务管理信息化建设的重视是信息化建设取得成功的关键。

（三）加大对财务管理信息化建设的人才培养力度

财务管理信息化建设虽然已经被企业界广泛接受，并且得到了应有的重视，但是客观地讲，企业中财务管理信息化方面的操作人员和管理人才还相当缺乏。

因为，虽然财务管理信息化建设已经具备了广泛的社会影响力，但是从其发展历程来看，与传统的财务管理方式相比仍然是新生事物，仍然处在探索阶段。财务管理信息化建设既然是新生事物，就必然需要大批的专业人士来熟练驾驭它，而从当前企业财务管理人员的整体结构来看，科班出身的人其实是凤毛麟角、少之又少的，高校里面接受过系统学习的专业人才尚未大面积奔赴社会，企业里现有的财务人员又如瞎子摸象，对财务管理信息化建设只是一知半解。毋庸讳言，企业财务管理信息化建设所需的专业人才正处于青黄不接的时期，目前所谓的操作系统、管理系统的专业人员，大多是半路出家，在"速成班"里经过短期的常识性培训就"光荣上岗"了，所以一旦财务管理信息化的操作系统或者是管理系统出现问题，靠企业自身的技术力量是没有办法解决的，企业只能请"外

援"前来指点迷津。仅从这一点来看,加大财务管理信息化建设的人才培养力度,对于企业财务管理信息化建设的有效开展和顺利实施是尤为重要的。

(四) 注重对财务管理信息化软硬件设施并重的建设

在世界范围内的信息技术革命的推动下,财务信息化已经成为一种必然趋势。在大的时代背景下,企业没有退路,也没有选择的余地,只有认识、接受、建设和发展信息化才是明智的抉择,才不会被信息技术进步的浪潮淘汰出市场格局。企业要强化信息化建设成果,就必须坚持软件设施建设与硬件设施建设并重的原则,绝不可厚此薄彼。硬件设施是信息化建设的先决条件,离开它,企业财务管理信息化建设就无从谈起;软件设施是信息化建设的灵魂所系,没有它,企业财务管理信息化建设就是一潭死水。只有把软件设施建设与硬件设施建设有机结合在一起,让两者同步前进、协同发展,企业财务管理信息化建设才能真正实现其建设的初衷,达到为企业发展助力加油的目的。

第三节　财务管理与人工智能

当前,人工智能技术已经在我国得到了较快的发展,将人工智能技术与财务管理有机融合,能够实现先进高效的规划、预测、决策、预算、控制、分析等各种财务工作。人工智能在财务管理中的应用,可将原本繁复的财务问题进行一一分解,变成若干子问题,然后得到最终的解题答案。

一、人工智能技术给财会行业带来的机遇

(一) 提高了财会信息的处理质量

无论是财会行业还是审计行业,都必须严格遵循真实性原则,然而我国财会行业并未将这一原则真正落实到位。这主要是因为实际处理财务信息和审计信息过程中,依旧沿用着传统的手工方式进行编制、调整和判断,致使舞弊与错误行为屡见不鲜,所以为了提高财务信息的真实性,应逐步减少人工处理财务信息的次数,进一步拓展人工智能,从而为财会信息处理的质量和效率提供保证。

(二) 促进财会人员有效地工作,节约人力成本

虽然当前大部分企业在进行财务管理的过程中已经逐步实现了用计算机代替传统的人工核算,但是会计电算化的工作范围仍存在一定的局限性,并且具体的计算机操作仍然是由财务管理人员来进行。而通过引入人工智能技术,可以优化企业会计电算化核算系统。人工智能最大的优点就在于能够自动实现数据采集、整理以及模型分析的一体化操作。通过搭建智能化的财务管理系统,并由这个系统自动进行财务计算、数据识别,不仅进一步减轻了企业财务管理人员的工作负担,还可以减少以往在人工信息录入、信息整理过程中存在的信息堆积以及信息失真情况,从而从根本上保证了企业财务管理信息的精准性和全面性。借助人工智能系统精准识别和快速计算的优势,能够极大地提升企业财务管理的效率。

现阶段,我国已经出现了为小企业做账的专门代理公司,虽然公司领导者对会计记账法与借贷记账法掌握和了解得不是很透彻,但该公司研发的软件可利用电子技术对原始凭

证进行扫描，自动生成符合各级政府部门要求的财务报表，这不仅减轻了财会人员的工作强度，还保证了会计核算资料的实效性；审计部门利用开发的审计软件在提高审计工作效率的同时，还能在深入剖析财会报告的过程中及时发现审计问题，进而采取科学高效的审计手段解决审计问题。

（三）实施完善的风险预警机制，强化财会人员的风险意识

虽然已经有很多企业具备了风险危机意识，但在风险防范和风险发生过程中的决策能力仍不足。导致这种情况的根本原因在于企业缺乏一套切实可行、健全的风险预警机制，财务人员风险意识不强，无法准确判断存在的风险。同时，由于企业内部资金项目具有繁复性特点，财务人员很难顺利地开展纵横向对比，且又缺乏较高的信息处理综合能力。因此，当遇到风险问题时财务人员往往显得手足无措。利用人工智能技术根据各类真实可靠的财务数据对财务风险进行事先预警，创建风险预警模型，不仅保障了企业资金的运营效率，还能帮助企业及时找出不足之处，为企业创设和谐美好的发展环境。

（四）实现了更为专业的财会作业流程

当前，财政部已经将管理会计列入了会计改革与发展的重点方向。过去针对业务流程来确立会计职能的工作模式，不仅会造成会计信息核算的重复性，还会影响财务风险预警的有效运行。所以，随着人工智能技术的全面渗透，企业将会对那些只懂得进行重复核算工作的财会人员进行精减，聘用更多有助于自身健康发展的、具备完善管理会计知识的财会人员。

二、人工智能技术在财务管理中的应用

（一）财务管理专家系统

财务管理专家系统涉及财务管理知识、管理经验、管理技能，主要负责处理各类财务问题。为了减轻财务管理专家对财务管理过程的描述、分析、验证等工作的劳动强度，很多企业都将涉及管理技能、管理理念及管理环境的财务管理专家系统应用到财务管理工作中。

人工智能技术在财务管理专家系统中的应用。财务管理专家系统根据具体的财务管理内容可划分为筹资管理专家系统（涉及资金管理）、投资管理专家系统、营运管理专家系统（涉及风险管理与危机管理）、分配管理专家系统。这些系统中又涵盖了财务规划及预测、财务决策、财务预算、财务分析、财务控制几方面的子系统。

在对各子系统进行优化整合后，财务管理专家系统的综合效用便体现出来了：提高了财务预测的精准度，强化了财务决策的科学性，实现了财务预算与实际的一致性，提高了财务控制效率，财务分析也更加细致全面，进一步拓展了财务管理的覆盖面。

在整个财务管理专家系统中，财务决策子系统占据重要的位置。而财务决策子系统的顺利运行离不开其他子系统的支持，因此，对这些子系统进行优化集成后才能形成智能化的财务决策支持系统。智能化财务决策支持系统的运用有助于综合评估内部控制与资产分配情况，通过对投资期限、套期保值策略等进行深入分析后，能使投资方案进一步优化和完善。

（二）智能财务管理信息共享系统

财务管理查询系统和财务管理操作系统是智能财务管理信息共享系统的主要内容。通过 Microsoft Visual Studio. NET 对财务管理查询系统进行部署，然后在操作系统中引入 IIS 服务负责相关发布。将 . NET 框架设置于发布平台上，负责运行各个 . NET 程序，为财务管理信息共享提供相应的体系结构。企业会在节约成本的理念下向所有利益有关方传递真实可靠的关联财务信息。简单举例，随着 B/S 模式（浏览器/服务器模式）体系结构的构建并使用，企业实现了成本的合理节约，促进了各财务信息的及时有效共享，提高了财务信息处理效率。

通过操作系统中的 IIS 来发布财务管理查询系统，企业内部各职能部门只需要进入 Web 浏览器就能及时访问，而企业外部各有关使用者只需要利用因特网就能对单位每一天的财务状况予以充分的掌握，保证了信息的时效性。

随着智能财务管理信息共享系统的建成并被投入使用，财务管理工作变得更加完善、成熟，同时，在智能财务管理信息共享系统中利用接口技术吸收 ERP 财务信息包，实现了财务管理信息的透明化、公开化，突出了财务管理的即时性。

（三）人工神经网络模型

所谓人工神经网络，指的是通过人工神经元、电子元件等诸多的处理单元对人脑神经系统的工作原理与结构进行抽象、模仿，建立某种简单模型，按不同的连接方式组成的不同网络。人工神经网络从范例学习、知识库修改及推理结构的角度出发，拓展了人类的视野范围，并强化了人类的智能控制意识。

人工神经网络模型是涉及诸多神经元结合起来产生的模型，人工神经网络涵盖反馈网络与前馈网络两个部分。其中，反馈网络是将神经元的输出及时反馈到前一层或者同一层的神经元中，这时信号可实现正向传播与反向传播，是诸多神经元结合后生成的产物。由于前馈网络存在递阶分层结构，由输入层进入输出层的信号主要以单向传播方式为主，上层神经元和下层神经元进行了连接，但同一层各神经元之间不能相互连接。

人工神经网络存在很多类型，比如 RBF 网络、BP 网络、ART 网络等。其中，RBF 神经网络现已在客户关系管理、住宅造价估算等领域中得到了有效应用；BP 神经网络现已在战略财务管理、风险投资项目评价、固定资产投资预测、账单数据挖掘、纳税评估、物流需求预测等众多领域中得到了有效应用；ART 神经网络现已在财务诊断、财务信息质量控制、危机报警等领域中得到了高效的应用。

随着经济领域和管理领域对人工智能技术的广泛应用，越来越多的学者将研究重心放在了人工智能层面上，BP 神经网络成为现代人工智能应用研究的关键点，而在财务管理中应用 BP 神经网络来预测财务状况的成功研究经验为智能财务管理信息系统的研究提供了重要依据。

综上所述可知，随着科学技术的快速发展，智能化的财务管理已成为必然。今后的财务管理专家系统将逐步朝着智能化、人性化、即时化的方向快速迈进，可以想象，那个时候的智能财务管理专家将会全权负责繁复的财务管理工作，使财务管理人员不再面临庞大的工作量，企业财务管理水平及效率也会得到提高。财务管理专家系统在保证财务主体良性循环发展的同时，能为各利益有关者提供预期的效益，实现企业的可持续发展。

第四节 区块链技术与财务审计

区块链可以针对交易创建一个分布式账目。在这一分布式账目中，所有交易的参与者都能存储一份相同的文件，可以对其进行实时访问和查看。对于资金支付业务来说，这种做法影响巨大，可以在确保安全性和时效性的基础上分享信息。区块链的概念对财务和审计有着深远影响。随着社会经济的高速发展，企业财务关系日益复杂，特别是工业革命兴起，手工作坊被工厂代替，需要核算成本并进行成本分析，财务管理目标从利润最大化发展到股东权益最大化。进入信息时代以来，互联网技术日益发展，企业交易日益网络化，产生大量共享数据，人们开发了基于企业资源计划的会计电算化软件和基于客户关系的会计软件。在互联网时代，以云计算、大数据为代表的互联网前沿技术日益成熟，传统财务管理以成本、利润分析为中心的模式逐步被基于以区块链为中心的财务分析模式替代，企业进行业务往来可以通过区块链系统实现两个节点数据共享，这克服了传统业务交易模式下，各企业需要通过各种纸质凭证来反映彼此间经济关系真实性的劣势。由此可见，区块链技术的应用对财务、审计发展的影响是极为深远的。

一、区块链的概念与特征

区块链就是一个基于网络分布处理的数据库。企业交易数据是分散存储于全球各地的，如何才能实现数据相互链接，这就需要以相互访问的信任度作为基础。区块链通过基于物理的数据链路将分散在不同地方的数据联合起来。它们可通过链路实现数据互链，而不需要为了区块链数据互链再单独去建一个数据管理中心，这削减了企业现有的信任成本，提高了数据访问速率。区块链是互联网时代的一种分布式记账方式，其主要特征有以下几点：

（一）没有数据管理中心

区块链能将储存在全球范围内各个节点的数据通过数据链路互联，每个节点交易数据能遵循链路规则实现访问，该规则基于密码算法而不是管理中心发放访问信用，每笔交易数据由网络内用户互相审批，所以不需要一个第三方中介机构进行信任背书。对任意一个节点攻击，不能使其他链路受影响。而在传统的中心化网络中，对一个中心节点实行有效攻击即可破坏整个系统。

（二）无须中心认证

区块链数据互相访问是通过链路规则，运用哈希算法，不需要传统权威机构进行认证。每笔交易数据由网络内用户相互给予信用，随着网络节点数增加，系统的受攻击可能性呈几何级数下降。在区块链网络中，参与人不需要对所有人信任，只需两者间相互信任即可。随着节点增加，系统的安全性反而增加。

（三）无法确定重点攻击目标

由于区块链采取单向哈希算法，由于网络节点众多，又没中心，很难找到攻击靶子，不能入侵篡改区块链内数据信息。一旦入侵篡改区块链内数据信息，该节点就被其他节点排斥，从而保证数据安全，又由于攻击节点太多，无从确定攻击目标。

（四）无须第三方支付

区块链技术产生后，各交易对象之间交易后，进行货款支付更安全，无须第三方支付就可实现交易，可以解决由第三方支付带来的双向支付成本，从而降低成本。

二、区块链对审计理论、实践的影响

（一）区块链技术对审计理论体系的影响

1. 审计证据变化

区块链技术的出现，使传统的审计证据发生了改变。传统的审计证据包括会计档案等相关资料。由于区块链技术的出现，企业间交易在网上进行，相互间经济交易证据变成了非纸质数据。审计证据核对变成了由两个区块间通过数据链路实现数据跟踪。

2. 审计程序发生变化

传统审计程序从确定审计目标开始，通过制订计划、执行审计到发表审计意见结束。计算机互联网审计要求采用白箱法和黑箱法对计算机程序进行审计，以检验其运行可靠性，在执行审计阶段主要通过逆查法，从报表数据通过区块链技术跟踪到会计凭证，保持数据审计工作的客观性和准确性。

（二）区块链技术对审计实践的影响

1. 提高审计工作效率、降低审计成本

计算机审计比传统手工审计效率高。区块链技术为计算机审计的客观性、完整性、永久性和不可更改性提供保证，保证审计具体目标的实现。在传统审计下，需要通过专门审计人员运用询问法对公司相关会计信息发询证函进行函证，从而需要很长时间才能证实，审计时效性差。而计算机审计，尤其是区块链技术产生后，审计进入网络大数据时代。人们利用互联网大数据实施审计工作，解决了传统审计证据不能及时证实、不能满足公众及企业管理层对审计证据真实、准确的要求，并实现了对管理层有效监管的目的。分布式数据技术实现了各区块间数据共享追踪，区块链技术保证了这种共享的安全性，且其安全维护成本低。由于区块链没有管理数据中心，具有不可逆性和时间邮戳功能，审计人员和治理层、政府、行业监管机构可以通过区块链及时追踪公司账本，从而保证审计结论的正确性；计算机自动汇总计算，大大提高了审计的效率，保证了审计工作的质量。

2. 改变审计重要性认定

审计重要性是审计学中的重要概念。传统审计工作需要在审计计划中确定审计重要性指标作为评价依据。审计人员利用财务数据计算出重要性比率和金额，确定各项财务指标，通过手工审计发现会计业务中的错报，评价错报金额是否超过重要性金额，从而决定是否需要进一步审计。而在计算机审计条件下，审计工作可实现以账项为基础的详细审计，很少需要以重要性判断为基础的分析性审计技术。

3. 内部控制的内容与方法也不同

传统审计更多采用以制度为基础的审计，通常运用概率统计技术进行抽样审计，从而解决审计效率与效益相矛盾的问题。区块链技术产生后，人们运用计算机进行审计，审计的效率与效果都提高了。虽然区块链技术提高了计算机审计的安全性，但计算机审计风险仍存在。传统内部控制在计算机审计下仍然有必要，但其内容发生了变化。人们更重视计

算机及网络安全维护，重视计算机操作人员岗位职责及岗位分工管理与监督。内部控制评估方法也更多从事后调查评估内部控制环境，实施过程中也经常运用视频监控设备进行实时监控。

三、区块链技术对财务活动的影响

(一) 对财务管理中价格和利率的影响

基于因特网的商品或劳务交易，其支付手段更多表现为数字化、虚拟化，网上商品信息传播公开、透明、无边界与死角。传统商品经济条件下的信息不对称没有了，商品价格更透明了。财务管理中运用的价格、利率等因素对业务活动进行分析的标准不同于以前了；边际贡献、成本习性也不同了。

(二) 财务关系发生变化

财务关系就是企业资金运动过程中所表现的企业与企业之间的经济关系，区块链运用现代分布数据库技术、现代密码学技术、将企业与企业之间以及企业内部各部门联系起来，通过大协作，从而形成了比以往更复杂的财务关系。传统企业支付是以货币进行，而现代企业之间的资金运动不再需要以货币为媒介，支付的是电子货币，财务关系表现为大数据之间的关系，也可以说是区块链关系，这大大减少了不少地方上的关系。

(三) 提高财务工作效率

1. 直接投资与融资更方便

传统财务管理中，筹资成本高，需中间人如银行等参与。区块链技术产生后，互联网金融得到很大发展，在互联网初期，网上支付主要通过银行这个第三方进行，区块链能够实现新形式的点对点融资，人们可以通过互联网，下载一个区块链网络的客户端，就能实现交易结算，如投资理财、企业资金融通等服务，并且使交易结算、投资、融资的时间从几天、几周变为几分、几秒，能及时反馈投资红利的记录与支付效率，交易环节更加透明、安全。

2. 提高交易磋商的效率

传统商务磋商通过人员现场交流沟通，对商品交易价格、交易时间、交货方式等进行磋商，最后形成书面合同。而在互联网下，由于区块链技术保证网上沟通的真实、安全、有效，通过网上实时视频磋商，通过网络传送合同，通过区块链技术验证合同有效性，大大提高了财务业务的执行效率。

(四) 对财务成本的影响

1. 减少交易环节，节省交易成本

由于区块链技术的运用，电子商务交易能实现点对点交易结算，交易数据能同 ERP 财务软件协同工作，能实现电子商务交易数据和财务数据及时更新，资金转移支付不需通过银行等中介，解决了双向付费问题，尤其在跨境业务中，少付了许多佣金和手续费用。

2. 降低了信息获取成本

互联网出现后，人们运用网络从事商务活动，开创了商业新模式。商家通过网络很容易获得企业信息，通过区块链技术，在大量网络数据中，运用区块链跟踪网络节点，可以监控一个个独立的业务活动，从而找到投资商，完成企业重组计划；也可以通过区块链技

术为企业资金找到出路，获得更多投资收益。可见，区块链降低了财务信息获取成本。

3. 降低信用维护成本

无数企业间财务数据在网络上运行，需要大量维护成本，如何减少协调成本和建立的信任成本。区块链技术建立了不基于中心的信用追踪机制。人们能通过区块链网络检查企业交易记录、声誉得分以及其他社会经济因素可信性，交易方能够通过在线数据库查询企业的财务数据，来验证任意对手的身份，从而降低了信用维护成本。

4. 降低财务工作的工序作业成本

企业财务核算与监督有许多工序，每一工序都要花费一定成本。运用区块链技术，由于其无中心性，能减少财务作业的工序数量，节省每一工序时间，在安全、透明的环境下保证各项财务工作优质高效完成，从而节约工序成本，财务信息真实性也有保证。

第五节　网络环境下的财务管理

财务管理在企业中的重要地位众所周知。财务管理工作要适应企业的实际情况，才能充分发挥其作用，更好地推动企业的发展。随着互联网技术的飞速发展，传统的财务管理难以跟上企业发展的步伐，给企业发展带来了严重的影响。而在网络环境下开展企业财务管理工作，也成为企业财务管理工作创新的必然措施。

一、网络环境下财务管理的优势

在财务管理中应用网络技术，一方面能够给企业财务管理提供更加精准的数据信息，同时便于数据的收集、整理和分析。这不仅大大提高了财务管理工作的质量和效率，避免或降低了财务风险，还可以给企业的管理层提供客观、可靠、科学的决策信息，准确判断企业经营的现状，确定企业以后的经营方向。另一方面企业可以根据所获取的运营数据，及时对企业的生产经营进行调整，实现财务与业务的协同管理模式，帮助企业在市场竞争中站稳脚跟，提高企业市场竞争力。网络财务管理的优势具体体现在以下几个方面。

（一）在空间上实现了集中化远程管理

第一，财务处理的远程化。网络财务管理打破了原来的运作模式，财务工作人员只要在能联网的远程设备上，轻点一下鼠标，就能方便快捷地处理各种远程财务信息，不需要再用纸张来记录数据。这种远程化的财务处理方式，不仅提高了财务信息的时效性、真实性，还有利于上级主管部门对下属机构进行监督与管理；第二，财务管理的集中化。传统财务管理只能由财务部门对原始凭证进行收集。网络财务管理不但让财会工作由传统的日清月结成功过渡为随清随结，还会减少会计信息处理成本，优化财务资源的配置，提高企业市场竞争能力。

（二）在时间上实行在线动态管理

第一，实行动态核算。网络财务系统可以动态地产生财务报表、财务报告等各种信息，同时与网上银行进行有效对接，使产生的信息更加及时、迅速和真实可靠；第二，实行在线管理。财务主管可以不受时间、空间的限制，随时随地迅速捕捉到最新信息并做出相应的工作安排，例如调动资金、在线咨询、投资证券、审批财务、教育咨询等。经营管理者无论什么时候都能随时掌握资金运用状况、经营收益等讯息，从而做出准确判断，控制经营风险。

（三）在效率上明显提高

一是实现了电子化支付结算。随着网络财务管理的出现，网上预算、网上结算、网上支付等远程操作得到了广泛运用。越来越多的电子单据、电子货币的出现，加快了资本的运转，减少了资金成本，提高了结算支付效率。二是实现了低成本化费用管理。传统财务在处理商业或者行政事务时，是利用纸张进行传输，往往需要很多的时间和费用。网络财务是通过计算机进行数据传输，不需要纸张、印刷和邮寄，大大减少了费用成本，发挥了网络财务管理的优势。

二、网络财务管理存在的主要问题

网络财务管理虽然有很多优势，但从目前情况分析，仍存在三个主要问题。

（一）网络财务管理的安全问题

网络财务管理虽然具有开放性优势，但也存在一些不容忽视的安全问题。例如，财务管理人员没有及时将有关信息存入磁盘、光盘，如果计算机系统出现问题，财务信息就有可能遗失，影响档案资料的调阅和查找；财务人员删除或伪造财务信息，可以不留痕迹；电脑病毒频繁出现，计算机遭受恶意攻击等，这些都难以保证网络财务管理工作的顺利进行。

（二）网络财务管理的审计取证问题

受传统财务管理的影响，审计人员习惯从账目中查找问题，凭证、账簿、报表成为审计取证的主要依据，审计线索十分清楚。在网络财务管理中，传统单据和纸质记录均已消失，各种财务信息都是以电子数据形式进行记录，肉眼无法辨别真伪。如果被篡改或删除，几乎没有任何印迹，审计人员很难查找到其中的漏洞，这加大了审计难度。另外，我国与审计取证相关的制度不够健全，审计系统软件开发不够完善，审计人员进行核查取证时，也没有一个合理的衡量标准。同时，审计人员很难收集到完善的财务信息，也增加了审计风险，不利于审计质量的有效提升。

（三）网络财务管理的技术人才问题

网络财务管理是网络技术和财务管理相结合的产物，不仅需要财务人员熟悉财务知识、网络知识和金融法律知识，而且要掌握排除网络系统故障的方法，具备一定的创新能力。而在实际工作中，部分企业财务管理人员的专业知识和技能仍有待提高，有些无学历或低学历，有些不懂得网络应用和财务软件的操作，有些不认真钻研业务、工作马马虎虎，这些人员都无法适应网络财务管理发展的需求。

三、实施网络财务管理的有效策略

（一）网络财务管理的安全策略

1. 实行档案资料保密制度

财务人员在处理完重要数据时，应及时清除存储器、联机磁带、磁盘程序，并及时销毁废弃的打印纸张。要定期查看财务档案的安全保存期限，并及时进行复制。

2. 实行财务管理人员保密制度

企业对于网络财务管理人员，要与其签订管理责任状，做出相应承诺，保证在职期间和离职后不违反规章制度，泄漏财务机密。

3. 实行技术监控制度

建立安全的网络财务系统，是网络财务管理顺利进行的根本保证。网络财务管理人员对财务信息的输入、输出和网络系统的维护，都要严格遵守操作章程，杜绝安全事故发生。要利用加密技术，解决密钥分发的问题；采取防火墙技术，对外部访问实行分层认证；利用数字签名技术和访问限制技术，防止会计信息系统遭受非法入侵或人为破坏。

4. 实行法律保障制度

各企业要吸收和借鉴国外成功经验，探索并制定网络财务管理制度和准则，规范网上交易行为。要对违反国家网络安全管理规定的不法分子进行有力打击，为网络财务管理营造安全的外部环境。

（二）网络财务管理的资料保管策略

1. 严格建立造册登记制度

财会人员每月记账完毕后，应将本月所有会计凭证进行整理，检查有没有缺号、附件是否齐全，并将会计数据输入电脑；然后把每张凭证编上序号，加上封面和封底，在保证纸质数据与电脑数据完全一致的基础上按编号的先后顺序将凭证装订成册，贴上标签进行封存。财会人员要在装订成册的凭证封面上详细填写单位全称和会计凭证名称，同时加盖单位主要负责人和财务管理人员印章。装订后的会计凭证应指定专人保管。

2. 严格建立资料查询制度

对已经存档的会计资料，本单位需要查阅，必须经过有关领导同意。查阅时做到不拆封原卷册，不将原始凭证借出。外单位未经过本单位主要领导批示，不能查阅会计凭证，不能复制原始凭证，更不得擅自将原始凭证带离现场。网络查阅时，应各司其职，只能登陆有自己权限的账号。

3. 严格建立保管和销毁制度

会计档案的保管和销毁，必须严格按照会计档案管理规章制度执行，任何人不得随意销毁会计档案。保管期满的会计档案，如果需要销毁，必须列出销毁清单，按照规定经过批准后，才能销毁，电子档案销毁后应同时及时清除存储器及电脑数据。

4. 严格建立信息备份和系统升级制度

财务管理人员在日常工作中要严格建立信息备份制度，及时将财务信息输入 U 盘和磁盘中，便于日后查询和系统恢复需要，以免造成不必要的损失。

（三）网络财务管理的审计取证策略

网络财务审计，是在传统审计上的一次大飞跃，要采取多种措施提升取证质量。

一是要开发审计系统。要研发出能从被审计部门准确有效地获取各种数据信息的系统软件。在审计系统中录入被审计部门的有关信息，建立信息库，便于核查取证时调阅，提高数据信息质量。

二是要规范审计程序。审计人员在审计前要根据工作要求，准备相关材料，避免审计时出现不必要的偏差。审计结束后要仔细整理相关材料，使审计取证工作走向有序化、规范化。

三是要严守职业道德。审计人员要加强学习，严格约束自己的言行，公平对待每个被审计部门，实行依法审计。

（四）网络财务管理的技术人才策略

1. 加强培训力度，提高员工素质

优秀的复合型人才，是实施网络财务管理的根本保证。

第一，网络财务管理人员要具备良好的专业素质。拥有丰富的文化知识和财务知识，能熟练进行网络系统的操作和维护。

第二，网络财务管理人员要具备良好的心理素质。要保持积极向上的精神状态，在成绩面前保持谦虚谨慎的态度，面对挫折和失败有较强的心理承受能力。

第三，网络财务管理人员要具备良好的交际能力、应变能力、观察能力。善于与外界打交道，面对困难能冷静思考、认真分析、妥善处理。

2. 完善激励机制，激发工作潜能

激励人才需要以公平合理的绩效考核为根本，根据每个人的特长和爱好科学分配工作岗位，建立灵活的人才内部流通机制。激励既包括技能比试方面的，如网络知识答辩、计算机操作、会计业务信息化处理等，也包括物质和精神方面的，如加薪、提供住房、外出考察、授予荣誉称号、休假、参与决策等。要营造一个公平、公正、公开的竞争环境，形成你追我赶、不甘落后的良好氛围，激发财务管理人员的工作潜能和工作热情，从而更好地完成目标任务。

第六节　企业税收筹划的财务管理

在现代企业的经营管理系统中，合理地开展税收筹划工作将对企业的财务管理产生十分积极的影响，甚至将影响到企业的整体经营策略。因此，企业应当努力理清自身在税收筹划与财务管理的相关性关系，这样可以降低企业经营过程中的税负成本，从而使财务管理工作更加高效并最终为实现企业经济效益最大化打下坚实的基础。

一、企业税收筹划与财务管理相关性特点

（一）目标上的相关性

从根本上来看，税收筹划的目标是被企业的财务管理目标左右和决定的，两者的最终方向都是通过降低企业财务风险的方式来保证企业经济利益达到最大化。从这一点看，税收筹划某种程度上可以被看作是财务管理的一部分。这就决定了企业决策者在选择税收筹划方案时，要确保其在法律范围内收获最高的企业利润，从而使企业的财务管理工作达到最优。同时税收筹划的制定及运用的好坏程度，也能够在一定程度上反映出企业财务管理的质量如何。

（二）对象上的相关性

企业资金的循环周转情况属于财务管理的内容，而企业应缴纳的税收资金则属于税收

筹划的范畴，从管理对象上来看，两者有着很强的相关性。税收筹划的管理对象是企业应缴纳的税收资金，通过在法律规定的框架内运用各种手段来降低企业税负。而财务管理的对象则是企业的所有资产，其中就包括企业应缴纳的税收资金，并且需要保证企业的现金流始终处于周转中，以此来提升企业资金的利用率。税收筹划的质量将对财务管理的质量产生直接的影响。

（三）职能上的相关性

在职能上，税收筹划主要体现在降低企业的应纳税额，而财务管理则主要体现在财务人员对公司资产的决策、计划和控制方面。财务决策包括了决策者、决策对象、决策信息、决策理论和方法等多个方面。而税收策划作为财务决策的一项重要内容，两者之间既相互影响又相互促进，特别是在筹资、投资和日常经营的过程中，税收筹划都能对财务管理产生影响。同时，财务管理的相关技术也可以在税收筹划中得到应用以帮助其更好地开展工作。

财务管理作为现代企业管理系统价值管理体系的重要组成部分，在企业管理中起着重要作用。税收筹划已经渗透到企业的各种商业活动领域，对于企业市场决策的制定具有重要意义。在市场经济环境下，企业税收筹划和财务管理之间的密切关系使企业已经能够认识到税收筹划的必要性。它在财务管理中起着重要的决策作用。

二、企业税收筹划和财务管理之间的相关性分析

（一）税收筹划与财务管理之间是有层次的

从市场经济学的角度来看，税收筹划隶属于财务管理活动。从税收筹划规划的目的来看，税收筹划应该属于财务类别，与企业的经济活动密切相关。

公司的财务管理有一定的目标，税收筹划的目标是公司的财务管理，这就形成了一定的层次性。也就是说，税收筹划分层次和多元化的规划目标必须与财务管理目标保持一致。科学合理且以公司财务管理目标为核心的税务筹划活动，有助于实现财务管理目标。通过设计、选择和实施财务计划，管理目标就可以实现，经济利益就可以提高。利益最大化是企业财务管理的最终目标，因此，商业决策者在进行税务筹划时，必须注意到税务规划的目标必须与企业财务目标保持一致。从更科学的观点来看，税收筹划是一个多元化的目标系统，市场上的企业有不同的发展目标时，税务筹划目标将会相应改变。因此，没有必要对企业税收进行计划。怎么做能够减少税务风险、实现企业商业价值最大化才是相关人员应该重视的问题。

（二）税收筹划和财务管理是一个统一的整体

税收筹划是企业财务决策的重要组成部分，也是企业进行财务决策的重要参考因素。税收筹划更容易收集有效的税务信息，便于决策者根据收集到税务信息做出财务管理决策。税收筹划对企业财务管理工作起着指导和管理作用，同时，税收筹划是财务计划的组成部分，反过来又为财务目标服务，二者是一个有机的整体。因此，税收筹划不能与公司财务分开控制。为了确保计划的顺利实施，在执行计划时要监督税务支出，控制税收成本，根据实际情况来反馈税收筹划方案的实施情况并进行相应的评估，以改进后续的决策。

（三）税收筹划和财务管理之间存在内在关联

企业经营活动中的税收筹划与企业财务管理在内容方面有很高的相关性。由于税法中不同融资方式的成本计算方法不同，会对实际的税收收入产生重要影响，直接影响企业的实际税收额。因此，公司要继续以税收征管为引导，优化融资结构，完善融资理念，积极实施税收筹划。为了最大限度地发挥出企业的优势，企业必须全面考虑市场中的各种因素，特别是重点抓好投资方式和具体投资地点。通过实施税收筹划，可以更好地优化投资选择并且提高公司的经济效益。另外，税收政策不仅影响利润分配，还会限制企业的盈余累积。因为，企业的利润分配也需要税收筹划。总而言之，税务筹划问题贯穿于企业财务管理活动的各个环节，它被整合于财务管理的各个方面，与企业财务管理的内容密切相关。

（四）税收筹款还能与财务管理融合

对于企业财务的管理，税务筹划工作可以发挥出系统性和综合性的作用。这是一项系统的、技术性的工作。由于企业税务和财务管理有着千丝万缕的联系，尤其是实施税收计划对公司的财务管理有着直接影响。税务筹划可以实现企业各项财务管理指标，以在更大程度上促进企业的长期发展。所以要将企业税务规划和财务管理活动客观地整合和互动，相互融合为一个整体。税务筹划除了能客观反映企业的财务管理情况和管理水平之外，税务计划还可以改善公司的利润增长和财务管理。为了加强税收管理，企业应当不断引进先进的人才，完善管理制度，不断提高财务管理人员的素质，为实施企业税制提供有力保障。

三、企业财务管理理念对于税收筹划的具体应用分析

（一）货币时间的价值性和延后纳税

货币的时间价值也称资金时间价值，是指货币经历一定时间的投资与再投资后所增加的价值。在货币时间价值的理念下，目前拥有的货币一定比未来收到相等金额的货币具有更大的价值。这是因为目前拥有的货币可以进行投资，在目前到未来这段时间里可以获得收益。即使没有通货膨胀的影响，只要存在投资机会，货币也一定会发生增值。

延后纳税亦称"税负延迟缴纳"，是指允许纳税人将其应纳税款延迟缴纳或分期缴纳。这种方法可适用于各种税收，特别是数额较大的税收上。延后纳税表现为将纳税人的纳税义务向后推延，其实质上相当于在一定时期内政府给予纳税人一笔与其延后纳税数额相等的无息贷款，这在一定程度上可以帮助企业解除财务困难，也无条件占有延后纳税金额所产生的资金时间价值。

（二）运用于税收筹划的成本效益分析

在进行税收筹划时，企业也承担一定的风险。企业在获得税收筹划效益的同时，可能还需要支付一定数量的税收筹划成本。具体来说，税收筹划成本通常包括三个方面：直接成本、机会成本和风险成本。直接成本是指纳税人为节省税收而发生的人力、物力和财力支出；机会成本是指企业在采用税收筹划计划时会丧失其他计划可能带来的更大收益；风险成本是指由于计划错误而导致的经济损失。当公司计划税收时，他们必须选择具体的计划，并且只有在保证成本效益的前提下才能取得更好的结果。如果税收计划成本低于预期

收益，那么这个计划是可行的，否则会使公司遭受经济损失。

综上所述，一个企业的税收制度与财务管理之间是相互联系、相互影响的。财务计划是结合公司的税务情况进行的，税收的战略作用影响到了企业的财务计划。因此，企业有必要充分考虑现实的金融环境，使用税收筹划工具有效分配企业资源，制定企业发展战略。通过这个战略，为企业提供更可靠的市场决策所需要的信息，力争让企业在合理的范围内通过减税来获得更大的经济利益，提高企业的市场竞争力。

第五章　财务成本控制技术分析

第一节　变动成本法与完全成本法

一、变动成本法的计算

采用变动成本计算法计算产品成本是适应生产经营规划决策的一大改革，有利于进一步挖掘企业的生产潜力，使企业获取更多的经济效益。变动成本法是随着企业经营环境的改变，竞争的加剧，人们意识到传统的成本计算越来越难以满足企业内部管理的需要产生。

（一）变动成本法的含义

变动成本计算法又称直接成本计算法，它在计算产品生产成本时，只计算产品生产过程直接消耗的直接材料、直接人工和变动性制造费用，而对于与产品生产量无关的固定制造费用则作为期间成本在当期全部转销。

变动成本计算是指在组织常规的产品成本计算过程中，以成本性态分析为前提，将变动生产成本作为产品成本的构成内容，而将固定生产成本及非生产成本作为期间成本，按贡献式损益确定程序计量损益的一种成本计算模式。

采用变动成本计算产品成本以后，人们就把传统的成本计算模式称为完全成本计算。完全成本是指在产品成本计算时，把直接材料、直接工资、变动性制造费用与固定性制造费用全部计入产品成本和存货成本，期间成本只包括非生产成本。由于将固定性制造费用也计入产品成本和存货成本，与完全成本计算相比，变动成本计算具有以下优势：

1. 能提供每种产品的盈利能力资料

每种产品的盈利能力资料，是管理会计要提供的重要管理信息之一。因为利润的规划和经营管理中许多重要的决策，都要以每种产品的盈利能力作为考虑的重要依据。而每种产品的盈利能力可通过其"贡献毛益"来综合表现。所谓"贡献毛益"又称边际贡献，是指产品的销售收入扣减其变动成本之后的余额。所以，各种产品的贡献毛益正是其盈利能力的表现，也是它对企业最终利润所做贡献大小的重要标志。而产品贡献的确定，又有赖于变动成本的计算。

2. 可为正确地制定经营决策以及进行成本的计划和控制提供有价值的资料

以贡献毛益分析为基础，进行盈亏临界点和本量利分析，有助于揭示产量与成本变动的内在规律，找出生产、销售、成本与利润之间的依存关系，并用于预测前景、规划未来（如规划目标成本、目标利润及编制弹性预算等）。同时，这些资料也有利于正确地制定短期经营决策。因为就短期而言，企业现有的生产能力一经形成，在短期内很难改变。

3. 变动成本计算便于和标准成本、弹性预算和责任会计等直接结合

变动成本法在计划和日常控制的各个环节发挥重要作用。变动成本与固定成本具有不同的成本性态，对于变动成本可通过制定标准成本和建立弹性预算进行日常控制。在一般情况下，变动成本的高低，可反映出生产部门与供应部门的工作业绩。完成得好坏应由它们负责。

（二）两种成本计算的比较

变动成本法能为企业提供边际贡献及变动成本等诸多用于企业内部决策和控制的信息资料。两者大致有以下几方面的区别：

1. 应用的前提不同

完全成本计算把全部成本按其经济用途分为生产成本和非生产成本。凡在生产环节为生产产品发生的成本就归属于生产成本，最终计入产品成本；发生在流通领域和服务领域，为组织日常销售或进行日常行政管理而发生的成本则归属于非生产成本，作为期间成本处理。变动成本计算是以成本性态分析为基础，将全部成本划分为变动成本和固定成本两大部分。两种成本计算区别在于对固定性制造费用的处理是不同的。完全成本法下仅把销售费用及管理费用等非生产成本作为期间成本处理，而变动成本法下把生产过程中的固定性制造费用也作为期间成本处理。

变动成本法下将固定性制造费用作为期间成本来处理，是基于以下理由：产品成本应该只包括变动生产成本。管理会计中，产品成本应是那些随产品实体的流转而流转，只有当产品销售出去时才能与相关收入实现配比，得以补偿的成本。按照变动成本的计算结果进行解释，产品成本必然与产品产量密切相关。在生产工艺没有发生实质性变化，成本消耗水平不变的情况下，发生的产品成本总额应当与完成的产品产量成正比例变动。在管理会计中，期间成本是指那些不随产品实体的流转而流转，而随企业生产经营持续期间长短而增减，其效益随时间的推移而消逝，不能递延到一下期，只能于发生的当期计入损益表，由当期收入补偿的成本。与完全成本计算不同的是，变动成本计算下的产品成本不包含固定性制造费用，而是将其作为期间成本，直接计入当期损益。因为，固定性制造费用主要是为企业提供一定的生产经营条件而发生的，这些条件一经形成，不管其实际利用程度如何，有关费用照样发生。因此，固定性制造费用应当与非生产成本同样作为期间成本来处理。

应用的前提条件不同，产品成本及期间成本的构成内容不同，销货成本及存货成本的水平不同，销货成本的计算公式不完全相同，损益计算程序不同，提供信息用途不同。

2. 产品成本及期间成本的构成内容不同

在变动成本计算中，固定性制造费用被作为期间成本直接计入变动成本损益表，无须再转化为销货成本和存货成本，变动成本法下的销货成本和存货成本中只包括变动销货成本和生产成本。采用完全成本计算时，将全部生产成本（包括固定性制造费用）在已销产品和存货（库存产成品和在产品）之间进行分配，从而使一部分固定性制造费用被期末存货吸收并递延到下一会计期间，另一部分则作为销货成本的一部分被计入当期损益。

3. 对存货的估价不同

对于用完全成本法计算的企业，生产产品的全部成本会在期末存货和销售出去的产品中进行分摊，所以固定性制造费用也会一并分摊，期末存货中的固定性制造费用会传递到下一个会计分期。而变动成本法中，因为产品成本是变动生产成本，因而期末存货是按单位变动生产成本计价，不含固定性制造费用，固定性制造费用在当期全额进行扣除，不会递延到下一个会计分期。由此可以看出，完全成本法的存货计价与变动成本法的存货计价是有差别的，且完全成本法下的估价比较高。

4. 企业税前利润计算方式不同

由于两种成本核算方法对生产成本和期间成本的构成不同，因此也会影响企业税前利润的计算方式。完全成本法是以经济职能和用途划分成本，按"传统式"进行损益计算，用销售产品的收入抵扣已销售产品的生产成本，计算出销售毛利，然后用销售毛利减去相关期间成本得出产品销售的税前利润。变动成本法是应用成本性态分析划分成本，用"贡献式"进行损益计算，先用销售收入补偿变动成本，计算出边际贡献，再减去固定成本，计算出产品销售的税前利润。

二、两种成本计算方法的差异

（一）两种成本计算的利润出现差额的根本原因

从上述分析中可以看出：即使前后期成本水平、价格和存货计价方法等都不变，两种成本计算的分期营业净利润可能相等，也可能有差异。两种成本计算的分期营业净利润出现差额的根本原因在于两种成本计算计入当期损益的固定性制造费用水平不同。因为在变动成本计算中，计入当期损益表的是当期发生的全部固定性制造费用；而在完全成本计算中，计入当期损益表的固定性制造费用数额，不仅受到当期发生的全部固定性制造费用水平的影响，还要受到期初存货和期末存货的影响。

通过对两种成本计算方法中成本计算的流程以及营业净利润的计算公式比较分析，可以发现：销售收入在两种成本计算中，计算及结果完全相同，不会导致两者间营业净利润出现不相等。尽管两种成本计算对非生产成本计入损益表的位置和补偿途径不同，但实质相同，都是将其作为期间成本，在当期收入中全部扣除，因此也不会导致两种成本计算营业净利润之间出现差额。只有固定性制造费用在两种成本计算中处理方式不同。这是两种成本计算的直接区别。完全成本计算将固定性制造费用分配计入产品成本，随产品实体的流转而流转。而变动成本计算将其作为期间成本的一部分，直接计入当期损益。这将导致两种成本计算的分期营业净利润可能会出现不同。

在其他条件不变的情况下，只要某期完全成本计算中期末存货吸收的固定性制造费用与期初存货释放的固定性制造费用的水平不同，就意味着两种成本方法计算出的计入当期损益表的固定性制造费用的数额就不同，结果必然会使两种成本计算的当期营业净利润不相等。如果某期完全成本计算中期末存货吸收的固定性制造费用与期初存货释放的固定性制造费用的数额相等，就意味着两种成本计算计入当期损益表的固定性制造费用数额相同，即当期发生的制造费用数额相等，两种成本计算下的当期营业净利润必然相等。两种成本计算的营业净利润差额的变化并非取决于产销之间的平衡关系。当产量不变，或销量不变时，如在产大于销时，完全成本计算的营业净利润大于变动成本计算的结果；反之，产小于销时，完全成本计算却小于变动成本计算的结果。

（二）两种成本计算的利润差额的变化规律

若完全成本计算期末存货吸收的固定性制造费用等于期初存货释放的固定性制造费用，则两种成本计算确定的营业净利润必然相等，其差额等于零。若完全成本计算期末存货吸收的固定性制造费用小于期初存货释放的固定性制造费用，则两种成本计算确定的营业净利润差额必然小于零，即按完全成本计算确定的营业净利润一定小于按变动成本计算确定的营业净利润。整理上述两种成本计算法下分期营业净利润出现差额根本原因，即可得下式：

两种成本计算法下的当期营业净利润差额 = 完全成本计算期末存货的单位固定性制造费用 × 期末存货量 – 完全成本计算期初存货的单位固定性制造费用 × 期初存货量

用完全成本计算期末、期初存货量以及它们各自单位产品所包含的固定性制造费用这四项因素，来计算两种成本计算法下的分期营业净利润的差额，这就是差额的简单算法。利用简单算法公式计算，有助于了解产销平衡关系与营业净利润差额之间的联系：

1. 当期末存货量不为零

当期末存货量不为零，而期初存货量为零时，完全成本计算确定的营业净利润大于变动成本计算确定的营业净利润。此时，期初存货释放的固定性制造费用为零，期末存货吸收的固定性制造费用大于零。后者大于前者，所以，完全成本计算与变动成本计算确定的营业净利润差额大于零。其差额等于本期单位固定性制造费用与期末存货量的乘积。

2. 当期末存货量为零

当期末存货量为零，而期初存货量不为零时，完全成本计算确定的营业净利润小于变动成本计算确定的营业净利润。此时，期初存货释放的固定性制造费用大于零，而期末存货吸收的固定性制造费用为零，前者大于后者，所以，完全成本计算与变动成本计算确定的营业净利润差额就会小于零。

3. 当期末存货量和期初存货量均为零

当期末存货量和期初存货量均为零，即产销绝对平衡时，两种成本计算确定的营业净利润相等。此时，完全成本计算时，期初期末存货中均未含任何成本，亦即所含固定性制造费用也为零，因此，两种成本计算的营业净利润必然相等。

4. 当期末存货量和期初存货量均不为零

当期初、期末单位产品所包含的固定性制造费用相等时，两种成本计算所确定的营业净利润之间的关系取决于当期的产销平衡关系。当期末存货量和期初存货量相等时，完全成本计算时期初存货释放至当期的固定性制造费用数额与期末存货吸收至下期的数额相等。两种成本计算确定的营业净利润相等。其差额等于单位固定性制造费用存货增加量。当期末存货量小于期初存货量时，完全成本计算时期末存货吸收至下期的固定性制造费用数额小于期初存货释放至当期的数额，完全成本计算的营业净利润就小于变动成本计算的结果。

5. 当期末存货量和期初存货量均不为零

当期初、期末单位产品所包含的固定性制造费用不相等时，两种成本计算的分期营业净利润差额与产销平衡关系并无规律性联系。但其差额仍可按上述的简算公式进行计算，即：

两种成本计算法下的营业净利润之差额 = 期末存货单位固定性制造费用 × 期末存货量 – 期初存货单位固定性制造费用 × 期初存货量

（三）变动成本法的特点

1. 有利于企业短期决策与经营控制

变动成本法能够将企业的产量、经营成本以及经营利润等各种经营详细数据提供给企业的管理者，方便管理者开展本量利分析，并为企业的定价等短期决策提供数据参考。生产经营中对产品的成本进行确认时只考虑其中的变动成本，而不考虑固定制造费用。财务经理在编制预算时可以据此数据进行，从而编制更具弹性的预算方案，为企业进行有效的经营控制创造条件。

2. 避免企业产品生产过量现象的发生

完全成本法的应用涉及对制造费用的吸收，并体现在相关产品的成本当中，产品成本计算的完全成本法具体有品种法、分步法、分批法等，无论采用哪一种方法计算产品成本都考虑到了制造费用的计算及分摊。在完全成本法的实际应用过程中常会出现过度生产的现象，财务经理为了实现增加会计利润的目的而过度刺激企业的产品生产，进而导致企业产品存货数量激增，与实际销售情况不符而致使产品存货堆积过量。当企业产生生产过量问题时需采用生产控制系统等措施对问题进行处理。变动成本法的运用弥补了完全成本法的不足，在变动成本法中利润与销量具有一定的关系，因此企业的管理层就更加关注于产品的销量，进而在确定产品生产量时也会考虑到市场需求的变化情况，有效避免了企业产品存货生产过剩。

3. 提升成本计算的效率和成本计价的客观性

应用变动成本法，要求企业将成本按照固定成本、变动成本进行划分，针对混合成本，则要求将其进行分解成固定成本与变动成本两部分。产品成本只有变动生产成本，固定成本属于期间成本范畴内。因此，在变动成本法下，产品生产过程中产生的制造费用，则被归集到期间费用中，不用进行成本分摊。这样一来成本计算的效率则会大大提升，并且不用进行成本分摊，节约时间，也有效避免了固定成本分摊过程中存在的主观影响。

（三）变动成本计算的局限性

1. 采用变动成本计算时会影响有关方面的利益

由完全成本计算改为变动成本计算时，一般会降低期末存货的计价，因而也就会减少企业当期的利润，从而会暂时减少国家的税收收入和投资者的股利收益，影响有关方面当期及时取得的收益。

2. 变动成本计算不能适应长期决策的需要

长期决策要解决的是增加或减少生产能力，以及扩大或缩小经营规模的问题。变动成本法可以为产品定价等短期决策提供参考数据，且对短期经营决策有明显的作用，但不适合长期决策。

3. 变动成本计算不符合传统的成本概念的要求

美国会计学会的成本概念和准则委员会认为"成本是为了达到一个特定的目的而已经发生或可能发生的，以货币计量的牺牲"。依照这个传统观点，不论固定成本还是变动成本都要记入产品成本，而变动成本法下确定的产品成本明显不符合这个概念。

4. 变动成本计算不便于定价决策

在进行产品定价决策时，既要考虑变动成本，也应考虑固定成本，它们都应该得到补偿。但由于变动成本法下计算所确定的产品成本只包括变动生产成本，不包括固定性制造费用，使产品成本不能反映产品生产的全部消耗，不能直接据以进行定价决策。

（四）完全成本计算的特点

完全成本计算是在事后将间接成本分配给各产品，反映了生产产品发生的全部耗费，以此确定产品实际成本和损益，满足对外提供报表的需要。由于它提供的成本信息可以揭示外界公认的成本与产品在质的方面的归属关系，有助于扩大生产，能刺激生产者的积极性，因而广泛地被外界所接受。在完全成本计算下，只要增加产量，产品成本就可以降低。

完全成本计算的缺点是：

第一，完全成本计算下的单位产品成本不仅不能反映生产部门的真实业绩，而且也会掩盖或扩大其生产实绩。

第二，采用完全成本计算所确定的分期损益，其结果往往难于为管理部门所理解，甚至会鼓励企业片面追求产量，盲目生产，造成积压和浪费。有时尽管每年的销售量、销售单价、成本消耗水平等均无变动。但只要产量不同，其单位产品成本和分期营业净利润就会有很大差别。有时销售量尽管远远超过往年，销售单价和成本消耗水平等均无变动，但只要期末存货比往年减少，就会出现营业净利润较往年减少的情况，这也让管理部门难以理解。

第三，采用完全成本计算，由于销售成本未按成本性态将变动成本和固定成本分开，因而在预测分析、决策分析和编制弹性预算时就很不方便。对于固定性制造费用，往往需要经过繁复的分配手续，而且受会计主管人员的主观判断的影响。

完全成本计算是依据公认的会计原则来汇总企业在一定期间所发生的生产费用，并依据计算确定产品成本和分期损益。它主要适用于财务会计系统，用来编制对外财务报告。而变动成本计算是为了满足企业内部经营管理的需要，对成本进行事前规划和日常控制而产生的，它主要适用于管理系统，用来编制对内管理报告，为决策提供有用的信息。同时，也没有必要花费时间和金钱按双轨制原则，额外加一套与完全成本计算平行的按变动成本计算组织的账外账。比较现实可行的办法是按照单轨制的原则，将两种成本计算结合起来，即在日常按变动成本法计算组织核算，随时提供能够满足企业内部需要的管理信息。然后定期将变动成本计算确定的成本与利润信息调整为按完全成本计算模式反映的信息资料，以满足企业外部信息利用者的需要。

第二节　分批法与分步法

一、分批成本法

（一）分批法

分批法以又称为成本计算订单法，是以产品生产的批别或者客户的订单作为成本计算对象，并据以归集生产费用，计算各个批别产品的总成本以及单位成本的一种成本计算方法。这种方法适用于单件小批量、多品种以产品生产的批别或者客户的订单进行生产的企业。

在这一方法下，成本对象的确定有两种方法，一是根据产品批别或客户的订单直接分批组织生产，另一是依据客户的订单并结合企业生产经营的具体情况，按照企业内部订单分批组织生产。

（二）适用范围

这种方法适用于小批生产和单件生产，例如精密仪器、专用设备、重型机械和船舶的制造、某些特殊或精密铸件的熔铸、新产品的试制和机器设备的修理以及辅助生产的工具模具制造等。每件产品或服务所要求的操作不同，确定一件产品或服务的成本的最佳方法是按产品或批次归集成本。

实际工作中还采用一种按产品所用零件的批别计算成本的零件分批法：先按零件生产的批别计算各批零件的成本，然后按照各批产品所消耗各种零件的成本，加上装配成本，计算各该批产品的成本。但是这种方法的计算工作量较大，因而只能在自制零件不多或成本计算工作已经实现电算化的情况下才采用。

（三）西方关于分批法的战略作用

分批成本法可以使管理者能够在产品和顾客、制造方法、价格决策及其他长期问题上进行战略选择，分批法提供的成本信息对企业具有战略重要性，原因有：

第一，企业是通过使用成本领先或产品差异战略来进行竞争的，如果企业采取成本领先战略，而间接费用又十分复杂，则传统的数量型分批成本法不能提供很多帮助。

第二，有关分批成本法的重要战略问题和潜在伦理问题，涉及企业有关分配间接费用和摊派多分配或少分配间接费用的决策。

第三，分批成本法适合服务企业，特别是专业服务企业。追溯直接成本不是主要问题，分配间接费用也不复杂或存在计算困难。

第四，分批成本单可通过四个方面来扩展成战略平衡记分卡，这四个方面是：财务、顾客、内部经营过程、学习与成长。

二、分批成本法的计算过程

（一）分批成本计算单

分批成本计算系统中最基本的支持文件是分批成本计算单。一份分批成本计算单记录和汇总了某一特定对象耗费的直接材料、直接人工和工厂间接费用。

当一项工作的制造或加工开始时，分批成本计算单就开始启动。分批成本计算单为所有的成本项目及管理者选择的其他详细数据提供了记录空间，它伴随着产品一起经过各个加工流程，并记录下所有的成本。

分批成本计算单上记录的所有成本都包含在产品成本控制账户中。在产品控制账户的次级账户是由工作成本单组成的，而这些分批成本计算单包括处理这批工作的当期成本或之前发生的制造成本。

因为每一项工作都有独立的分批成本计算单，一项已经开始尚未结束工作的成本计算单代表了在产品存货控制账户的明细分类账。当一项工作完成后，相应的成本计算就被归拢在代表已完工产品成本的一组成本计算单中。

（二）分批法的步骤及程序

分批法下，产品在开始生产时，会计部门应根据每一份订单或每一批产品生产通知单（内部订单），开设一张成本明细账（即产品成本计算单）。月终根据费用的原始凭证编制材料、工资等分配表，归集各辅助生产的成本，编制辅助生产费用分配表，结算各车间的制造费用和管理部门的管理费用，算出总数，按照规定的分析方法，分别计入各有关产品的成本明细账。月终各车间要将各订单在本车间发生的费用抄送会计部门进行核对。当某订单、生产通知单或某批产品完工、检验合格后，应由车间填制完工通知单。会计部门收到车间送来的完工通知单，要检查该成本明细账及有关凭证是否完整、准确无误。检查无误后，把成本明细账上已归集的成本费用加计总数，扣除退库的材料、半成品以及废料价值，得到产成品的实际总成本，再除以完工数量就是产成品的单位成本。月末完工订单的成本明细账所归集的成本费用就是产成品成本。

三、简化分批法

为了避免任务繁重，在投产批数繁多且月末未完工批数较多的企业中，还采用着一种简化的分批法，也就是不分批计算在产品成本分批法。

（一）简化分批法的含义

简化分批法也称为间接计入费用分配法。这种方法与前述一般的分批法不同之处在于：生产费用的横向分配工作和纵向分配工作，是利用累计间接计入费用分配率。成本计算工作中的横向分配工作与纵向分配工作，在有完工产品时，根据同一个费用分配率一次分配完成。即各批产品之间分配间接计入费用的工作以及完工产品与月末在产品之间分配费用的工作，到产品完工时合并在一起根据同一个费用分配率一次进行分配。

（二）特点

采用这种分批法，每月发生的各项间接计入费用，不是按月在各批产品之间进行分配，而是将这些间接计入费用先分别累计起来，到产品完工时，按照完工产品累计生产工时的比例，在各批完工产品之间再进行分配。其计算公式如下：

1. 全部产品某项累计间接计入费用分配率的计算

$$某项间接计入费用分配率 = \frac{全部产品该项累计间接计入费用总额}{全部产品累计生产工时}$$

2. 某批完工产品应负担的某项累计间接计入费用的计算

$$某批完工产品应负担的某项间接费用 = 该批产品累计生产工时 \times 分配率$$

（三）优缺点及适用条件

由于生产费用的横向分配工作和纵向分配工作，利用累计间接计入费用分配率，到产品完工时合并一次完成，因而大大简化了生产费用的分配和计入工作。月末完工产品的批数越多，核算工作就越简化。

这种方法只适用于在各月间接计入费用相差不多的情况下才能采用，否则就会影响各月产品成本的正确性。如果月末完工产品的批数不多，也不宜采用这种方法。

四、分步成本法及其战略作用

（一）分步成本法

产品成本计算分步法，是按照产品的生产步骤归集生产费用，计算产品成本的一种方法。其成本计算对象是各种产品的生产步骤。

适用分步成本法的是那些经由一系列相似步骤或部门而生产出相似产品的企业。这些企业通常连续、大量生产相似的产品，生产部门或生产步骤所做的工作没有什么差别，制造成本是在每个生产步骤过程中积聚起来的。

（二）特点

第一，成本计算对象是各种产品的生产步骤。

第二，月末为计算完工产品成本，需要将归集在生产成本明细账中的生产费用在完工产品与在产品之间进行费用分配。

第三，除了按品种计算和结转产品成本外，还需要计算和结转产品的各步骤成本。其成本计算对象是各种产品及其所经过的各步骤。其成本计算期是固定的，与产品的生产周期不一致。

（三）分步法成本计算步骤与意义

分步法下计算产品成本，首先要分析产品成本的实物流。计算各成本因素的实物产量，确定各成本因素的总成本，计算各成本因素的单位约当产量成本。将总成本分摊到产成品和期末在产品中去。

根据分步成本法编制部门生产成本报告单有两种方法，即加权平均法和先进先出法，加权平均法在计算单位成本时要包括全部成本项目，即本期发生的成本和上期在产品存货的成本。在这一方法中，上期成本与本期成本加总平均，因此称作加权平均。而用先进先出法计算单位成本时，则只涉及本期发生的成本和工作耗费。

分步成本法能为管理人员提供其做出有关产品和顾客、生产方法、定价决策及其他长期性战略等方面的决策信息。为什么分步成本计算法的相关资料对一个企业具有战略性的重要意义呢？因为，一个企业要想凭借成本领先战略或差异化战略取得竞争优势，如果采用成本领先略，当间接费用很复杂时，该企业应该改变其传统的以数量为基础的分批成本计算法，取而代之的是以作业为基础的分步成本计算法，它能给管理者提供更有用的信息。

五、逐步结转分步法

在采用分步法的大量大批多步骤生产企业中，由于种种原因，成本管理往往需要成本核算提供各个生产步骤的半成品成本资料。原因在于：

第一，各生产步骤所产的半成品不仅可由本企业进行进一步加工，而且还经常作为商品产品对外销售。

第二，有的半成品虽然不一定对外销售，但要与同行业成本进行比较，因而也要计算这种半成品的成本。

第三，有一些半成品，为本企业几种产品所耗用，为了分别计算各种产品的成本，也要计算这些半成品的成本。

第四，在实行责任会计或厂内经济核算的企业中，为了全面地考核和分析各生产步骤内部单位的生产耗费和资金占用水平，成本需要随着半成品实物在各生产步骤之间进行转移，这也要求计算半成品成本。

（一）逐步结转分步法

1. 逐步结转分步法

逐步结转分步法是按照产品加工的顺序，逐步计算并结转半成品成本，直到最后加工步骤才能计算出产成品成本的一种方法。它是按照产品加工顺序先计算第一个加工步骤的半成品成本，然后结转给第二个加工步骤。这时，第二步骤把第一步骤转来的半成品成本加上本步骤耗用的材料和加工费用等，求得第二个加工步骤的半成品成本，如此顺序逐步转移累计直到最后一个加工步骤才能计算出产成品成本。逐步结转分步法就是为了分步计算半成品成本而采用的一种分步法，因此也称计算半成品成本分步法。

2. 逐步结转分步法的适用及优点

逐步结转分步法在完工产品与在产品之间分配费用，是指各步骤完工产品与在产品之间的分配。其优点是：能提供各个生产步骤的半成品成本资料；能提供各生产步骤的在产品实物管理及资金管理资料；能够全面反映各生产步骤的生产耗费水平，更好地满足各生产步骤成本管理的要求。其缺点是：成本结转工作量较大，各生产步骤的半成品成本如果采用逐步综合结转方法，还要进行成本还原，增加了核算的工作量。

（二）综合结转

综合结转法的特点是将各步骤所耗用的上一步骤的半成品成本，以"原材料"或专设的"半成品"项目，综合记入各该步骤的产品成本明细账中。

1. 半成品按实际成本结转

本步骤所耗上一步骤半成品费用 = 半成品实际数量 × 半成品实际单位成本

其中，半成品实际单位成本可用先进先出、全月一次加权平均等方法计算。

2. 半成品按计划成本结转

采用这种方法时，半成品的日常收发均按计划单位成本核算；在半成品实际成本算出后，再计算半成品的成本差异率，调整半成品的成本差异，将半成品的计划成本调整为实际成本。

按计划成本结转的优点：

第一，计划成本结转半成品成本，可以简化和加速半成品收发的计价和记账工作；半成品成本差异率如果不是按半成品品种，而是按类别计算，则可以省去大量的计算工作；如果月初半成品存量较大，本月耗用的半成品大部分甚至全部是以前月份生产的，本月所耗半成品成本差异的调整也可以根据上月半成品成本差异率计算。

第二，便于各步骤进行成本的考核和分析。按计划成本结转半成品成本，在各步骤的产品成本明细账中，可以分别反映所耗半成品的计划成本、成本差异和实际成本，因而在分析各步骤产品成本时，可以剔除上一步骤半成品成本变动对本步骤产品成本的影响，有利于分清经济责任，考核各步骤的经济效益。如果各步骤所耗半成品的成本差异，不调整计入各步骤的产品成本，而是直接调整计入最后的产成品成本中，不仅可以进一步简化和加速各步骤的成本计算工作，而且由于各步骤产品成本中不包括上一步骤半成品成本变动的影响，因而更便于分清各步骤的经济责任，便于考核和分析。

3. 成本还原

从企业角度分析和考核产品成本的构成和水平很重要。因此，企业在管理上要求从整个角度考核和分析产品成本的构成和水平时，还应将综合结转计算出的产成品成本进行成本还原。所谓成本还原，就是从最后一个步骤起，把所耗上一步骤半成品的综合成本还原成原来的成本。成本还原的计算公式如下：

第一，计算成本还原分配率

$$成本还原分配率 = \frac{本月产成品所耗上一步骤半成品成本合计}{本月所产该种半成品成本合计} \times 100\%$$

第二，计算半成品成本还原

还原分配率分别乘以本月所产该种半成品各成本项目的费用可得还原后的各项具体费用数额。

第三，计算还原后成本

还原前产品成品各项费用与的半成品成本还原的各项费用分别相加可得还原后产成品的各项耗费及单位成本。

例如：

第一步骤 产品成本计算单	第二步骤 产品成本计算单	第三步骤 产品成本计算单
月初在产品直接材料 5000	月初在产品直接材料 3000	月初在产品直接材料 5000
月初在产品直接人工 1000	月初在产品直接人工 1000	月初在产品直接人工 1000
月初在产品制造费用 2000	月初在产品制造费用 1000	月初在产品制造费用 2000
本月直接材料　20000	上步骤转入半成品成本　32000	上步骤转入半成品成本　40000
本月直接人工　4000	本步骤直接人工　2000	本步骤直接人工　5000
本月制造费用　6000	本步骤制造费用　3000	本步骤制造费用　5000
生产费用合计　38000	生产费用合计　42000	生产费用合计　58000
完工产品成本合计 32000 其中：	完工半成品成本合计 40000 其中：	完工产品成本合计 50000 其中：
完工半成品直接材料 25000	完工半成品直接材料 28000	完工产品直接材料 35000
完工成品直接人工 3000	完工成品直接人工 5000	完工产品直接人工 7000
完工成品制造费用 4000	完工成品制造费用 7000	完工产品制造费用 8000
月末在产品直接材料 3000	月末在产品直接材料 1000	月末在产品直接材料 5000
月末在产品直接人工 1200	月末在产品直接人工 400	月末在产品直接人工 2000
月末在产品制造费用 1800	月末在产品制造费用 600	月末在产品制造费用 3000

第二次成本还原分配率
24500÷32000=0.77

还原后的各项费用：
半成品成本=0.77×25000=19250
直接人工= 0.77×3000=2310
制造费用=24500-19250-2310=2940

第一次成本还原分配率
35000÷40000=0.875

还原后的各项费用：
半成品成本=0.875×28000=24500
直接人工= 0.875×5000=4375
制造费用=0.875×7000=6125

完工成品成本合计=50000
其中：
直接材料=19250
直接人工=2310+4375+7000=13685
制造费用=2940+6125+8000=17065

（三）分项结转分步法

1. 分项结转法

分项结转法是将各生产步骤所耗半成品费用，按照成本项目分项转入各该步骤产品成本明细账的各个成本项目中。如果半成品通过半成品库收发，那么在自制半成品明细账中登记半成品成本时，也要按照成本项目分别登记分项结转。产品成本项目分项结转时，可以按照半成品的实际单位成本结转，也可以按照半成品的计划单位成本结转，然后按照成本项目分项调整成本差异为实际成本。

2. 分项结转法程序

采用分项结转分步法计算产品成本的流程与综合结转分步法计算产品成本的流程相似，不同的是上一步骤半成品成本要分成本项目转入下一步骤。

例如：

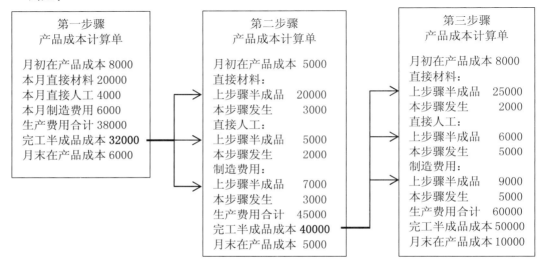

第三节　标准成本控制管理

一、标准成本概论

（一）标准成本的概念

标准成本是经过仔细调查、分析和技术测定而制定的，在正常生产经营条件下应该能实现的，因而可以作为控制成本开支、评价实际成本、衡量工作效率的依据和尺度的一种成本，也称应该成本。标准成本是按正常生产经营条件制定的，并未考虑不能预测的异常变动因素，因而具有正常性。标准成本一经制定，只要制定的依据不变，不必重新修订，所以具有相对的稳定性。采用标准成本时，成本预算应当按照标准成本编制，因此标准成本同预算成本没有质的差别，两种名称常常混用。

（二）标准成本的作用

标准成本的作用有：一是在领料、用料、安排工时和人力时，均以标准成本作为事前和事中控制的依据。二是标准成本的客观性和科学性使它具有权威性。三是采用标准成本，有利于责任会计的推行。标准成本不仅是编制责任成本预算的根据，也是考核责任中心成本控制业绩的依据。四是标准成本是价格决策和投标议价的一项重要依据，也是其他长短期决策必须考虑的因素。五是采用标准成本有利于实行例外管理。六是在产品、产成品和销货成本均以标准成本计价，可使成本计算、日常账务处理和会计报表的编制大为简化。

（三）标准成本的种类

对于应制定怎样的标准成本，众说纷纭。他们提出了许多不同的或大同小异的各种标准成本，这里只介绍其中的理想标准成本、正常标准成本和现实标准成本三种。

1. 理想标准成本

理想标准成本是以现有生产经营条件处于最佳状态为基础确定的最低水平的成本。也就是在排除一切失误、浪费和耽搁的基础上，根据理论上的生产要素耗用量、最理想的生产要素价格和最高的生产经营能力利用程度制定的标准成本。这种标准成本要求过高，会使职工因感到难以达到而丧失信心。

2. 正常标准成本

正常标准成本是根据正常的耗用水平、正常的价格和正常的生产经营能力利用程度制定的标准成本。也就是根据以往一段时期实际成本的平均值，剔除其中生产经营活动中的异常因素，并考虑今后的变动趋势而制定的标准成本。

3. 现实标准成本

现实标准成本是在现有生产技术条件下进行有效经营管理的基础上，根据下一期最可能发生的生产要素耗用量、价格和生产经营能力利用程度制定的标准成本，也称可达到标准成本。这种标准成本可以包含管理者认为有时不可避免的某些不应有的低效、失误和超量消耗，最切实可行，最接近实际的成本，因此既可用于成本控制，也可用于存货计价。在经济形势变化无常的情况下，这种标准成本最为适用。对许多在高度竞争产业中求生存的企业来说，理想标准可以适当地激励工人们去发挥超常努力，然而，如果由于多次不能达到标准而使员工们沮丧，理想标准成本就没有效果。同时，当期可实现标准则会允许低效率。在激烈的竞争环境中，企业从事经营活动过程中的这种允许在战略上是不明智的。理想标准应是预示着最高成就的业绩表现，任何对理想标准的偏离都意味着不完美，对企业来说是不可取的。当今高度竞争环境下，新技术、设备及生产流程经常使现行的标准不再适用。这就要求所有企业要定期重新检查自己制定的标准，并不断改进。

（四）制定标准成本的原则

这里要讲的实际上是制定单位产品标准成本（即成本标准）及其各项依据的原则。可供参考的原则有以下几个：

1. 以平均先进水平为基础

标准成本应该制定在平均先进的水平上，以便只要努力就能达到，甚至超过。这样可以鼓励职工满怀信心地挖掘降低成本的潜力。

2. 充分利用历史资料

制定标准成本必须依据历史成本资料。当需得到可靠和精确的数据时，制造类似产品的历史数据就是确定一项经营活动的标准成本的一条佳径。当确定标准的数据缺少或不充分，且通过作业分析或其他可选择的方法确定的标准成本高出限度时，企业可能会使用历史数据来构建标准。

通过仔细分析制造产品或执行作业的历史数据，管理者据此确定经营活动的适当标准。管理者通常的做法是利用以往一项业务活动平均或中间历史数据作为这项活动的标准，然而想要出类拔萃的企业会使用过去的最好业绩作为标准。在确定标准方面，历史数据的分析通常要比作业分析的耗费小得多。然而依靠过去的标准会带有偏见性，并会承继过去的低效率。因此，还应预测经济形势的动向、供需市场的变动、职工熟练程度的提高、改革技术和改进某些规章制度等因素，在历史水平的基础上做适当的调整。

3. 实行全员参与的原则

标准成本基本上是生产要素的耗用量与单价相乘之积，因此在制定标准成本时除需要会计人员收集和整理资料，并整个制作过程离不开工程技术人员的研究和测定。材料价格和工资费用率的确定离不开采购人员和薪资管理人员的调查和预测。但他们往往有要求从宽的偏向，所以通过同他们的反复商议，最后由上级管理部门拍板定案，也是十分必要的。

4. 可供参考的其他几个因素

企业通常从数条途径来决定它们经营活动的适当标准。这些途径包括作业分析、其他同类企业的标准、市场期望以及战略决策。

（1）作业分析

作业分析是指对完成一项工作、工程或业务活动所需的确认、描述和评价的过程。一项完整的作业分析包括有效完成此项任务所需的所有输入因素和作业活动。这项分析需要来自不同职能部门人员的加入。因为每种产品都是不相同，产品技术人员需要详细确认产品的组成部分。以企业的设施、设备及产品设计的基础，工业设计人员再分析完成该工作和产品所需的步骤和流程。

（2）标杆

制造商协会通常收集产业信息并掌握管理者可用来确定经营标准的数据，同时也收集不属于同一产业，但却与该产业有类似经营活动的其他企业的实际数据，这些都可以作为确定该产业标准的较好依据。

近年来，许多企业不满足于利用同一产业内企业，而是采用任意企业的最佳经营业绩作为标准。利用标杆的好处在于企业以各地的最好业绩作为标准。使用这样的标准有助于企业在当今全球经济竞争中保持较强竞争力，定期检验其标准，并与全球最好业绩相比较，公司能持续在经营上压倒竞争对手。

（3）市场期望与战略决策

市场期望与战略决策通常在标准确定方面发挥着重要的作用，尤其是对使用目标成本的企业。当售价是企业可以期望售出产品的固定价格时，标准成本就是产生产品期望贡献毛益的成本。

战略决策也对产品的标准成本产生影响。追求持续改进和零缺陷战略决策要求企业在最具挑战性的水平下不断地调整其产品的标准成本。

二、标准成本的制定

标准成本的制定通常只针对产品的制造成本，不针对期间成本。对管理成本和销售成本采用编制预算的方法进行控制，不制定标准成本。由于产品的制造成本是由直接材料、直接人工和制造费用三部分组成，与此相适应，产品的标准成本也就由上述三部分组成。

（一）直接材料标准成本的制定

直接材料标准成本，是由直接材料用量标准和直接材料价格标准决定的。

材料用量标准是指生产单位产品所耗用的原料及主要材料的数量，即"材料消耗定额"。它包括构成产品实体和有助于产品形成的材料，以及必要的损耗和不可避免地形成废品所耗用的材料。

材料价格标准是指采购某种材料的计划单价。它以订货合同价格为基础，并考虑各种变动因素的影响，包括买价、采购费和正常损耗等成本。制定材料价格标准时，也应按各种材料分别计算，各种材料价格标准通常由财会部门根据采购部门提供的计划单价分析制定。

（二）直接人工标准成本的制定

直接人工标准成本，是由直接人工用量标准和直接人工价格标准决定的。

人工用量标准即工时用量标准，它是指在现有工艺方法和生产技术水平条件下，生产单位产品所耗用的生产工人工时数，也成为工时消耗定额。制定工时用量标准时，应当由生产技术部门按产品的加工工序和生产部门分别制定各工序工时用量标准。

（三）制造费用标准成本的制定

制造费用标准成本是由制造费用用量标准和制造费用价格标准决定的。制造费用用量标准的制定与上述直接人工用量标准的制定方法相同。

制造费用价格标准即制造费用分配率标准，是指每一标准工时应分配的制造费用预算总额。制造费用价格标准可按下列公式计算：

$$制造费用分配率标准 = \frac{制造费用预算总额}{标准工时总数}$$

（四）单位产品标准成本的制定

在某种产品的直接材料标准成本、直接人工标准成本和制造费用标准成本确定后，就可以直接汇总计算出单位产品标准成本。汇总时，企业通常要按产品名称设置"产品标准成本卡"，列明各成本项目的用量标准、价格标准和标准成本。采用变动成本法计算时，单位产品标准成本由直接材料、直接人工和变动性制造费用三个成本项目组成；而采用完全成本法计算时，单位产品标准成本除上述三个成本项目外，还应包括固定性制造费用。

三、成本差异的计算与分析

企业管理重点工作之一便是对产品成本进行日常控制。所谓成本的日常控制，是指在成本形成过程中通过对实际发生的各项成本和费用进行控制和监督，以保证原定的目标成本得以实现的管理活动。管理会计是通过标准成本的编制来规划成本的，但是在日常经济活动中往往由于种种原因，实际发生的成本数额与预定的标准成本会出现差额，这种差额就叫成本差异。

企业为了实现对成本的控制，首先应该计算实际成本偏离标准成本的具体数额，并在此基础上分析差异形成的原因，并及时采取相应的对策，进行必要的矫正，以保证成本目标的实现。

（一）直接材料成本差异的计算与分析

直接材料成本的高低受直接材料价格和直接材料用量两因素影响，因此，直接材料成本差异的计算包括直接材料价格差异和直接材料用量差异两部分。

1. 直接材料价格差异的计算

直接材料价格差异是由于实际直接材料价格脱离标准价格而形成的差异。其计算公式为：

$$直接材料价格差异 = （实际用量×实际价格）-（实际用量×标准价格）$$
$$= 实际用量×（实际价格-标准价格）$$

2. 直接材料用量差异的计算

直接材料用量差异是实际材料用量脱离标准用量而形成的差异，其计算公式为：

$$直接材料用量差异 = （实际用量×标准价格）-（标准用量×标准价格）$$
$$= （实际用量-标准用量）×标准价格$$

3. 直接材料成本差异的计算

$$直接材料成本差异 = 直接材料价格差异+直接材料用量差异$$

4. 直接材料成本差异分析

通过计算确定了直接材料价格差异和直接材料用量差异，对这两种差异产生的原因还需要进行进一步地分析。

（1）直接材料价格差异的分析

直接材料价格差异是由于进行材料采购时，实际支付的价款与标准支付金额之间的差额形成的。材料价格差异的形成通常有以下几种情况：由于材料调拨价格变动或由于市场供求关系的变化引起价格的变动；由于客户临时订货而增加的紧急采购，致使采购价格和运输费用上升；订货数量未达到应有的经济订货量；运输安排不合理，中转期延长，增加了运输费用和途中损耗或由于客观因素造成的运输延误，不得不由铁路运输临时改为空运，形成不必要的浪费；在保证质量的前提下，购入替代材料，降低了采购价格和采购费用；市场调查不充分，造成采购舍近求远，增加了材料运费。

（2）直接材料用量差异的分析

材料用量差异取决于实际用量与标准用量之间差异的性质和程度。材料用量差异的形成原因也是多方面的。比如：约用料而造成损失；工人违反操作规程或出现机器故障而形成材料消耗超标；仓储部门保管不当，造成材料损坏变质；产品设计根据用户要求做出调整，但材料用量标准未做相应调整；更换机器设备使材料用量变更；由于新产品投产，工人操作技术不熟练。

在分析直接人工成本差异时，只有查明原因，才能真正分清责任归属，以便有针对性地采取措施加以改进，降低材料成本。

（二）直接人工成本差异的计算与分析

直接人工成本差异，是指直接人工实际成本与而直接人工标准成本之间的差额。由于直接人工成本是由直接人工工时用量和工资率所决定的。因此直接人工成本差异也包括工资率差异（价格差异）和直接人工工时用量差异（效率差异）两部分。

1. 直接人工工资率差异的计算

直接人工工资率差异 =（实际工时×实际工资率）－（实际工时×标准工资率）

=实际工时×（实际工资率－标准工资率）

2. 直接人工效率差异的计算

直接人工效率差异 =（实际工时×标准工资率）－（标准工时×标准工资率）

=（实际工时－标准工时）×标准工资率

3. 直接人工成本差异的计算

直接人工成本差异 = 直接人工工资率差异 + 直接人工效率差异

4. 直接人工成本差异分析

通过计算确定了直接人工工资率差异和效率差异，对这两种差异产生的原因还需要做进一步地分析。

（1）直接人工工资率差异分析

工资率差异产生的原因主要有以下几个方面：工资制度和工资级别的调整；工资计算方法的改变，计件工资改为计时工资；由于产品工艺过程和加工方法的改变而调整工种结构。工资率差异的产生一般应由生产部门负责，但是在实际工作中往往会出现由于工作安排不当而形成工资率差异。

（2）直接人工效率差异分析

直接人工效率差异的方向和大小取决于实际工时与标准工时之间差异的性质和程度。直接人工效率差异产生的主要原因有以下几个方面：劳动生产率提高或降低；产品工艺过程和加工方法的改变，未能及时调整工时标准；生产计划安排不合理，造成窝工；燃料动力供应中断，造成停工。

直接人工成本差异的责任归属应进行具体分析，查明原因，并由财务部门、采购部门、人事部门、生产部门等相关责任部门承担责任。

（三）制造费用成本差异的计算与分析

制造费用成本差异是制造费用实际发生额和制造费用预算之间的差额，一般按变动性制造费用差异和固定性制造费用差异分别进行计算和分析。

1. 变动性制造费用成本差异的计算

变动性制造费用差异，是指实际变动性制造费用和标准变动性制造费用之间的差额。它是由变动性制造费用耗费差异和变动性制造费用效率差异构成的。

（1）变动性制造费用耗费差异的计算

变动性制造费用耗费差异，是指变动性制造费用实际发生额脱离按实际工时计算的预算额而形成的差异。其计算公式为：

变动性制造费用耗费差异 = 实际发生额－按实际工时计算的预算额

$$= 实际工时 \times \left(\begin{array}{c} 变动性制造费用 \\ 实际分配率 \end{array} - \begin{array}{c} 变动性制造费用 \\ 标准分配率 \end{array} \right)$$

（2）变动性制造费用效率差异的计算

变动性制造费用效率差异，是指变动性制造费用实际工时脱离标准工时而形成的差异。其计算公式为：

$$\frac{\text{变动性制造费用}}{\text{效率差异}} = （\text{实际工时} - \text{标准工时}） \times \frac{\text{变动性制造费用}}{\text{标准分配率}}$$

（3）变动性制造费用成本差异的计算

$$\frac{\text{变动性制造费用}}{\text{成本差异}} = \frac{\text{变动性制造费用}}{\text{耗费差异}} + \frac{\text{变动性制造费用}}{\text{效率差异}}$$

（4）变动性制造费用成本差异分析

确定变动性制造费用成本差异额后，还需要对差异产生的具体原因还需要进一步进行分析。变动性制造费用耗费差异的产生，主要是由于有关各项费用的实际分配率与标准分配率不一致而引起的。

变动性制造费用耗费差异形成的原因主要有以下几个方面：制定预算时考虑不周而使预算数额制定不准确；间接材料价格变化；间接材料质量不合格而导致用量增加；间接人工工资率调整；间接人工人数调整；其他费用发生变化。

变动性制造费用成本差异的责任归属应进行具体分析，如预算数额制定不准确、材料采购价格变化、间接人工工资率调整、其他费用控制不严等，应分别由财务部门、采购部门、人事部门、生产部门等承担责任，以明确责任归属。

3. 固定性制造费用成本差异的计算

（1）双差异计算法

固定性制造费用成本差异应分为耗费差异和能量差异两部分来进行计算。其计算公式为：

$$\frac{\text{固定性制造费用}}{\text{耗费差异}} = \frac{\text{固定性制造费用}}{\text{实际开支额}} - \frac{\text{固定性制造费用}}{\text{预算额}}$$

$$\frac{\text{固定性制造费用}}{\text{能量差异}} = \frac{\text{固定性制造费用}}{\text{标准分配率}} \times \left（\frac{\text{产能标准}}{\text{总工时}} - \frac{\text{实际产量}}{\text{标准工时}}\right）$$

$$\frac{\text{固定性制造费用}}{\text{成本差异}} = \frac{\text{固定性制造费用}}{\text{耗费差异}} + \frac{\text{固定性制造费用}}{\text{能量差异}}$$

（2）三差异计算法

三差异计算法是将固定性制造费用成本差异分为耗费差异、生产能力利用差异和效率差异三部分进行计算的方法。固定性制造费用耗费差异，是指固定性制造费用实际开支总额与固定性制造费用预算额之间的差异。生产能力利用差异，是指在标准分配率下实际工时脱离生产能力标准总工时而产生的成本差异。效率差异是指在标准分配率下实际工时脱离标准工时而产生的成本差异。其计算公式为：

$$\frac{\text{固定性制造费用}}{\text{耗费差异}} = \frac{\text{固定性制造费用}}{\text{实际开支额}} - \frac{\text{固定性制造费用}}{\text{预算额}}$$

$$\frac{\text{固定性制造费用}}{\text{生产能力利用差异}} = \frac{\text{固定性制造费用}}{\text{标准分配率}} \times \left（\frac{\text{产能标准}}{\text{总工时}} - \frac{\text{实际}}{\text{工时}}\right）$$

$$\frac{\text{固定性制造费用}}{\text{效率差异}} = \frac{\text{固定性制造费用}}{\text{标准分配率}} \times \left（\frac{\text{实际}}{\text{工时}} - \frac{\text{实际产量}}{\text{标准工时}}\right）$$

$$\frac{\text{固定性制造费用}}{\text{成本差异}} = \frac{\text{固定性制造费用}}{\text{耗费差异}} + \frac{\text{固定性制造费用}}{\text{生产能力利用差异}} + \frac{\text{固定性制造费用}}{\text{效率差异}}$$

（3）固定性制造费用成本差异分析

确定了各项固定性制造费用的成本差异以后，对固定性制造费用成本差异产生的原因也应根据具体情况进行分析。

①造成固定性制造费用耗费差异的原因

造成固定性制造费用耗费差异主要原因有以下几个方面：管理人员工资的变动；固定资产折旧方法的改变；修理费开支数额的变化；租赁费、保险费等项费用的调整；水电费价格的调整；其他有关费用开支数额发生变化。耗费差异责任应由有关的责任部门负责。

②造成固定性制造费用能量差异的原因

形成能量差异的主要原因有以下几个方面：原设计生产能力过高，生产不饱满；因市场需求不足或产品定价策略问题而影响订货量，造成生产能力不能充分利用；因原材料供应不及时，导致停工待料；机械设备发生故障，增加了修理时间；能源短缺，被迫停产；操作工人技术水平有限，未能充分发挥设备能力。形成的耗费差异应由有关的责任部门负责。

第四节　目标成本管理

一、目标成本管理的特点

目标成本管理不同于目标成本。目标成本作为企业一项重要的经营管理目标，是现代成本概念之一，是目标概念和成本概念的统一，同时兼有目标属性和成本属性两重属性。它一般包括三个相互联系的方面：目标成本、单位产品成本目标、成本降低目标。作为成本概念，它是企业作为奋斗目标和控制指标而预先制定的低于目前成本且经过努力去实现的成本。它具体是指企业在生产经营活动中，把成本目标从企业目标体系中抽取和突出出来，围绕成本目标开展各项成本管理活动和其他管理活动，用它来指导、规划和控制成本的发生和费用的支出，借以达到提高经济效益的目的。可见，它是一种有效地降低成本，提高企业经济效益的手段，是一种科学的现代成本管理方法。综上所述，目标成本和目标成本管理两者是辩证统一的关系。

目标成本管理是目标管理与成本管理的统一。目标成本管理的特点是由目标管理的特点决定的。它具有以下特点和要求：

（一）一种面向未来的成本管理

目标成本管理要求企业的成本管理必须有个明确的成本奋斗目标或成本控制指标，把成本管理工作的重点放在企业未来产品成本的降低上，围绕成本的降低扎扎实实地开展目前的成本管理工作，通过对成本发生和费用支出过程的有效控制，保证成本目标的实现。

（二）一种超前型的成本管理

目标成本管理要求企业的成本管理，在事先必须进行成本的科学预测和可行性研究，制定出正确的成本目标，并依据成本目标进行成本决策和成本计划，制定最优的成本方案和实施措施，预先考虑到成本变动的趋势和可能发生的情况，提前做好准备和安排，采取妥善的预防性措施，从而把成本的超支和浪费消灭在成本发生之前。

（三）一种具有积极主动性的成本管理

目标成本管理要求企业的成本管理必须充分调动成本管理人员、其他各级管理人员以及一切与成本发生有关的人员的积极性、主动性、创造性，使他们积极主动地围绕成本目标的实现，主动地控制和消灭超支或浪费现象的发生。尤其是企业高层管理人员和成本管理专业人员，要开展调查研究，及时发现问题和解决问题，敢于开拓创新，主动正确指导成本管理工作的开展，为下级人员创造和提供成本降低的条件，这样才能使目标成本的实现成为现实。

（四）一种全面性的成本管理

目标成本管理要求企业的成本管理必须实行全环节、全过程和全体人员参加的成本管理。因为产品成本是企业的一项综合性经济指标，它的形成贯穿于企业生产经营活动的全过程，与企业所有部门、单位和工作人员的工作质量有关。因此要使目标成本实现就必须做到：

第一，实行成本管理各环节相统一的管理。即围绕目标成本认真做好成本预测、决策、计划、控制、分析、考核、核算工作，使这些成本管理的环节相互衔接，相互保证。

第二，实行企业内部全过程、全方位的成本管理。即围绕目标成本对产品成本形成的全部过程进行管理，控制每个阶段、每个方面的成本发生情况，改变过去那种只重生产、销售过程的单一过程的成本管理。

第三，实行企业内部各单位全体人员都要参加成本管理工作。即围绕目标成本，动员企业各级、各部门、各单位以及每个岗位上的工作人员都来参与成本管理工作，不仅厂部、会计部门和专职成本管理部门要参加，还要增强企业内部每位员工的成本意识和观念，改变过去那种只由成本专职管理人员参加，缺乏全员参与监督意识的成本管理。

（五）一种系统性的成本管理

目标成本管理要求企业在成本管理中，要以系统论的原理来指导成本管理工作。因为目标成本是企业系统整体功能作用发挥的未来结果，要实现目标成本，就要协调好企业系统内部各子系统、各要素之间的生产技术关系和人际关系，保证充分发挥各个系统要素对成本控制的作用，改善过去那种无系统整体观念，不注重协调配合的成本管理。

（六）一种民主型的成本管理

目标成本管理要求企业在成本管理中制定的目标成本必须先进可行的。制定目标成本要有群众参与，上下协商，目标成本的分解、落实要与经济责任制相结合，使每个人既有明确的成本控制方向和任务，又有确定的成本责任，还要有相应的物质利益作为动力。

（七）一种重视效益的成本管理

目标成本管理要求企业在成本管理中，必须把提高或保证效益作为成本管理工作的出发点和归宿。因为成本反映企业的消耗水平，直接决定着企业的经济效益，因此，目标成本管理工作，必须以提高效益为指南，注重成本效益分析，把提高经济效益放在突出位置，用实际成果、贡献来评价、衡量各部门和人员的工作。

最后，目标成本管理还是一种综合性的成本管理。即它能够综合地运用各种成本管理理论和方法以及其他有关的管理理论和方法，吸收和利用这些理论和方法来为目标成本管理服务，保证目标成本的实现。如依据现代成本概念科学划分成本性态，按成本性态实行分级管理；与全面成本管理、责任成本管理、质量成本管理、计划（定额）成本管理等有机结合起来，共同为实现目标成本服务；引进经济数学模型，使目标成本管理实现定量化；应用电子计算机技术，建立成本信息反馈系统，使目标成本管理手段现代化等。

二、目标成本的预测

目标成本管理作为一种全局性、关键性、综合性的成本管理，其内容包括目标成本管理过程中目标成本的预测和确定，实施与控制，考核与总结四个阶段的工作和一些必要的基础性工作。其中，目标成本的测定是目标成本管理的第一步工作和首要环节，是目标成本分解与落实，实施与控制，分析与考核的前提。

（一）目标成本预测的特点

目标成本的预测，是指对企业在未来一定时期应以何种成本水平为适宜目标所进行的预测，它与一般的成本预测相比，既有联系，又有区别，即具有自己的特点。二者虽然都要依据各种因素的变动与成本变动的因果关系，全面分析各种因素对成本的影响方向及其程度，对未来一定时期的成本变动趋量和水平做出预见。但目标成本的预测更注重充分考虑和研究企业内部的各种潜力和采取各种积极措施去降低成本的可能及影响。一般成本预测的结果只是未来一定时期成本变动的一般趋势和水平，只是为制定一般的成本计划提供依据；而目标成本的预测，则是要在一般成本预测的基础上，进一步测算出未来一定时期经过主观努力使成本变动尽可能达到的理想水平或最佳水平。目标成本的预测虽然要运用成本预测的一般方法，但在运用中又带有自己的特点，并且还具有自己的一些特有方法。

（二）目标成本预测的目的

目标成本预测的目的主要有以下两个方面：

第一，目标成本预测的直接目的是测出目标成本考值，为目标成本的最后确定提供基础依据。

第二，目标成本预测的间接目的是找出差距，挖掘潜力，拟出措施，为目标成本的实施与控制以及实现奠定基础。目标成本预测的过程，同时就是针对有关因素找差距、挖潜力、想措施的过程，这是由目标成本预测的特点决定的。

（三）目标成本预测的内容

目标成本预测的内容有广义与狭义之分。广义地说，它不仅包括对各种直接间接因素对成本变动影响的预测，对成本项目和总成本变动趋势及水平的预测以及在上述预测基础上进行的目标成本本身数据的预测，还包括对各种影响成本变动因素的本身变动情况的预测。就目标成本本身的数据预测来说，主要包括以下几个方面：

第一，目标总成本的预测。

第二，单位产品目标成本的预测。

第三，成本降低目标的预测。

以上三个方面互相联系，互相制约，再加上据此进行的基础性预测，共同构成一个有机的完整的目标成本预测内容体系。这里只对狭义的预测内容进行阐述。

（四）目标成本预测的步骤和方法

目标成本的预测是在广泛调查、收集、整理、分析企业历年成本资料和国内外有关资料的基础上进行的，一般要分以下几个步骤进行：

第一，明确预测的目的、内容和要求。

第二，确定上述三种目标的预测次序。在预测时，可根据具体情况和资料，或先预测目标总成本，然后预测单位产品目标成本，再预测成本降低目标。但一般来说，要按第一种次序进行。

第三，根据预测目标和资料，选择适当的预测方法。

第四，按照次序，利用资料和应用选定的方法（有的方法要建立数学模型）进行实际的预测。

第五，分析和估计每种目标的预测误差，修改初步预测值，或修改、补充原来的预测模型，重新进行预测。

第六，初步确定各项目标成本值，并写出预测报告。

目标成本无论哪个方面的预测，都必须借助适当的科学方法来进行。方法选得是否适当，运用得是否正确，是保证预测结果符合要求的重要前提。因为每一种预测方法都有自己的适用范围条件及优点，所以各个企业在实际预测时，都要根据自己的生产经营特点、具体情况和掌握的实际资料，按照预测期限的长短和准确程度的要求以及费用的多少综合加以选择。对各种预测方法下得出的数据进行对比、验证、选择或权衡统一，将所应用的各种预测方法进行综合后形成了目标成本预测方法体系。

三、目标成本的分解

从大的方向而言，在考虑目标成本的分解时，应结合考虑其落实。因为目标成本的分解与落实紧密相连，前后相随，分解是落实的手段和前提，落实是分解的目的和最后结果，两者统一构成目标成本管理的一个中间环节。因此，这里仅以分解为主体进行阐述。

（一）目标成本分解的内涵与意义

所谓目标成本的分解，就是将上一阶段测定的目标成本值（即目标总成本、单位产品目标成本和成本降低目标的数额），按照一定的要求，采用一定的形式和方法，进行科学的划分、解剖和展开，化"大"为"小"，使之具体化、细小化、单元化，尽可能地变为若干较小的分、子目标，从而形成一个由相互联系、相互制约的分、子目标构成的有机的目标成本体系，更好地完成和实现对目标成本进行批评全面、具体的控制、分析和考核。

（二）目标成本分解的原则

1. 要按照整分合原则和协调平衡的原则来进行

即一方面分解前要以测定的目标成本值为对象，另一方面分解之后又要保证各分、子目标之和与被分解的目标成本值相等；同时分解之后仍要保证目标总成本，单位产品目标成本和成本降低目标三者之间的平衡。最后，要做到上下各级、各个目标的综合平衡。

2. 要根据成本的具体内容来进行

企业尽量将目标成本分解到最小单元或单位，即分解要做到底到边，直到不便再进行分解为止。这样，才有利于全面、具体的落实，更好的控制、分析和考核；相反，该分的没分，或分得不细、不透彻，落实起来就比较困难，控制、分析和考核也达不到应有的力度。

3. 要按照目标和目标成本特性的要求来进行

目标是有层次的，目标成本也可以进行分解。企业要将目标成本分解成分目标、子目标，使分解的分、子目标同样具有目标和目标成本的特性。

4. 要结合企业产品生产、技术和经营管理的特点来进行

企业要结合企业产品生产、技术和经营管理的特点，科学地选择分解的具体依据和方法，确定分解的层次以及分解后分、子目标数量的多少。

总之，分解要考虑到落实、控制、分析和考核的要求和需要，要便于责任划分，使分解的分、子目标个个都能得到落实，使分解的各分、子目标能真正成为它们的依据和标准。

第五节　责任成本管理

一、责任成本制度

（一）责任成本的作用

随着企业经营的日益复杂化和多样化，企业大型化、跨国化和多角经营化的趋势越来越明显，致使企业内部的经营管理日趋复杂。在行为科学管理理论的影响下，许多企业实行了某种形式的分权管理制度，即将决策权随同相应的责任下放给基层经理人员，而最高层管理者就可将有限的时间和精力集中于企业最重要的"战略决策"。实施分权管理的好处是信息的专门化。这是指由于信息的专门化使企业的高级管理层在分享下级部门的信息时遇到了更多的困难；下级管理人员要将其拥有的所有相关信息都传递给高级管理层非常困难，高级管理层要全面了解企业信息并做出正确判断同样也是非常困难的。因为许多由观察得到的信息是很难数量化的，甚至难以用语言表达，企业管理层要迅速做出反应是很困难的。

企业越是下放经营管理权，越要加强内部控制。于是很多大型企业将所属各级、各部门按其权力和责任的大小划分为各种成本中心、利润中心和投资中心等责任中心，实行分权管理，其结果是各分权单位之间既有自身利益，又不允许各分权单位在所有方面像一个独立的组织那样进行经营。因此，如何对分权单位的经营业绩进行计量、评价和考核，就显得尤为重要，责任成本制度就是为了适应这种要求而产生的。在企业责任成本下，分权管理的使各分权单位之间具有某种程度的相互依存性，主要表现在各分权单位间的产品或劳务的相互提供；同时分权单位有时为了自身的利益，有可能采取一些有损于其他分权单位甚至整个企业利益的行为。责任成本正是企业加强内部控制的一个有效工具。它是将企业划分成各种不同形式的责任中心，授予基层单位的权力和责任以及对其业绩的计量、评价和考核方式，并建立起以各责任中心为主体，以责、权、利相统一的机制为基础，通过信息的收集、加工和反馈形成企业内部严密的控制制度。

构建责任成本模式，并实现成本核算精细化，需要企业在不断实践中积极总结经验进行改革创新，制定企业总量控制原则，将成本控制责任逐层拆立，确定承担管理和技术责任的责任部门，构建健全的责任成本管理体系。责任成本拆分时，应结合企业实际情况，遵循横纵向分解原则，明确成本责任主体，贯彻成本责任，实现联动成本指标体系。譬如在产品开发阶段，应积极重视成本支出。由于产品开发设计作为核心环节之一，直接决定后期产品结构、技术性能，因此企业在产品设计开发阶段，就应做好以下三方面工作：其一，责任成本确定，依照上述原则，科学合理编制成本预算，通过倒退方式确定责任主体；其二，责任成本分解，依照责任部门权责，结合成本费用支出进行成本确定及控制；其三，进行综合性成本费用管理，建议使用零基预算管理模式，逐项确定责任成本，逐项进行成本效益分析，以实现成本管理效益最大化。

（二）责任成本的主要内容

责任成本既是会计资料同责任中心紧密联系起来的信息系统，也是强化企业内部管理所实施的一种内部控制制度。企业实行责任成本的具体形式会有所差别，主要内容包括以下几个方面：

1. 建立责任中心

实行责任成本，首先应根据企业组织结构的特点，按照分工明确、权责分明、业绩易辨的原则，合理灵活地划分责任中心，使各责任中心在企业所授予的权力范围之内，独立自主地履行职责，并以责任中心作为责任成本的核算对象。

2. 建立健全责任成本核算制度

为了对责任中心进行有效控制，必须建立一套完整的日常记录、核算和考核有关责任预算执行情况的信息系统，及时报告责任中心执行责任预算的情况，并针对预算执行差异进行调查分析，迅速采取有效措施加以纠正，即进行反馈控制。因此企业要有一套完整的责任成本核算制度，以保证控制所需信息的相关性、适时性和准确性由于不同责任中心的控制范围不同，因此各责任中心的核算内容和核算方法亦有所不同。

3. 进行责任考核

责任中心业绩考核标准应当具有可控性、可计量性和协调性等特征。为此责任预算应既先进又可行，既全面又有重点，使之真正成为责任中心的奋斗目标和完成企业全面预算的基础。

首先，责任成本制各责任中心在执行责任预算的过程中，一方面应实行自上而下的控制，上级责任中心对所属的下级责任中心进行全面控制，另一方面各责任中心应进行自我控制。其次，各责任中心要根据业绩报告，对照责任预算，找出差异，调查分析产生差异的原因，判明责任，奖惩分明。通过对责任中心工作成果的评价考核，总结成功的经验，揭示存在的不足，为编制下一任期预算提供资料。为此，企业必须制定一套完整、合理和有效的奖惩制度，以适应责任考核，并有助于实现责任中心权、责、利的统一。

企业内部各责任中心是互相联系的。在处理相互经济关系时，应公平合理，一视同仁，才能起到应有的激励作用。在编制责任预算时，应避免由于内部转移价格制定不当而导致不能体现"等价交换"的状况；在制定奖惩措施时，要使各责任中心都感到目标是公正合理的、可实现的，经过努力完成目标后所得到的奖励与报酬同所付出的劳动相比是值得的，避免因奖惩不公平而挫伤企业职工的积极性与创造性。

为了保证企业和责任中心对各自生产经营活动的有效控制，有关负责人需要及时掌握责任执行情况的准确信息，以便对发生的执行差异做出及时、恰当的调整，加强对责任中心的控制，使各自的目标最终得以实现。

二、责任中心

（一）成本中心

1. 成本中心的定义

成本中心是指有权发生成本或费用并对其负责进行控制的部门，成本中心的工作成果不会形成可以用货币计量的收入，或其工作成果不便于或不必进行货币计量，而只计量和考核发生的成本或费用。成本中心的职责就是以最低的成本费用按质按量按时去完成预定的具体任务。一个成本中心可以由若干个更小的成本中心所构成。

2. 成本中心的分类

第一，根据范围分。

（1）生产车间

生产车间包括基本生产车间和辅助生产车间。在不同的企业中，生产车间的设置原则可能有所不同，管理权限也会有所差别，因此生产车间定为何种责任中心，应根据具体情况来确定。如果生产车间通常只发生生产耗费，不取得收入，而且不拥有供、产、销等方面的权限，一般可以定为成本中心。

（2）仓库

包括材料仓库、半成品仓库和产成品仓库。这些仓库分别负责各自对象的收、发、保管业务。其共同的特点是既要占用一定的资金，也要发生一些费用。

（3）管理部门

这里所说的管理部门是指企业的大多数职能部门，包括供应部门、生产部门、会计部门等。其共同特点是既要对职能履行的结果负责，也要为自身的经费支出负责。从考核的角度讲，上述职能部门通常只是考核其费用支出的数额，因此它们往往也被称为费用中心。

第二，按管理层次分为。

如果说按管理范围划分成本中心是横向的，那么按管理层次划分则是在横向划分的基础上，对成本中心进行纵向的划分。

（1）车间——班组——个人三级成本中心

车间一般应定为成本中心，企业在成本方面的目标能否完成，主要是取决于企业内部各车间的工作情况。班组是车间的基层组织机构，客观上存在着可控成本，所以如有可能，也应作为一级成本中心。班组所负的责任成本可以进一步分解落实到每一个生产工人，建立以个人为单位的责任中心。

（2）仓库——保管人员两级成本中心

企业各个仓库分别从属于不同的管理系统：材料仓库属于供应管理系统；半成品仓库属于生产管理系统；产成品仓库属于销售管理系统。各仓库仓管人员要妥善地管理好各库存存货，降低存货损坏率，从而达到降低成本的目的。

（3）管理部门——管理人员两级成本中心

对职能管理部门的工作进行量化考核是一项具有相当难度的工作。首先是各职能部门的工作性质有很大差别；其次是各职能部门在行使职能时会出现交叉，尤其是在生产领域。此外，管理人员的个人能力和积极程度弹性较大，也增加了考核的难度。在新的经济竞争形势下，企业在注重效益同时，还要不断挖掘与开发自己的竞争能力。管理效率的高低已成为现代企业竞争力的表现形式之一。最大限度地发挥管理部门和管理人员的能动性是保持企业优势的关键助力和降低成本的保证。

第三，根据成本是否明确分为标准成本中心和费用中心。

标准成本中心必须是所生产的产品稳定而明确，并且已经知道单位产品所需要的投入量的成本中心。其典型代表是制造业工厂、车间、工段、班组等。因此，各行业都可以建立标准成本中心。比如银行根据经手支票的多少，医院根据接受治疗的人数多少，快餐业根据售出的盒饭多少等，都可建立标准成本中心。

费用中心适用于那些产出物不能用货币来计量或投入与产出之间没有密切关系的部门。对于费用中心而言，唯一可以准确计量的是实际费用，但难以通过投入和产出的比较来评价其效果和效率，往往只能根据实际费用与费用预算之间的差异来评价考核其工作成绩。此时应注意两种情况：一是有些费用中心可能由于工作开展得多和目标完成得好而产生有利差异；二是有些费用中心则可能由于工作不力，敷衍了事而产生了不利差异。

3. 成本中心的考核指标

标准成本中心的考核指标，是既定产品质量和数量条件下的标准成本。标准成本中心不需要做出价格决策、产量决策或产品结构决策，这些决策由上级管理部门做出，或授权给销货单位做出。标准成本中心的设备和技术决策，通常由职能管理部门做出，而不是由成本中心的管理人员自己决定。因此，标准成本中心不对生产能力的利用程度负责，只对既定产量的投入量承担责任。如果采用全额成本法，成本中心要对除闲置能量差异外的其他固定成本差异承担责任。如果标准成本中心的产品没有达到规定的质量，或没有按计划生产，则会对其他单位产生不利的影响，因此，标准成本中心必须按规定的质量、时间标准等来进行生产。这个要求是"硬性"的，很少有伸缩余地。标准成本中心的产品质量和数量有良好的量化方法，如果能以低于预算水平的实际成本生产出相同的产品，则说明该中心业绩良好。

确定费用中心的考核指标是一件困难的工作。由于缺少度量其产出的标准，以及投入和产出之间的关系不密切，运用传统的财务技术来评估这些中心的业绩非常困难。费用中心的业绩涉及预算、工作质量和服务水平。一般我们使用费用预算来评价费用中心的成本控制业绩。依据一个费用中心的工作质量和服务水平来确定预算数额的方法通常有以下两个：一是考察同行业类似职能的支出水平。另外一个是零基预算法，即详尽分析支出的必要性及其取得的效果，确定预算标准。还有许多企业依据历史经验来编制费用预算。越是勤俭度日的管理人员，将越容易面临严峻的预算压力。预算有利差异只能说明比过去少花了钱，既不表明达到了应有的节约程度，也不说明成本控制取得了应有的效果。从根本上说，决定费用中心预算水平有赖于专业人员的判断。上级主管人员应信任费用中心的经理，并与他们密切配合，通过协商确定适当的预算水平。

(二) 利润中心

1. 利润中心的定义

成本中心的决策权力是有限的。标准成本中心的管理人员可以决定投入，但产品的品种和数量往往要由其他人员来决定。费用中心为本企业提供服务或进行某一方面的管理。利润中心是指既能控制成本，又能控制销售和收入的责任中心。它不但要对成本、收入负责，而且还要对收入与成本的差额即利润负责，可以说是收入中心，但因企业一般不授予其定价权，因此纯粹的收入中心是不存在的。在一个企业中，利润中心往往处于较高的层次。各利润中心都自成一体，独立经营，但也相互协调，共同实现企业总目标。

利润中心有两种类型：一是自然的利润中心。这种利润中心有产品销售权，能直接对外销售产品或提供劳务，从而取得实际的销售收入，就像一个独立经营的企业一样。这里所说的自然利润中心价格制定权的大小是以企业内部职能如何划分来确定的，而对一个企业来说，理应完全拥有价格制定权。现实的情况是某些企业的包括产品定价权在内的经营决策权并未完全落实。

一般来说，利润中心被看成是一个可以用利润衡量其一定时期业绩的组织单位。但是，并不是可以计量利润的组织单位都是真正意义上的利润中心，利润中心组织的目的是激励下级制定有利于整个公司发展的决策并努力工作。如果仅仅规定一个组织单位的产品价格并把投入的成本归集到该单位，并不能使该组织单位具有自主权或独立性，影响利润中心功能的发挥。

2. 利润中心的考核

对利润中心业绩的评价与考核，主要是通过一定期间实际的利润同责任预算中所确定的预计利润进行比较，进而对差异形成的原因和责任进行具体剖析，借以对其经营上的得失和有关人员的功过做出全面而公正的评价。

（三）投资中心

投资中心是指既能控制成本和收入，又能对投资进行控制的责任部门，投资中心是对投资负责的责任中心，而投资的目的在于获取利润，所以投资中心同时也是利润中心。不过利润中心只有短期经营决策权，投资中心则同时拥有短期经营决策权和投资决策权，因此投资中心权力更大，责任也更大，更应注重投资效益，着眼长远的利益。投资中心是分权管理模式的最突出表现。

根据投资中心生产经营活动的特点，通常以投资利润率和剩余收益作为评价考核投资中心经营业绩的主要指标。

1. 投资利润率

投资利润率是投资中心所获得的利润与投资额之间的比率，其计算公式是：

$$投资利润率 = 利润 / 投资额$$

投资中心要提高投资利润率，可以采用不同的策略。一般来说，提高投资利润率的主要途径有如下三条：

（1）增加销售

使销售增加幅度大于费用增加幅度。同时，在资产总额保持相对稳定的前提下，设法增加销售。

（2）降低成本费用

降低约束性固定成本、变动成本及酌量性固定成本。由于约束性固定成本与生产能力形成有关，生产能力一经形成，再想改变它就难了，而变动成本的降低也有难度，因此投资中心经理往往首先要对酌量性固定成本"开刀"，如削减研究与开发费用、职工培训费用、广告费等。

（3）减少资产投资额

减少资产投资额主要通过：一是减少不必要的生产性固定资产占用，如对不需用的固定资产进行适当处理等；二是减少不必要的存货占用；三是尽量压缩非生产性资产占用；四是加快存货周转、应收账款周转等。

用投资利润率来评价投资中心业绩比较客观，可用于部门之间，以及不同行业之间的比较。投资人非常关心这个指标，公司也十分关心这个指标，用它来评价每个部门的业绩，促使其提高本部门的投资利润率，进而促进整个企业投资利润率的提高。投资利润率指标也有不足，有些部门经理为了本部门的短期利益，会放弃高于资本成本而低于部门投资利润率、但对于企业长期发展更有利的机会。

2. 剩余收益

$$剩余收益 = 部门边际贡献 - 部门资产应计报酬$$
$$= 部门边际贡献 - 部门资产 \times 资产成本$$

剩余收益是绝对数指标，不便于不同部门之间的比较。规模大的部门容易获得较大的剩余收益，而它们的投资利润率并不一定很高。如果仅根据剩余收益指标对投资中心经营业绩进行评价考核，会再次体会到决策与评价业绩之间的矛盾。当出现失衡现象时，势必会影响到相关部门员工的积极性。

第六章　企业内部控制的要素分析

在大数据背景下，宏观经济环境的不断变化，一场网络信息风暴悄然来袭。在我们关注其为企业带来的机遇和经济发展的同时，却忽略了企业内控制度应与时俱进，企业应运用新技术新方法辨别和评估新兴技术手段给企业带来的影响，并采取相应措施降低风险。大数据时代是革新的时代，能否抓住机遇，迎接挑战，提高内控风险应对能力，是每个企业应该思考的问题。

第一节　企业内部控制的概述

一、内部控制的概念

COSO 框架中定义内部控制为：为确保管理层的风险应对措施被执行而采取的政策和程序。控制活动在整个企业的各个部分、各个层面以及各个职能上发生，包括批准、授权、审核、调整、经营业绩评价、资产安全以及职责分离等一系列的活动。

简单地说，内部控制就是企业为了实现其经营目标，保证经营活动的经济性、效率性和效果性而在企业内部采取的自我调整、约束、规划、评价和控制的一系列方法、措施的总称。

内部控制具有以下特点：

内部控制既然是一个组织内部的牵制和平衡，那么内部控制设计问题自然就变得非常重要。比如职责分离的设计、控制制度的设计、组织架构的设计等，都是企业内部控制制度设计的关键所在。良好的内部控制系统离不开良好的组织设计和制度安排。

同时，内部控制也是一个企业文化问题。任何一个企业内部控制是不是完善，是不是得到有力的执行，在很大程度上取决于企业的文化氛围，取决于企业的控制环境，取决于高层的态度和认识。这就要求企业高层首先应该对内部控制有足够的认识、认同和支持，另外高层也应该按照自身内部控制的要求去行使自己的职权。

内部控制是企业经营正常运行的保证，但内部控制也有一些局限性。这就像是测量工作中的误差，只能尽量减少和避免，但难以完全消除误差。因此，那种认为有了内部控制就可使公司经营高枕无忧的想法是不切实际的。内部控制可能因为以下几个因素影响而失效。

1. 人为因素使内部控制失效

内部会计控制制度是由人设计建立的，发挥作用的关键在于执行人员的实际运作水平。任何"完美的"内部会计控制系统，都会因设计人的经验和知识水平的限制而造成带有缺陷的员工对控制责任的误解。当事人和执行者在执行时的麻痹大意、玩忽职守、心存侥幸等均可使内部控制效率下降。这就要求高层管理者要加强和员工的沟通，采取必要的奖惩措施，使员工认识到内部控制的重要性，遵守内部控制的规定。同时，高层管理者应该给员工做出遵守内部控制措施的表率。

2. 时间推移使控制措施逐渐失效

企业处在一个不断变动的市场中，但其内部会计控制制度一般都是为曾经发生、重复发生的业务而设计的，这也使其对不正常的或未能预料到的"例外"业务类型失去控制力。公司的内部经营环境、外部法律和市场环境会随时间的推移而发生变化，使得原有内部控制措施不能永远有效，不能永远适应公司的经营和战略发展的需要，所以内部控制也应与时俱进、不断更新。

3. 外部力量的干扰也会影响到内控措施的效力

外部力量的干扰会在不同程度上影响企业内控措施的实施或实施效果。举例来说，行政力量的干预、不可抗力均可影响一个企业内控措施的执行。

4. 管理层违规导致内控乏力

任何人都不能凌驾于法律之上。内控制度相当于企业的内部"规章"，企业中任何人都不可能不受内部控制措施的约束。如果企业内部行使控制职能的管理人员不能正确地履行自己的职能，而滥用职权、营私舞弊，那么即使内部控制制度设计得再完美，也不会发挥其应有的效能。当然，内部控制的具体措施针对不同的人，要求应该是不一样的。企业强调的制度面前人人平等，以防止违反或利用职权践踏内部控制的行为，并对违反内部控制措施的行为进行严格监控。对管理层而言这一点尤为重要，因为上梁不正下梁歪，高层决定基调。

5. 失控的资产和信息接触降低内控效力

企业应通过对直接接触资产行为的控制、对资产取得和使用合法性的控制，以及对接触信息的控制来确保内部控制的有效性，防止资产流失和信息外泄。

6. 形式主义危害内部控制

内部控制贵在执行。很多时候，控制制度表面看起来非常完善，但是没有被有效执行或没有被全面执行。内部控制制度一定要实用可行，形式主义反而会适得其反，不能切实予以执行的内部控制制度的作用是微乎其微的。

二、企业内部控制的目标和原则

（一）内部控制的目标

1. 保证法律、法规和企业内部规章制度的贯彻执行

无论是什么企业首先都生存在一个社会环境当中。遵守相应的法律、法规是任何一个企业首先需要遵循的。同时，任何企业一般都会形成一套企业自己的内部规章制度。一个企业要保证无论是社会上的法律，还是内部的规章制度都得到贯彻执行并不是容易的事。防范法律方面的风险、保证企业规章制度的贯彻执行对一个企业的健康运作非常重要。

2. 保证企业自身发展战略和经营目标的全面实施和充分实现

企业的战略管理和战略实施是企业管理和企业发展最核心的问题。战略决定了企业未来的发展方向、发展道路。为了保证企业制定的发展战略、经营目标能够得到实现，企业必须要有一个强有力的，并且完善的内部控制制度。内部控制是企业提高管理水平和保证经营措施执行力的重要环节。

3. 保证企业风险管理体系的有效性

内部控制的根本目标在于维护企业的长治久安，促进企业平稳发展。因此，内部控制必须以保障企业风险管理的有效性为己任，防范公司经营运作过程当中的各种风险，保证公司的经营活动和管理活动正常运转，保证风险管理体系执行正常、到位。

4. 保证企业业务记录、财务信息及经营信息得到及时、完整和真实的反映

管理的根本在于决策，决策的根本在于选择，而信息则是做出选择的依据。无论对于一般企业，还是对于银行、证券公司而言，保证各项业务记录、财务信息及其他管理信息的及时、完整和真实，对于堵塞企业各种财务漏洞、管理漏洞都具有非常重要的意义，也是企业科学决策、正确决策的基础。

5. 防范利益冲突对企业的损害和造成企业资产流失

组织是人构成的。组织内部的利益冲突以及个人与组织的利益冲突自然在所难免。内部控制的重要目标之一，就是要防范这些利益冲突对企业可能造成的损害，特别是要防范个人为谋私利而损害企业利益的行为，以及由此产生的企业资产的浪费和流失。

（二）内部控制的基本原则

1. 全面性

全面性是指内部控制要对企业的一切业务活动进行全面控制，而不是局部性控制。内部控制应当渗透到企业各项业务过程和各个操作环节，覆盖企业所有的部门、岗位和人员。不仅要控制考核财务、会计、资产、人事等政策计划的执行情况，还要进行各种工作分析和作业研究，并及时提出改进措施。当然，全面性并不是说对所有的部门和人员不加区别，没有侧重。对于关键、敏感的部门和人员应该有更加严格的内部控制措施；对于企业的一般部门和人员也应该有相应的控制措施。

2. 审慎性

内部控制应当以防范风险、审慎经营为出发点。"防患于未然"是内部控制的重中之重。

3. 权威性

所谓权威性，就是指企业内部部门和个人都必须尊重内部控制的规定，服从内部控制的制约。内部控制如果没有权威性，就不可能得到有效地贯彻和执行。

4. 独立性

内部控制的检查、评价部门应当独立于内部控制的建立和执行部门，独立于企业的其他职能机构，使内部控制的检查、评价免受企业内外各种因素的干扰，并有直接向董事会和高级管理层报告的渠道。内部控制的检查、评价的独立性也是为了保证其有效性和权威性。

三、企业内部控制的架构和类型

（一）内部控制的架构

1. 控制环境

控制环境就是由企业的文化氛围、组织制度、管理制度等构成的综合体。控制环境是推动企业发展的引擎，也是其他内部控制要素的基础。控制环境的组成要素包括管理哲学

和经营风格、组织结构、董事会及专业委员会的职能、企业的授权制度及人事政策等。提升管理层对内部控制自我评估的能力，才能建立有效的内部控制环境。

2. 风险评估

企业必须建立适当机制了解、监测其所面临的风险，并加以控制，即设立风险识别、分析、评估和管理等相关的部门和制度。要进行风险评估必然要先识别风险。风险识别就是为实现企业目标而分析和辨识可能发生的风险。企业应当结合风险评估结果，通过手工控制与自动控制、预防性控制与发现性控制相结合的方法，对识别的风险采取有效的控制措施。

3. 控制活动

管理层辨认风险，再针对辨认出来的风险做出必要的指令。控制活动是指帮助管理层确保指令能被执行的政策及程序。企业必须基于风险评估的结果订立控制风险的政策及程序，并予以严格执行，以帮助管理层真正做到辨别风险，并保证处理风险所必须采取的行动已经有效落实。同时，控制活动还要结合企业的具体业务或事项的特点与要求来制定，主要包括职责分工控制、会计系统控制、内部报告控制、经济活动分析控制、绩效考评控制、信息技术控制等。识别、评估风险的目的是为了控制风险、防范风险。风险防范措施，贵在执行，因此控制活动非常重要。

4. 信息与沟通

信息与沟通贯穿在风险评估和控制活动过程中。信息和沟通应使企业的管理者和员工能取得他们在执行、管理和控制企业营运时必需的资讯，并尽可能就管理问题交换意见，以取得相互的信任、谅解与支持。信息与沟通主要包括信息的收集机制、企业内部的沟通机制及与外部进行交流的沟通机制等。

5. 监督

对整个企业的内部控制过程必须施以适当的监督，通过监督活动可以在必要时对控制过程加以修正，以便更好地完成企业的目标。换句话说，有效的监督机制能够确保内部控制制度随情况的改变而做出动态的反应。企业内部控制自我评价是内部控制监督检查的一项重要内容。企业所设定的目标是一个企业努力的方向，而内部控制组成要素则是为实现或达成该目标所必需的条件，两者之间存在直接的关系。

（二）内部控制的类型

1. 预防性控制

预防性控制是指为了防止错误和舞弊的发生而采取的控制措施，即"事前"控制。要求对整个运行活动的关键点有比较深刻的理解，能预见问题。例如，对客户的信用进行审核以减少坏账的发生，对机器设备的报废和清理进行审批以保护资产的安全，将存在利益冲突的职务进行分离以防止舞弊发生等，这些都是预防性控制。

预防性控制是操作性的，是由不同的人员或职能部门在履行各自职责的过程中实施的。预防性控制措施包括职责分离、监督性检查、双重检查、合理性校验、完整性校验以及正确性校验等。这种控制既是对企业部门和个人行为的一种制约，以防止弊端和错误的发生，也是出于对企业部门和员工的一种保护，减少其犯错误的机会。当然，这些预防性措施能否真正被遵守，还必须要有良好的监控机制作为保证。

2. 检查性控制

检查性控制是把已经发生和存在的错误检查出来的控制，属于"事中"或"事后"控制的范畴。有效的控制应与错报发生的环节相关，并能降低错报的风险。例如，核对银行对账单就是关于现金收支的一项关键性的检查控制手段。

检查性控制通常并不适用于业务流程中的所有交易，而适用于一般业务流程以外的已经处理或部分处理的某类交易事项。可能一年只运行几次，如每月将应收账款明细账与总账比较；也可能每周运行，甚至一天运行几次。

3. 纠正性控制

纠正性控制是指对那些由检查性控制查出来的问题进行纠正的控制。预防是事前的，检查通常是事中的，在内部控制当中把问题找出来进行纠正则是事后的。对于一个完善的内部控制系统来说，这三点缺一不可。例如，企业一名的审核人员违背预防性控制的规定违规批准了支付大额款项。如果企业通过检查性控制及时发现了审核人员批准的存在问题的支付行为，而银行尚未兑付该票据，企业则可以立即通知银行止付该票据。

4. 指导性控制

指导性控制不是为了预防、检查和纠正不利的结果，而是为了引导或促使期望发生的有利结果的实现而采取的控制。而前述预防性控制、检查性控制和纠正性控制则是为了预防、检查和纠正不利的结果。

5. 补偿性控制

补偿性控制是指针对某些控制环节的不足或缺陷而采取的控制措施或补救措施。例如，许多小公司由于人手有限，从成本节约的角度出发，往往缺乏充分的职责分离。此时，由股东直接对经营进行监督，不失为一种良好的补偿性控制方法。岗位轮换、不定期盘点、突击性检查等也是补偿性控制的方式。

四、内部控制的内容

（一）预算控制

预算控制要求企业加强预算编制、执行、分析、考核等环节的管理，明确预算项目，建立预算标准，规范预算的编制、审定、下达和执行程序，及时分析和控制预算差异，采取改进措施，完善预算的执行，充分发挥预算在企业管理中的作用，及时、全面提供预算执行信息，并针对预算差异及时修正从而确保最终结果达成既定的预算目标。对于公司的各项开支，预算内资金一般实行责任人限额审批，限额以上资金则应实行集体审批，严格审查、控制无预算的资金支出。当然预算并不是一成不变的，企业必须始终掌握原则性和灵活性相结合的原则。

预算控制是企业内部控制的最重要方面之一，预算控制必须有足够的科学性和权威性。科学性体现在预算安排应当符合公司的战略和经营需要，权威性则体现在不能随意突破甚至破坏预算。

1. 预算和预测

预算与预测不完全是一回事。许多人往往会混淆预算与预测，认为预算就是预测企业未来一年中将会发生的销售、成本、费用。预测是预算的信息基础，但预算与预测之间是有区别的，这一点从预算的目的可以看出。

预算的目的主要有五个方面。

第一，帮助实施企业的战略规划，理解并构建适合企业自己的预算管理体系；

第二，统一企业各部门、各关键人员对公司未来发展方向与发展目标的认识，协调企业各部门的运作，协调需求与资源的矛盾。

第三，将责任分配到各部门和岗位。

第四，作为绩效评价和管理层激励的依据。

第五，作为计划、监督、预警和控制的工具。

预算的这些目标都不是单纯的预测所具有的，预测只是对未来可能发生之事的一种估计与判断。

2. 预算控制要求

预算控制的一个重要要求是全面预算。全面预算是由一系列预算构成的体系，各项预算之间相互联系，关系也比较复杂，很难用一个简单的办法来进行准确描述。比如生产部门的预算与销售部门的预算一定是有关联的，它们必须和财务预算协调一致。

全面预算的特点体现在"三全"：全方位、全过程、全员参与预算的编制与实施。全面预算包括四个方面内容：

（1）营运预算

营运预算是指日常业务预算。包括销售收入、管理费用、生产费用、营销费用的预算等。

（2）资本预算

资本预算是指企业不经常发生的、需要根据特定决策临时编制的一次性预算，也称特种决策预算。包括已获批准的大型资本项目预算以及固定资产购置和处置、小型投资项目的计划与安排等。

（3）资产负债预算

资产负债预算是指与企业现金支出、财务状况和经营成果有关的各项预算。即营运预算和资本预算在资产负债表中的体现。

（4）现金流量预算

现金流量预算是指对现金的流入与流出情况做一个事前的安排和计划，以保证公司资金的正常周转。

3. 预算控制目标

预算一经确定，就进入了实施阶段，管理工作的重心即转入控制，即设法使经济活动按计划和预算进行。预算控制和预算是两个不同的概念。预算是企业的战略实施工具和管理工具。预算控制则是通过一系列的程序和控制措施使得预算能够发挥其效果。预算控制的目标主要可以归纳为三个方面。

（1）使预算符合公司的总体战略规划及经营目标

公司预算管理的目标是公司战略目标的具体体现，是战略目标分解成的阶段性目标。预算管理目标必须反映战略目标的要求，并将战略管理的目标精神贯穿于预算管理的始终。

（2）使预算基于公司的实际情况

预算管理的目标要切实可行。预算管理目标要与企业自身管理水平的现状、技术条件、市场条件、发展现状、员工素质等相结合。

（3）确保预算得以有效执行

预算目标的确定、管理、实施，必须建立在定量分析和定性判断的基础上，只有这样预算管理的目标才能实现。

4. 影响预算执行效果的因素

（1）预算流于形式

企业战略目标和工作计划与预算目标相脱钩或没有紧密结合，即预算具有相当的主观随意性，脱离了企业实际发展的需要。预算必须配合企业的战略目标和企业的经营目标制定并应考虑企业自身的资源条件和可实施的手段，如果做不到这几点，预算就失去了意义，失去了可执行性。发生这个问题的关键原因是预算的编制部门跟企业的战略规划部门工作相脱节。所以，预算的制定并不是财务部门一个部门的事情，而是要有企业高层与其他关键部门的积极参与。这样才能编制一个相对比较科学的预算。

（2）缺乏与时俱进的动态管理

企业预算不能有效应对企业实际情况的变化。预算控制是一个动态的管理过程，需要考虑市场竞争风险、资本要求、市场发展状况、市场价格状况及趋势等。在充分的市场预测的前提下，制定切实可行的预算管理目标，并随着环境不断变化而变化。因为不断变化的环境会对预算不断提出新的要求。比如市场竞争激烈，如果企业从一个卖方市场走向买方市场，营销费用就会提升，这时就必须根据企业的实际情况，对企业的预算及时更新。

（3）缺乏预算和实际的对比分析

企业要加强对预算差异的跟进与监控。如果实际执行情况和预算之间有较大差异时，在预算控制中就必须加以关注和分析，找出引发原来的预算没能被有效执行的具体原因。预算必须是一个上下互动的过程，公司高层必须让下级各单位明白企业的战略目标，下级单位的预算应该以公司的战略目标为核心。而公司的全面预算应该以各部门根据历史数据和公司战略制定的部门预算为基础。如果给下级单位批的预算总是不够用，后者又必须不断找上级去审批，这样的预算在很大程度上就失去了意义。

（二）信息系统控制

现代企业都越来越重视管理信息系统的应用。通过管理信息系统，企业可以在第一时间获取经营、市场、价格、销售、库存、财务、人员、公共关系等方面的信息。这样一方面可以在很大程度上提高工作效率、降低成本；另一方面可以提高决策的科学性。因为信息的完整性、可靠性、准确性、及时性、集成性是管理层决策的基础。

企业需要收集信息并进行信息沟通，信息系统的安全性问题就会随之而来。现代信息安全直接影响企业的经营、研发、竞争，甚至生存。对企业而言，财务信息、研发资料、客户资料都是其他竞争对手相互争抢的资料。信息安全包含两个层面的内容：一个层面是信息系统自身的安全，关注如何防范黑客和病毒，如何保障数据资料不会因为意外事故、操作失误而受到影响；另一个层面则是关注企业如何保障这些信息不会经过非正常的渠道流传出去，泄露企业的商业机密。企业必须在这些核心信息资源方面有着严格的控制措施，并根据信息的不同机密程度制定不同的保密措施和控制级别，确保企业信息资源的安全性。

（三）职务分离控制

职务分离控制和内部控制的原意密切相关。前面已经提到过，内部控制在萌芽期的时候叫作内部牵制，其中一个重要方面就是不相容的职务相互分离的控制。所谓不相容职务是指那些如果由一个人担任，既可能发生错误和舞弊行为，又可能掩盖其错误和弊端行为的职务。对于这类职务，有必要将其拆分给多个人共同处理。这是一种预防性控制，由不同人员或职能部门在履行各自职责的过程中实施，目的就是为了防范因为权力过于集中而导致的利益冲突甚至腐败，保障企业资产的安全和规范经营。高级管理层应该解释清楚什么是有效的职责分离并让员工理解其各自的控制责任。

企业可以通过在信息系统中设立防火墙，把不同部门及它们之间的职责分离开，比如研发部门和投资部门之间就设有防火墙。一般企业比较典型的职务分离控制是出纳和会计职责分离，采购人员和最后的签约人员职责分离，收货人员和验货人员职责分离等。

（四）授权控制

严格地讲，企业开展的任何活动都应有相应的授权。授权以后，为了避免滥用权力，还要经常对企业各种活动的程序进行审查。

授权按性质的不同可以分为综合授权和特别授权。综合授权也被称为一般授权，是对办理常规业务所确定的权力及职责。而需要特别授权的则是那些企业中不属于常规业务的重大业务决策和特殊事件进行处理。比如，对于规定限额内的采购项目，采购员可自行决定采购，即为一般授权；而对于超过限额的采购项目，需由主管人员另行审批后才可采购，即为特别授权。授权要有相应记录，并提供证明文件。在授权批准控制中要避免两个极端：一个是层层审批，使得企业工作缺乏效率；另外一个就是要避免权力过分集中。总之，在授权控制的过程中，关键是要做到科学性和方便性相结合。

（五）资产保全控制

这里所说的资产既包括企业的实物资产，如机器设备、办公用品、存货，也包括企业的金融资产，如现金、银行存款、有价证券等，还应包括企业的信息资产，如企业的经营财务信息、各种空白单据等，再有就是企业的某些无形资产，如企业的技术机密、产品设计方案、配方等。保护资产安全的最好办法是限制对资产的接触，保证只有获取相应权限的人员才有接触资产的资格。保护资产安全性的措施还包括资产盘点、财产记录、账实核对、财产保险等。

（六）信息披露控制

从保护投资者利益的角度出发，各证券市场都强制性地要求（上市）公司及时、准确、完整地披露各种重要信息。近年来，由于上市公司的信息披露造假丑闻时有发生，导致证券监管部门对上市公司信息披露的要求也变得越来越严格。保证公司的信息披露符合监管部门的要求和法律规定，已经成为上市公司内部控制的重要内容。

（七）法律、法规执行控制

合法经营是企业防范法律风险、实现可持续发展的重要保障。法律、法规执行控制的目的就是为了保证企业依法运作，按章办事，以规避法律风险和法律纠纷。

五、公司治理中的内部控制

良好的公司治理或法人治理结构是改善内部控制的关键，也是公司进行风险管理的关键。公司治理主要包括董事会的监督和决策功能、管理层重要决策的董事会审批制度和内部审计三方面的内容。

（一）董事会的独立监督

公司治理的关键在于董事会能够切实代表股东的利益并有效监督公司的运营和公司管理层的行为。但是这一点并不容易做到。现在我国证监会规定，上市公司必须要有 1/3 的独立董事，而且审计委员会的召集人必须是独立董事。董事是董事会的组成人员，意味着董事不能够享有超越董事会的权利等。但是在现实中，即使公司董事会中有规定比例地独立董事，也并不一定就能保证董事会的独立监督职责。

证监会的规定一般只能从法律意义上要求独立董事的独立性，比如独立董事不能在公司持有较多股份，其本人、家属和亲戚不能在公司中担任主要职务，独立董事不能在公司中有太多的利益等，但是这些都不能保证独立董事能真正独立地行使其职责。企业聘请独立董事，往往请来的是管理层或大股东的朋友。这样独立董事在大部分的决策上都可能会做出不公正的决断，尤其是在那些个人承担风险不太明显的决策上，独立董事很可能不顾中小股东的利益，而倾向于照顾管理层的面子和情谊，甚至大打擦边球，使得独立董事的作用失效。所以，如何使公司的独立董事在行使职责时能够代表大部分股东的利益，也是公司内部控制要关注的问题之一。

（二）管理层在内部控制中的作用

内部控制的主体和核心是管理层，管理层承担的职责是计划、组织、领导、保障其组织的活动，保障公司运作的正常与安全，并对组织的内部控制负责。管理层在内部控制中的作用主要有三个：①必须识别风险；②确定该风险的重要程度；③确定该风险发生的概率。在内部控制的过程中管理层必须承担责任，对重大问题负责。如果企业出了安全问题或者重大责任事故，管理层即使不是直接责任，也要承担领导不力的责任。这其实也是为了防止管理层推卸责任，导致股东利益遭受损失。

管理层在制定战略、政策及工作流程的时候，需要获得董事会的批准和授权，以形成对管理层的制约；内部审计对管理层组织的内部控制进行监督，以协助董事会发挥其监督作用，帮助管理层有效地履行他们的职责。

（三）内部审计

1. 什么是内部审计

内部审计是相对于外部审计而言，是指由组织内设的审计机构从内部对其经营管理和财务收支等的合法性、效益性和真实性进行的审计监督。内部审计对企业中各类业务和控制进行独立评价，以确定是否遵循公认的方针和程序，是否符合规定和标准，是否有效和经济地使用了资源，是否符合企业的目标。内部审计是企业内部设立的独立评价体系。

内部审计是为内部控制服务的，以此检查、监督和评价企业的内部控制制度以及执行情况。它是对管理层实施的内部控制进行监督，以协调管理层有效地履行他们的职责，准确、真实、及时地了解企业的财务经营信息。

2. 内部审计的作用

内部审计具有不同于外部审计的作用，其目的在于促进本单位经营安全性和经济效益的提高。内部审计既是本单位的审计监督者，也是根据单位管理要求提供专门咨询的服务者。内部审计被人们称其为董事会的眼睛和耳朵，它是高层决策的依据，也是内部控制的重要环节。具体作用体现在以下几个方面。

（1）监督内部控制的执行和效果

内部审计可以避免和减少风险，以达到控制目标。现代内部审计已经从一般的查错纠弊，发展到对内部控制和经营管理情况的审计，涉及生产、经营和管理的各个环节。内部审计不仅可以确定本部门、本企业的活动是否符合国家的经济方针、政策和有关法令，又可以确定部门内部的各项制度、计划是否得到落实，是否已达到预期的目标和要求。通过内部审计所搜集到的信息，都是领导做出经营决策的重要依据。内部审计还可以帮助企业确定组织内部的各项制度与计划是否得到落实，是否已达到预期的目标和要求，内部控制是否有效。

（2）揭示经营管理中的薄弱环节、弊端和风险

内部审计可以促进企业健全自我约束机制。内部审计机构可以相对独立地对本部门、本企业的内部控制执行情况进行监督、检查，客观地反映企业的真实情况，并通过这种自我约束性的检查，促进本部门、本企业进一步健全和完善内部控制制度。

（3）为改善公司治理质量服务

作为重要的检查监控体系，内部审计可以为董事会的监督和决策提供信息保证，对经营管理人员的违规行为及其他损害企业利益的行为进行检查和纠正。

（4）促进企业改进管理和经营，提高经济效益

内部审计通过对企业经济活动的全过程进行审查，对有关经济指标进行对比，可以揭示差异，分析差异形成的原因，评价经营业绩，总结经济活动的规律，揭示经营活动中存在的问题，从中揭示未被充分利用的人财物的内部潜力，并提出改进措施。通过内部审计可以防止企业资源的浪费，促进企业经济效益的提高。

（5）监督受托经济责任的履行情况

同外部审计一样，所有权与经营权的分离是产生内部审计的前提。确定各个受托责任者的经济责任的履行情况也是内部审计的主要任务。内部审计通过查明各受托人是否完成了其应负经济责任的各项指标，分析这些指标是否真实可靠，有无不利于国家经济建设和企业长远利益发展的短期行为等。内部审计既可以对受托人的工作进行正确评价，从而为奖惩受托人提供决策依据，也有利于维护企业的合法权益，防止舞弊和侵害企业整体利益之行为的发生。

（6）监控资产和信息的安全

财产物资是各部门、各企业进行各种活动的基础。内部审计通过对公司资产和信息管理进行经常性的监督和检查，可以有效、及时地发现问题，指出资产和信息管理中的漏洞，并提出意见和建议，防止资产流失和信息外泄。

3. 内部审计的内容

（1）经营审计

经营审计是检查和评价内部控制系统以及所分配职责的完成情况的审计。

（2）绩效审计

绩效审计主要是针对企业管理层和核心员工的考核方式的审计，通常将重点集中在效率和效果方面，并需要建立绩效标准。

（3）成本效益审计

成本效益审计是检查企业管理层及员工在内部控制活动中是否贯彻成本效益原则，经营活动是否符合企业效益最大化原则的审计。

（4）遵循性审计

遵循性审计也称合规性审计，是检查组织对政策、程序、标准、法律和政府法规的遵守程度，企业内部控制是否合法合规的审计。

（5）质量审计

质量审计关注企业产品和服务的质量，看看是否达到预先制定标准的审计。

（6）财务控制审计

财务控制审计是指对资金流动和会计功能具体控制的审计。

（7）内部牵制及不相容审计

内部牵制及不相容审计是检查部门与部门、员工与员工以及各岗位之间所建立的互相验证、互相制约的关系是否科学有效的审计。

（8）离职审计

离职审计是对管理人员、核心工作岗位人员离职时进行的审计，其目的在于敦促这些人员在位时能忠于职守。

（9）财务报表审计

财务报表审计是对企业资金流动和会计功能具体控制进行的审计。上市公司的财务报表因为要定期对外公布，因而不能完全由内部审计来完成，必须接受外部审计人员的审计。

4. 内部审计部门

内部审计部门在企业中的定位是个重要的问题。一般来讲，绝大多数公司的内部审计部门、审计委员会隶属于董事会，是董事会下属的专门机构。所以从机构设置中可以看出来，一般公司的内部审计部门都由董事会直接管理，可以对管理层有一个直接的监督。内部审计部门的权限是审计和监督，内部审计部门通过系统化、规范化的方法，对企业的风险管理、控制与治理程序进行评价，进而提高企业经营管理的效果。

企业其他各部门应与内部审计部门合作，而内部审计部门不宜介入和干涉其他部门的运营和管理，不能参与到具体部门的具体决策中。内部审计部门的独立性对其有效行使职能有着至关重要的作用。

5. 审计委员会

公司可以根据自身的管理要求确定是否需要在企业内设立审计委员会。审计委员会应是隶属于董事会的专门委员会，一般由3至5人担任，审计委员会的绝大部分成员应是独立董事。审计委员会对企业财务报告系统和内部控制系统的有效性提供独立的意见，对董事会负责。但是在中国，独立董事制度要充分发挥其作用，还有一条漫长的路要走。就像前面在独立董事部分提到的，即使独立董事在法律和经济上独立，但在感情上也难以完全独立；所以，独立董事制度要真正发挥作用，关键是需要建立一种独立董事责权到位的文化。

第二节　内部控制环境构成要素分析

内部控制环境是影响、制约企业内部控制建立与执行的各种内部因素的总称，是实施内部控制的基础。内部环境的构成要素主要包括治理结构、机构设置与权责分配、内部审计、人力资源政策、企业文化等。

一、治理结构

(一) 公司治理是现代公司制的核心

现代企业制度下的公司制企业的主要特点之一就是所有权与经营权相分离，企业以独立的法人资格自主经营、自负盈亏、自我发展、自我完善。建立规范的公司法人治理结构，既是我国企业的改革方向，也是建立现代企业制度的核心和关键。健全的治理结构、科学的内部机构设置和权责分配是建立并实施内部控制的基本前提，是影响和制约内部环境的首要因素。

由于公司制使所有权与经营权相分离，在这种分离的基础上，经营者有可能利用私人信息的优势谋取个人利益，由于所有者和经营者之间的信息不对称，导致各相关利益主体的地位及其所拥有的信息量的不同，最终决定了契约各方的不对等关系。公司治理结构在本质上是一种关系合约，涉及各相关利益方之间的关系，包括签约、履约、计量和评价、再签约等一系列过程。建立规范的法人治理结构，通过科学界定决策、管理、执行、监督各层面的地位、职责与任务，可以形成有效的分工和制衡机制。

公司治理是一个已经是被管理人员、投资者、会计、董事会广泛使用的一个概念。有效的公司治理，是有效的市场规则必不可少的过程，是公司的管理层、董事及其财务报告制度之间时联结纽带。狭义的公司治理通常是指公司股东直接或间接对公司管理层进行监督和评价其表现行为；广义的公司治理则包括了公司的整个内部控制系统，它通过自上而下地分配和行使责权，监督、评价和激励董事会、管理层以及员工实现公司目标，以保障包括股东在内的各利益相关者的权益。公司治理的实质是确保经营者的行为符合利益相关者的权益。

一个良好的公司治理结构应当实现组织既定的目标，维护股东的权益；确保利益相关者的合法权益，并且鼓励公司和利益相关者积极进行合作，保证及时准确地披露与公司有关的任何重大问题，包括财务状况、经营状况、所有权状况和公司治理状况的信息，确保董事会对公司的战略性指导和对管理人的有效监督，对公司和股东负责。因此，完善的公司治理应该保持良好的内部控制系统，不断检查内部控制的有效性，对外如实指出内部控制现状，保持强有力的内部审计。

国际上认为公司治理的四大基石通常是指以下四个方面：

第一，董事会确保有效的内都控制系统，确定并监控经营风险和绩效指标。

第二，高级管理层实施风险管理和内部控制，日常计划、组织安排。

第三，外部审计师确保独立性，并使审计与咨询业务分开。

第四，审计委员会增强报告关系上的独立性，并且有效的内部审计是公司治理结构中形成权力制衡机制并促使公司有效运行的重要手段，是公司治理过程中不可缺少的组成部分。

（二）内部公司治理

内部控制与公司治理既有区别又有联系。企业内部控制与公司治理结构是两个不同的概念。内部控制是由企业董事会、证监会、经理层和全体员工实施的、旨在实现控制目标的过程；而公司治理结构一般是由股东会、董事会、监事会和经理等组成的用来约束经营者行为的控制制度（内部监控机制）。内部控制又与公司治理结构紧密联系。公司治理结构是促使内部控制有效运行、保证内部控制功能发挥的前提，是实行内部控制的制度环境；而内部控制在公司治理结构中担当的是内部管理监控系统的角色。同时，内部控制与公司治理结构都遵循相互牵制，相互制衡的原则，两者是相辅相成的。

公司治理分为外部公司治理与内部公司治理。外部公司治理通过资本市场、经理人市场和商品流通市场等发挥作用；内部公司治理通过股东大会、董事会、监事会等发挥作用。

内部公司治理又分为治理结构和治理机制两个方面，两者互相配合，共同决定着一个公司治理效率的高低。治理结构又称法人治理结构，通常情况下，公司治理结构的基本构成包括股东大会、董事会、监事会和经理等，它们之间构成一种制衡关系。股东大会作为资产委托人将其财产交董事会代理，并委托监事会进行监督；作为代理者，董事会又将公司财产委托经理层管理。股东大会是最高权力机构，董事会是经营决策机构，经理是决策执行者，监事会是监督机构。公司治理结构是一个多层委托代理，权责分明、相互制衡、相互协调的结构。治理机制包括用人机制、监督机制和激励机制等。加强内部控制应当从治理结构和治理机制两个方面进行，增加舞弊发现的概率，包括关键岗位应建立强制轮换制度等。制度建设是重要的，制度不严密，就会出现"牛栏关猫"的现象，但是有了制度，更要认真地执行制度，这样才能真正发挥制度的作用，否则制度就是毫无意义的一纸空文。

按照建立现代企业制度的要求，一些企业已经积累了不少内控管理经验，基本业务的内控管理都有章可循，建立了一定的内控管理基础。但也有一些企业内控制度的基础仍比较薄弱，其中相当一部分企业对建立内控制度重视不够，有的并未建立健全内控制度，甚至有些企业对内控制度还存在很多误解，认为内部控制就是内部成本控制、内部资产安全控制等，或者以为内部控制就是手册、文件和制度的堆积。更严重的是，不少企业有章不循，使内控制度流于形式，在经济业务处理过程中，遇到具体问题以强调灵活性为由而不按规定程序办理，使内控制度失去了应有的刚性和严肃性，有时甚至为了谋取个人或小团体的利益而不择手段，弄虚作假、篡改账目或搞账外账。最为严重的是，在一些大中型企业单位中，虽然表面上都有一套健全的内部控制制度，然而在实际操作中，领导们却常常带有浓厚的计划经济下的经营作风，很多决策往往由领导一人说了算，或由领导直接委托下属进行处理，忽视、漠视内控规范流程。在有些单位领导眼里，内控制度是对下属职员的行为控制，而对领导本人没有任何约束力。这些领导的行为不仅破坏了内控制度效力的完整性，还给下属员工带来了很不好的示范，使得整个企业没有形成一种遵守制度的良好氛围。

一些号称建立了现代企业制度的股份公司、企业集团的内部控制监督体系主要由监事会、独立董事和内审部门这三大机构组成，其职责是检查、监督和评价"企业董事会、管理层和其他员工实施企业内部控制活动"的效果和效率，保证企业的正常运行，但实践证明，这些企业内部控制监督也并不一定都做得成功，有时还会出现管理失控的情况。管理失控的原因很多，但因治理结构不明、治理机制不清，导致管理体制不顺是不容忽视的重要原因。有内控制度而没有严格地执行也是造成管理失控的另一个原因。

由此可见，公司治理结构主要包括如何配置和行使控制权，如何监督和评价董事会、经理人员和职工，如何设计和实施激励机制等，并通过调整若干在企业中有重大利害关系的投资者、经理人员及职工之间的关系，从中谋求经济利益最大化。

二、机构设置与权责分配

机构设置与权责分配充分体现在组织架构之中。组织架构就是指企业按照国家有关法律、法规、股东（大）会决议和企业章程，明确董事会、监事会、经理层和企业内部各级机构设置、人员编制、职责权限、工作程序性相关要求的制度安排。依法建立完善的组织架构，有利于促进企业实现发展战略和经营目标，防范企业组织架构设计与运行风险，优化企业治理结构、管理体制和经营机制，建立起现代企业管理制度。

为此，企业建立组织架构时至少应当关注组织架构设计与运行中的下列风险：

一是治理结构形同虚设，可能导致企业缺乏科学决策和运行机制，难以实现发展战略和经营目标。

二是组织构架设计不适当，结构层次不科学，权责分配不合理，可能导致机构重叠、职能缺位、推诿扯皮，运行效率低下。

三是企业设计组织架构，应当坚持权责对等、精简高效、运转协调的原则，综合考虑企业性质、发展战略、文化理念、行业特点、经营业务、管理定位、效益情况和员工总量等因素，确定的组织架构要有利于促进决策科学化和运行规范化。

四是企业应当根据国家有关法律、法规，结合企业自身股权关系和股权结构，明确董事会、监事会和经理层的职责权限、任职条件、议事规则和工作程序，确保决策、执行和监督相互分离、有机协调，确保董事会、监事会和经理层能够按照法律、法规和企业章程的规定行使职权。

五是企业应当按照科学、精简、高效的原则，合理地设置企业内部经理层以下职能部门，明确各部门的职责权限和相互之间的责权利关系，形成各司其职、各负其责、相互协调、相互制约的工作机制。企业应当避免设置业务重复或职能重叠的机构，将企业管理层次保持在合理水平上。

（一）股东（大）会

企业是股东投资创办的，是投资人的企业，投资者才是企业真正的法律意义上的"主人"。只有投资者管理企业的职能不"缺位"，管理企业的职责才能真正落实到位。

公司股东会由全体股东组成。股东会是公司的权力机构，股东（大）会享有法律、法规和企业章程规定的合法权利，依法行使企业经营方针、筹资、投资、利润分配等重大事项的表决权。

股东（大）会行使下列职权：

第一，决定公司的经营方针和投资计划。

第二，选举和更换非由职工代表担任的董事、监事，决定有关董事、监事的报酬事项。

第三，审议批准董事会的报告。

第四，审议批准监事会或者监事的报告。

第五，审议批准公司的年度财务预算方案、决算方案。

第六，审议批准公司的利润分配方案和弥补亏损方案。

第七，对公司增加或者减少注册资本做出决议。

第八，对发行公司债券做出决议。

第九，对公司合并、分立、解散、清算或者变更公司形式做出决议。

第十，修改公司章程。

第十一，公司章程规定的其他职权。

（二）董事会

有限责任公司董事会为常设机构，是由股东会选举产生的 3 至 13 名董事组成的公司经营决策及业务执行机构，对外代表公司。董事会对股东（大）会负责，依法行使企业的经营决策权，董事会负责内部控制的建立健全和有效实施。

董事会设立须由董事担任的董事长 1 人，为公司的法定代表人，副董事长 1～2 人。股东人数较少和规模较小的公司可不设董事会，而只设 1 名执行董事，该执行董事为公司的法定代表人，可兼任公司经理。

董事会行使下列职权：

第一，召集股东会会议，并向股东会报告工作。

第二，执行股东会的决议。

第三，决定公司的经营计划和投资方案。

第四，制订公司的年度财务预算方案、决算方案。

第五，制订公司的利润分配方案和弥补亏损方案。

第六，制订公司增加或者减少注册资本以及发行公司债券的方案。

第七，制订公司合并、分立、解散或者变更公司形式的方案。

第八，决定公司内部管理机构的设置。

第九，决定聘任或者解聘公司经理及其报酬事项，并根据经理的提名决定聘任或者解聘公司副经理、财务负责人及其报酬事项。

第十，制定公司的基本管理制度。

第十一，公司章程规定的其他职权。

董事任期由公司章程规定，但每届任期不得超过 3 年。董事任期届满，申请连选可以连任。股东会不得在董事任期届满前无故解除其职务。

（三）监事会

监事会或监事为公司常设的监督机构。有限责任公司设监事会，其成员不得少于 3 人，股东人数较少或者规模较小的有限责任公司，可以设 1 至 2 名监事，不设监事会。

监事会应当包括股东代表和适当比例的公司职工代表，其中职工代表的比例不得低于三分之一，具体比例由公司章程规定。监事会中的职工代表由公司职工通过职工代表大会、职工大会或者其他形式民主选举产生。

监事会设主席 1 人，由全体监事过半数选举产生。监事会主席召集和主持监事会会议。监事会主席不能履行职务或者不履行职务的，由半数以上监事共同推举一名监事召集和主持监事会会议。

董事、高级管理人员不得兼任监事。

监事的任期每届为 3 年。监事任期届满，申请连选可以连任。监事任期届满未及时改选，或者监事在任期内辞职导致监事会成员低于法定人数的，在改选出的监事就任前，原监事仍应当依照法律、行政法规和公司章程的规定，履行监事职务。

监事会对股东（大）会负责，监督企业董事、经理和其他高级管理人员依法履行职责。监事会对董事会建立与实施内部控制进行监督。

监事会或不设监事会的公司的监事行使下列职权：

第一，检查公司财务。

第二，对董事、高级管理人员执行公司职务的行为进行监督，对违反法律、行政法规、公司章程或者股东会决议的董事、高级管理人员提出罢免的建议。

第三，当董事、高级管理人员的行为损害公司的利益时，要求董事、高级管理人员予以纠正。

第四，提议召开临时股东会会议，在董事会不履行本法规定的召集和主持股东会会议职责时召集和主持股东会会议。

第五，向股东会会议提出提案。

第六，依照公司法有关规定，对董事、高级管理人员提起诉讼。

第七，公司章程规定的其他职权。

监事可以列席董事会会议，并对董事会决议事项提出质询或者建议。

监事会、不设监事会的监事发现公司经营情况异常，可以进行调查，必要时，可以聘请会计师事务所等协助其工作，费用由公司承担。

监事会每年度至少召开一次会议，监事可以提议召开临时监事会会议。

（四）经理层

有限责任公司可以设经理，由董事会决定聘任或者解聘。经理对董事会负责，行使下列职权：

第一，主持公司的生产经营管理工作，组织实施董事会决议。

第二，组织实施公司年度经营计划和投资方案。

第三，拟订公司内部管理机构设置方案。

第四，拟订公司的基本管理制度。

第五，制定公司的具体规章。

第六，提请聘任或者解聘公司副经理、财务负责人。

第七，决定聘任或者解聘除应由董事会决定聘任或者解聘以外的负责管理人员。

第八，董事会授予的其他职权。

公司章程对经理职权另有规定的，从其规定。

经理层负责组织实施股东（大）会、董事会决议事项，主持企业的生产经营管理工作。经理可以列席董事会会议。经理层负责组织领导企业内部控制的日常运行。

企业的"一把手"通常是指公司的总经理或董事总经理，鉴于经理层（尤其是总经理）的地位特殊、实际操作的权力巨大，在企业内部控制的管理中，总经理可能既是舞弊风险的最大来源，同时也是控制舞弊风险的关键。如果能够有效预防总经理滥用权力，就可以杜绝大部分潜在的舞弊风险。为此，内控管理就必须建立在有效均衡的权力约束机制上，也就是在企业管理体系中应当特别针对总经理等高级管理人员制订一套完整的内部控制系统。

第三节　内部控制活动构成要素分析

控制是一个过程，控制活动更是一个系统，其构成要素包括控制方法、控制措施、风险预警机制和突发事件应急处理机制等。

一、控制方法

由于控制活动是企业根据风险评估结果，采用相应的控制措施，将风险控制在可承受度之内，所以企业应当结合风险评估结果，通过手工控制与自动控制、预防性控制与发现性控制相结合的方法，运用相应的控制措施，将风险控制在可承受的范围之内。

企业可以实施的控制方法很多，且与控制意图密切相关。例如预防性控制、侦查性控制、纠正性控制、指导性控制和补偿性控制等控制方法，由于控制的意图与相应的功能不同，其所发挥的作用是有区别的。

（一）预防性控制

预防性控制是指为防范风险、错弊和非法行为的发生，或尽量减少其发生机会所进行的一种控制。它主要解决"如何能够在一开始阻止风险和错弊的发生"的问题。预防性控制是由不同的人员或职能部门在履行各自职责的过程中实施的。预防性控制措施包括职责分离、授权批准等。虽然预防性控制能够在事前防止损失的发生，降低风险，但全面采取预防性控制可能是相当困难的，实践中很难做到百分之百的预防。因此光有预防性控制是不够的，还必须有侦查性控制等。

（二）侦查性控制

侦查性控制是指为及时识别已存在的财务危机、已发生的错弊、非法行为，或增强识别风险和发现错弊机会的能力所进行的各项控制。在缺乏完善可行的预防性控制措施的情况下，侦查性控制是一种很有效的监督工具，它主要是解决"如果风险和错误仍然发生，如何识别"的问题。

（三）纠正性控制

纠正性控制是对那些由侦察性控制查出的问题与设计标准的比较，对发现的差异予以适当的纠正。

（四）指导性控制

指导性控制是为了实现有利结果采取的控制。前面的预防性控制、侦察性控制和纠正性控制是为了预防、检查和纠正不利的结果，而指导性控制却是为了实现有利结果。这种控制在实现有利结果的同时，也避免了不利结果的发生。

（五）补偿性控制

补偿性控制是针对某些环节的不足或缺陷而采取的控制措施。之所以需要这种控制，主要是为了把风险水平限制在一定范围内。对于某个特定系统而言，分析风险水平时，必须充分考虑由于存在薄弱环节将来可能会发生的问题。一项补偿性控制可以包含多个控制措施，也就是说，可把多重控制手段作为一项控制程序来看待。

实施预防性控制实质上就是一种事前控制，由于在行为发生之前就实施相应的控制，可以有效地防止财务资源在质和量上发生偏差等。因此指导性控制也具有某种程度上的事前控制作用。

实施侦查性控制、纠正性控制和补偿性控制实质上是事中控制和事后控制，其偏重于发现性控制，由于是在财务收支活动发生过程中或结束后进行控制，因此对发现问题、解决问题、明确责任、落实考核及相应的奖罚都可能是有益的。

二、控制措施

控制措施是根据风险评估结果，结合风险应对策略所采取的确保企业内部控制目标得以实现的方法和手段，是实施内部控制的具体方式。控制措施应结合企业具体业务和事项的特点与要求制定。控制措施一般包括：不相容职务分离控制、授权审批控制、会计系统控制、财产保护控制、预算控制、运营分析控制和绩效考评控制等。

企业应当根据内部控制目标，结合风险应对策略，综合运用控制措施，对各种业务和事项实施有效控制，确保将剩余风险控制在可接受水平之内，以保证企业不出现内部控制的重大缺陷以及确保企业内部控制目标的实现。例如，对实现财务报告真实可靠和资产安全完整控制目标有重要影响的具体业务与事项通常包括但不限于以下各项：货币资金、采购与付款、存货、对外投资、工程项目、固定资产、销售与收款、筹资、成本费用、担保、财务报告编制、信息披露、预算、合同协议、关联交易、企业合并、资产重组、衍生金融工具运用、母公司对子公司的控制、人力资源政策、计算机信息系统等。上述业务与事项随着企业经营管理和外部环境的变化而不断发展变化，企业应当结合实际，运用各种控制方法，采取相应的控制措施，将风险控制在可承受度之内。

第四节　信息与沟通构成要素分析

市场经济的典型特征之一是经济。信息社会中的企业加强控制的重要环节之一就是监控信息，在竞争中掌握信息的主动权。为了有效地防范风险，企业的信息沟通一定要及时、要有用、要有效。信息与沟通的构成要素一般包括建立信息与沟通制度、提高信息的有用性、及时沟通与反馈信息、开发利用信息技术、建立反舞弊机制等几个方面。

一、建立信息与沟通制度

信息与沟通是指及时、准确、完整地收集与企业经营管理相关的各种信息，并使这些信息以适当的方式在企业有关层级之间进行及时传递、有效沟通和正确应用的过程。

企业应当建立有效的信息收集系统和信息沟通渠道，确保影响内部环境、进行风险评估、运用控制措施、实施监督检查的各方面信息有效传递，促进企业董事会、管理层和员工正确履行相应的职责。

企业应重视建立与健全会计信息系统。一个有效的会计信息系统应当做到：确认和记录所有有效交易；及时详细地描述交易或事项，以便在编制报告中对其进行正确分类；能以某种方式计量交易的价值，以便在报告中以适当的货币价值记录交易；确定交易发生的期间，以便将交易记录在恰当的期间；在财务报告中适当地表达交易事项和披露相关事项。

二、提高信息的有用性

信息系统是指利用计算机技术对业务和信息进行集成处理的程序、数据和文档等的总称。企业应当对收集的各种内部信息和外部信息进行合理筛选、核对、整合，提高信息的有用性。

企业内部信息主要包括财务会计信息、生产经营信息、资本运作信息、人员变动信息、技术创新信息、综合管理信息等。企业可以通过财务会计资料、经营管理资料、调研报告、专项信息部、刊物、办公网络等渠道获取内部信息。

企业外部信息主要包括政策法规信息、经济形势信息、监管要求信息、市场竞争信息、行业动态信息、客户信用信息、社会文化信息、科技进步信息等。企业可以通过行业协会组织、社会中介机构、业务往来单位、市场调查、来信来访、网络媒体以及有关监管部门等渠道获取外部信息。

三、及时沟通与反馈信息

《企业内部控制基本规范》第四十条指出："企业应当将内部控制相关信息在企业内部各管理级次、责任单位、业务环节之间，以及企业与外部投资者、债权人、客户、供应商、中介机构和监管部门等有关方面之间进行沟通和反馈。信息沟通过程中发现的问题，应当及时报告并加以解决。重要信息应当及时传递给董事会、监事会和经理层。"《企业内部控制基本规范》要求企业应当规范信息沟通的渠道、方式和程序，强调了信息的外部沟通，这有利于企业及时发现自身在经营过程中存在的问题，并及时做出应对措施。

企业收集的信息应当真实、准确、完整、及时、相关。企业应当准确识别、全面收集来源于企业内部及外部的信息、与企业经营管理相关的财务及非财务信息，并及时与企业外部利益相关者进行信息沟通，为企业内部控制的有效运行提供信息支持。

四、开发利用信息技术

企业的深化改革和快速发展对财务管理提出了更高的要求，而信息技术的发展，使财务管理信息化逐步得以实现。现代许多企业财务管理信息的收集、财务决策、财务分析等都得以在信息化平台上完成，而且运用信息技术进行信息收集与传递，保证了企业内、外部信息沟通的全面性和及时性。可以预见，在未来信息技术在财务管理中的应用将越来越广，甚至会针对企业财务管理的个性化特点设计出完善的财务管理信息化平台。依托于先进财务管理理念（集中核算，集中管理，动态会计，平台化等），现代信息技术将加快企业财务信息化建设工作，更全面、更深层次地满足企业财务管理的更高要求，使财务管理更好地为企业管理创新、经济发展和社会进步服务。

五、建立反舞弊机制

在内部控制框架之下，反财务舞弊机制被糅合进体系建设当中。反财务舞弊机制的目标与内部控制中的财务报告可靠性要求是一致的。在内部控制体系设计中，许多关键环节都必须与反财务舞弊机制结合起来。在内部控制评价环节，如投资管理、资金管理、资产管理、物资采购等方面都会结合不相容岗位分离、信息系统权限设置等与财务舞弊防范紧密相关的机制。反财务舞弊机制的建立从根本上保证了企业经营信息的准确性，有利于企业利益相关者对企业信息进行客观的评价，进而为他们的决策提供依据。

第五节　内部监督构成要素分析

内部监督的构成要素一般包括内部控制监督制度、内部控制缺陷认定标准、进行内部控制自我评价等几个方面。

一、内部控制监督制度

实施对企业内部控制的监督制度是防止内部控制制度"徒有虚名"和"走过场"的有效措施。

内部控制监督一般可以分为日常监督和专项监督两个方面。日常监督是指企业对建立与实施内部控制的情况进行常规、持续的监督检查。日常监督检查具有连续的、全面的、系统的特征。专项监督是指在企业发展战略、组织结构、经营活动、业务流程、关键岗位员工等发生较大调整或变化的情况下，对内部控制的某一或者某些方面进行有针对性的监督检查。专项监督的范围和频率应当根据风险评估结果以及日常监督的有效性等予以确定。专项监督具有不定期的、专门的、有针对性的特征。日常监督和专项监督应当有机结合，互相补充。

企业董事会所属审计委员会、内部审计机构或者实际履行内部控制监督职责的其他有关机构应当根据国家法律、法规要求和企业授权，采取适当的程序和方法，对内部控制制度的建立与实施情况进行监督检查，形成检查结论并出具书面检查报告。履行内部控制监督检查职责的机构，应当加强队伍职业道德建设和业务能力建设，不断提高监督检查工作的质量和效率，树立并增强监督检查的权威性。

二、内部控制缺陷认定标准

内部控制缺陷是指内部控制制度的设计存在漏洞、不能有效防范错误与舞弊，或者内部控制制度的运行存在弱点和偏差、不能及时发现并纠正错误与舞弊的情形。内部控制缺陷包括设计缺陷和运行缺陷。企业对在监督检查过程中发现的内部控制缺陷，应当采取适当的形式及时进行报告，同时，应当分析内部控制缺陷产生的原因，并有针对性地提出改进意见，不断健全和完善企业内部控制制度。

内部控制重大缺陷是指已发现的可能严重影响财务会计报告的真实可靠和资产的安全完整的内部控制缺陷。对于监督检查中发现的重大缺陷或者重大风险，应当及时向董事长和经理汇报，由企业高层决策后再进行及时纠正。

企业应当结合其内部控制制度，对在监督检查中发现的违反内部控制规定的行为及时通报情况和反馈信息，维护内部控制制度的严肃性和权威性。企业应当跟踪内部控制缺陷整改情况，并就内部监督中发现的重大缺陷，追究相关责任企业或者责任人的责任。

三、内部控制自我评价

内部控制自评是一种新兴的审计技术，它将运行和维持内部控制的主要责任赋予企业管理层，同时使内部审计与管理层一道承担对内部控制评价的责任。这使得以往由内部审计对控制的适应性及有效性进行独立验证发展到了全新阶段，即通过设计，规划和运行内部控制自我评估程序，由企业整个管理层对管理控制和治理负责。内部控制自评提供了一个管理控制风险的工具，保证内部审计人员和管理人员共同对风险进行控制。这种控制是综合地控制企业的各个方面，包括企业经营带来的社会效益。不仅要发现的问题，还要进行改进，促进各部门更有效地履行责任，使董事会更了解企业经营的实际情况以及风险。同时，也要考虑审计成本的支出，使内部审计达到更好的效果。

第七章 企业内部控制体系的构建

随着市场经济的发展，企业内部控制作为一种价值控制和综合控制，已成为现代企业管理的重要环节。如何强化内部控制机制，成为当前我国企业管理改革和发展中亟待解决的问题。特别是在现代信息化时代，研究如何建立一套行之有效的企业内部控制体系，对加强我国企业的内部控制具有重要的现实意义。

第一节 企业内部控制目标体系的构建分析

一、企业内部控制目标体系的提出

按照企业绩效管控的思维来看，任何漫无目标的管理措施都是无效的，甚至会增加企业的成本，导致不必要的资源浪费。内部控制本身是一种手段，是企业为了达到所设定的目的而进行的过程与活动，而这些目的便是内部控制的目标，因此为内部控制存在的根本，体现的是内部控制存在的目的及存在的最终预期结果。同时，内部控制目标也是建立内部控制框架以及考核、评价内部控制制度的指导性参照文件。内部控制控制管理系统除了要服务于组织其他的次级管理系统，内部控制目标更应融合、构筑于企业其他的各项管理目标。

国内企业目前正处于内部控制标准的研究和制订建设阶段。建立企业内部控制制度，首先应明确内部控制的目标，明确了内部控制的目标，才足以明确内部控制的方向。可以说，明确内部控制目标，是构建企业内部控制体系的基础和出发点，也是测试、评价企业内部控制体系建设与运行状况的基本标准。现今企业如何定位、设计、构建适合企业的内部控制管理系统与制定内部控制标准、明确内部控制的目标，此种繁杂的系统设计工程，有赖于我们认真加以思考，也迫切需要理论研究的支持。

内部控制是一个有组织、有计划的管理活动，包含管理的态度、方法、程序以及其他足以确保企业达到下列目标的评量措施。这些目标包括：

第一，配合战略目标。使各项作业均能有条不紊，且更经济有效地运作，提高产品与服务的质量。

第二，保护资源。避免因浪费、舞弊、管理不当、错误、欺诈以及其他违法事件而招致损失。

二、企业内部控制的目标定位

内部控制目标是企业建立内部控制制度所要达到的预期目的和效果，内部控制目标的定位是构建企业内部控制管理系统的关键。特定内部控制的目标应针对组织内部的每一活动来制定，并且应当是适当、易于理解及合理的，并与整个组织目标相符合。控制目标是管理阶层计划达成的正面效果，或意图避免产生负面的效果。为达到特定控制目标，企业首先应对所有活动进行大致的分类，这些活动大致可分为管理活动、经营活动、财务活动、行政活动等。然后在每一分类内，将活动划分成一组或多组重复发生的活动过程，以利于对特殊的交易或事件等关键过程进行关键性控制。这些组合应配合企业的组织结构及其责任的划分。为达到内部控制目标，企业对例行重复发生的活动必须加以认定与分析。

风险评估能够让企业及时识别、系统分析经营活动中与实现内部控制目标相关的风险，并合理确定风险应对策略。企业应当根据设定的控制目标，全面系统持续地收集相关信息，结合实际情况，及时进行风险评估。并采用定性与定量相结合的方法，按照风险发生的可能性及其影响程度等，对识别的风险进行分析和排序，确定关注重点和优先控制的风险。企业进行风险分析时，应当组成风险分析团队，按照严格规范的程序开展工作，确保风险分析结果的准确性。企业应当根据风险分析的结果，结合风险承受度，权衡风险与收益，确定风险应对策略。企业应当综合运用风险规避、风险降低、风险分担和风险承受等风险应对策略，实现对风险的有效控制。

有鉴于企业的数量众多，类型也是多种多样，各个企业的目标追求更可谓千差万别。要制定一套具有广泛、长期适用性的内部控制标准体系，需要企业在内部控制的目标定位上具有高度的概括性，既要立足于现实，又要兼顾长远的发展。从现阶段来看，保证财务报告的真实、可靠或许是企业内部控制体系建设需要突出关注的目标。内部控制的目标还应当把企业战略与经营的效率和效果作为重点考虑的目标，把保障企业目标的实现作为其基本的目标。企业内部利益相关者及其代理人应保证、实现以下基本目标的一系列控制活动：企业价值创造活动的合法性和有效性；企业价值增值分享的公平性和合理性；企业价值创造和增值分享信息的真实性和可靠性。

关于内部控制目标设定的探讨，以及对于内部控制实践价值的研究至少应该体现在如下几个方面：

第一，内部控制目标为企业内部的控制行为规定了统一的方向。

第二，内部控制目标可以起到凝聚人心的作用。

第三，内部控制目标可以加强员工对组织的认同感。

第四，内部控制目标可以提高控制效率。

第五，内部控制目标有助于在企业形成规范的工作秩序。

第六，内部控制目标为考核控制效率、内外部审计提供了依据。

就企业内部控制管理体系架构而言，至少应该与企业的管理目标相一致。在实际工作中全面控制的目标不能固定，必须因主体、需要的不同而变化。单位的规模、性质不同，控制目标就不同，同一个单位不同控制活动的目标也是不同的，各有侧重。企业全面控制的总体目标是控制风险，促使组织目标的实现，具体的目标因需要的不同而不同，可根据需要分为以下层次：

第一层次的目标是保障经营活动的合规合法性，保证按法律法规的规定来执行。

第二层次的目标是防弊纠错，保证财产物资的安全，保证会计信息的及时与真实。

第三层次的目标是建立健全符合现代企业制度要求的法人治理结构，形成科学合理的决策机制，促进提高经营管理的效率和效益，实现发展战略和经营目标。

第四层次的目标是预防和控制各种错误和弊端，及时采取有效纠正措施，防范经营管理中的各种风险。

以上的第一、二层是与会计审计需要相关的控制目标，第三、四层是与治理、管理、风险需要相关的控制目标。值得注意的是：内部控制每个目标之间是相互联系的，不可能绝对的分隔开来。其次，设定内部控制的目标，如果就管理实务来说，工作量可能比较大、比较复杂，因为有很多数据需要进行统计和分析。笔者认为，在界定内部控制的目标时，所遇到的困难主要在于如下方面：

第一，如何把握内部控制目标的合理性。

第二，如何认识内部控制目标的全面性。

第三，如何把握内部控制目标的实现程度。

第四，内部控制目标经验性与科学性的分离。

第二节　企业内部控制构建的原则

近年来，国资委、证监会及有关方面均提出了加强企业内部控制建设方面的要求，并以不同的方式指出，企业设立或完善内部控制时可以聘请专家或中介机构协助完成。如何进行企业内部控制系统的构建成为企业面临的一个现实问题。毋庸置疑，现实中并不存在一个适用于所有企业的内部控制模式，但在构建内部控制体系时，还是存在一些共性的基础。

相关人员可以在遵循共性的基础上，考虑企业各方面的特点，进行企业内部控制构建。本节将对内部控制构建的原则和流程问题进行讨论，以期能够为企业进行内部控制构建提供一些基础性的建议。

一套完整有效的内部控制体系有助于实现内部控制的目标，进而实现企业的目标。完整有效的内部控制体系除了应当满足相关规范的要求外，还应当体现出其所应具备的系统性、可操作性及预防性功能。在进行内部控制构建时企业应当遵循以下原则。

一、系统性原则

由于内部控制的内涵越来越广泛，与企业经营者及企业经营目标的联系也越来越密切，各个构成部分不断融合为一个不可分割的系统。因此，内部控制的构建首先要遵循系统性原则，即内部控制系统应当涵盖企业所有的层面，并相互协调，使企业的治理层次、管理层次有效的整合为企业内部控制体系。

（一）企业组织结构

将企业的治理层次、管理层次进行整合，使其相互协调，成为有效运转的内部控制体系，首先必须认真分析考虑企业的组织结构。委托代理关系条件下的现代企业内部表现为不同层次的权责分派。按照权责的不同，企业的权责分派体系应当主要包括决策权的分派和监督权的分派两个方面。

（二）权力的分派

1. 决策权的分派

按照决策影响范围的大小和影响时间的长短，企业的决策权一般划分为经营决策权、管理决策权和业务决策权。

（1）经营决策权

企业的经营决策权，具有全局性、长期性、战略性的特点。主要包括：确定或改变企业的经营方向和经营目标、新产品开发、企业上市、企业并购、开拓新的市场、扩展生产能力等。企业的经营决策权一般掌握在高层经营管理者手中，如董事会、总经理等。

（2）管理决策权

企业的管理决策权是指对企业的人力、资金、物资等资源进行合理配置，以及对经营组织结构加以改变的决策，具有局部性、中期性和战术性的特点。管理决策权的分派必须为实现企业战略目标服务。企业的管理决策权一般掌握在企业的中层管理者手中。

（3）业务决策权

业务决策是在一定的企业运行机制基础上，处理日常业务的决策，具有琐细性、短期性与日常性的特点。主要包括：对日常供应、生产、销售等活动的处理权。业务决策权一般掌握在企业的基层管理者手中。

2. 监督权的分派

企业的整个监控体系包括监事会、审计委员会及内部审计部门。由于监事会直接向股东大会负责，因此，监事会的监督职责在于监督董事会及企业的高层管理人员，即我们经常提到的对企业经营者的监督。而审计委员会作为董事会下的监督机构，主要职责是对管理层进行监督。企业的内部审计部门则主要是针对企业有关内部制度执行情况进行监督，涉及企业经营的各个方面，包括企业经营的效果、效率，企业财务报告信息的真实性及企业运转的合法性、合规性等。

内部控制系统的构建应当体现出企业不同层次的委托代理关系，以及由此而产生的相互制衡机制，从而保障企业不同层次目标的实现及企业长远目标的实现。企业应当按照自身不同的权责层次来构建企业的内部控制体系。

二、可操作性原则

一套具有可操作性的内部控制体系必须从企业自身特点出发，遵循成本效益原则，并充分考虑到内部控制的局限性。企业进行企业内部控制构建时，应注意以下几点：

（一）充分考虑企业的特点

内部控制构建必须从企业的实际出发。每个企业所处的行业、经营的规模、地理位置等都不同，使得企业在所处的内外环境方面、职责分工方面、组织结构方面、业务运转的程序及面对的企业客户方面都存在差别。在构建内部控制体系时，企业应当主要考虑企业内部环境、企业规模及行业特征、企业经营战略、成本因素等。

（二）认真进行成本效益分析

企业在构建和实施内部控制体系时花费的成本和由此而产生的经济效益之间要保持适当的比例，即实行内部控制所花费的代价不能超过由此而获得的效益。否则应当舍弃该控制措施，或采取其他相应的替代性控制措施。

（三）正确认识内部控制的固有局限性

内部控制的局限性主要体现在以下方面：内部行使控制职能的管理人员滥用授权；内

部承担不相容职务的人员串通舞弊；内部行使控制职能的人员素质不适应岗位要求；由于遵循实施内部控制的成本与效益原则而影响内部控制的效能；现有的内部控制只适用于经常而重复的业务等，都会影响对内部控制实施效果的评价。

三、预防性原则

预防性功能主要表现为对各类风险的分析和防范。预防性功能的实现主要有赖于企业风险管理机制的设立、内部牵制制度的实施及业务活动的流程化设计。

（一）建立风险管理机制

1. 风险管理组织机构

企业应根据规模大小、管理水平、风险程度以及生产经营的性质等方面的特点，在企业全体员工参与合作和专业管理相结合的基础上，建立一个包括风险管理负责人、一般专业管理人、非专业风险管理人和外部的风险管理服务等规范化风险管理的组织体系。该体系应根据风险产生的原因和阶段不断地进行动态调整，并通过健全的制度来明确相互之间的责、权、利，使企业的风险管理体系成为一个有机整体。

2. 风险预警体系

企业建立风险预警系统，即通过对风险进行科学的预测分析，预计风险发生的可能，并提醒有关部门采取有力的措施，防范风险的发生或对风险加以控制。企业风险预警体系的建立，将促使企业风险管理机构和人员密切注意与本企业相关的各种内外因素的变化发展趋势，从对因素变化的动态分析中预测企业可能发生的风险，并进行风险预警。

（二）实施内部牵制制度

实践证明，内部牵制机制确实有效地减少了错误和舞弊行为。因此，在现代内部控制理论中，内部牵制仍占有重要的地位，是有关组织机构控制、职务分离控制的基础。

（三）设计流程化的业务活动

对企业实际运转中相关业务活动进行控制，在企业内部控制系统中占有举足轻重的位置。企业业务活动控制应当按照业务循环来设计，对于企业的主要经济业务应当设计流程化的内部控制制度，并与企业的信息系统相结合。内部控制构建人员应当对重要经济业务进行流程分析，找出关键控制点，作为日常管理控制的重点。

第三节　分阶段构建内部控制体系

随着我国市场经济的发展和现代企业制度的逐步完善，内部控制在企业生产运营中发挥着越来越重要的作用。内部控制体系保证企业在快速发展过程中始终保持清醒的头脑，注重把风险控制在企业可承受的范围内。

毋庸置疑，内部控制作用的发挥有赖于内部控制体系的有效性，虽然内部控制的有效性可以通过内部自我评估和外部审计得到一定确证，但是这种评估和确证都是事后的，由于内部控制体系构建时逻辑模型存在的模糊性、不稳定性，以及不可及时验证性，使得事先很难测试内部控制体系需求分析的正确性和完整性，加之内部控制体系涉及很多管理体制、组织结构、人文思想和社会环境等因素，使得需求分析阶段的错误，不能立即纠正，影响后面内部控制体系的构建和实施，而且错误犯得越早，纠错代价越高。

众所周知，内部控制体系构建是一个技术复杂、涉及面广、投资不菲的系统工程，其中某一个环节、层级或者职能出现问题都可能降低企业内部控制体系的有效性，影响内部控制目标的实现。

通过对部分企业构建内部控制体系的实地调研、深入分析，我们发现企业内部控制体系失效源于内部控制体系构建的初期，所以本书研究企业构建内部控制体系的决策问题。利用规范研究方法，阐述内部控制体系构建的基础条件，分析内部控制体系设计误区，探求内部控制系统的设计和实施规律，归纳中国企业内部控制体系发展的理论模型，诠释我国企业内部控制体系构建三段论，系统地描述了内部控制系统三个阶段的特征、体系目标以及对信息系统、企业管理的要求，建立过程导向的可行性分析体系，为企业内部控制系统构建提供理论参考和实践依据。

一、研究框架设计

鉴于企业内部控制体系构建是一项涉及面广、技术复杂的系统工程，本书以系统论为理论指导，以问题为导向，应用规范研究方法，设计相应的研究框架。

首先，确定研究问题和研究条件。本书在回顾前人研究成果的基础上，基于问题导向确定了研究问题，研究企业构建内部控制体系的决策问题，为相关领域的同类和后续研究提供助推力量和参考基础，为学术资源体系贡献文献积累和知识增量，同时也试图推动和启发与内部控制体系构建和实施相关的更多的纵深研究。在界定研究问题的前提下，明确信息化和工业化的深度融合是内部控制体系的研究基础。

其次，通过分析企业构建内部控制体系存在的误区，明确中国企业内部控制体系构建和实施过程存在的误区和原因，探索我国企业内部控制体系构建规律。

最后，诠释我国企业内部控制体系构建三段论。明确内部控制体系每一阶段的特征、目标、以过程导向的内部控制体系构建的可行性评价标准，使企业能够结合自身的管理水平、信息化阶段、技术基础和管理基础构建企业内部控制体系，拓展了企业内部控制理论研究，为我国企业构建内部控制体系提供实践指导。

二、企业内部控制体系的构建

(一) 企业内部控制体系的构建基础和前提条件

以计算机技术为代表的现代信息技术推动人类进入了信息时代，目前我们处于信息无处不在的时代，企业的生产经营等活动处于信息技术环境中，现代信息技术改变了其内部控制的内容、形式和手段。尽管信息技术给企业带来了和信息、信息系统有关的风险，但由于内部控制规则已经嵌入信息系统中，所以企业在执行信息系统时会自觉履行内部控制规则，使内部控制变得方便、可靠、有效和高效。

信息化和工业化的深度融合要求企业做到信息化和内部控制深度结合、无缝连接。在内部控制体系构建过程中，梳理、完善业务流程和管理流程，优化、升级嵌入了业务流程和管理流程规则的信息系统，通过信息化和内部控制相融合来提升企业价值。

企业信息化程度越高，信息系统嵌入的内部控制规则越充分，构建内部控制体系程度、级别和阶段就越高；企业信息化程度比较低时，信息系统嵌入的内部控制规则不充分。这时如果构建程度、级别和阶段较高的内部控制体系，不仅达不到预期的效果而且也不符合成本效益原则。企业的管理水平、技术基础越高，员工执行内部控制规则的积极性和效率就越高，更容易构建程度、级别和阶段较高的内部控制体系，反之则相反。

（二）企业构建内部控制体系的误区和原因分析

内部控制活动由来已久，在我国不少企业借助内部控制体系的构建和实施，有效防范各种风险，提高了企业管理水平，增强了市场竞争力，从内部控制体系构建中获得了巨大的经济效益、提升了企业价值。但是也有部分企业由于缺少对内部控制体系内涵、本质的理解和把握，在内部控制体系构建过程中做出了一些错误决策，使构建的内部控制体系达不到预期的效果，给企业带来了巨大的经济损失。通过广泛调研和自身指导企业构建内部控制体系的经验，笔者发现许多企业在内部控制体系构建阶段存在很多误区，导致在内部控制体系构建阶段就埋下了日后实施失效的种子，这些误区主要有：

1. 扩大内部控制体系作用，盲目求全求细

部分企业片面认为，一旦构建和实施内部控制体系就会立即给企业管理带来革命性的变化。由于多数企业员工缺乏足够的心理准备和相关技能来应对突如其来的管理变革和全新的工作方式，导致内部控制体系实施小组和业务部门每日争论不休。虽然有少数企业能够坚持实施最后获得部分成功，但是大部分的企业最终还是用内部控制的术语来模拟"原先的操作"，甚至上千万的内部控制体系投资成为手册、流程图和文档等摆设。

2. 忽视内部控制体系作用，盲目分散缺乏规划

与那些投入巨资构建内部控制体系的企业相反，另一些企业则不太重视内部控制体系在企业管理中的应用，简单认为内部控制体系构建仅仅是五部委的合规性要求。他们通常没有设立内部控制体系主管部门，甚至没有一位公司级、厂级领导专门负责内部控制体系的构建，因而缺乏总体的、长期的内部控制体系规划。出于内部控制体系合规合法性的强制要求，一些业务部门如采购、生产、销售和财务等部门各自构建了应用于自己部门、自己单位的内部控制体系。企业内部控制体系构建走盲目、分散构建之路，最终内部控制信息孤立地存在于企业内部不同部门，给最后的信息集成造成不可逾越的困难。

3. 割裂内部控制和管理制度的关系，内部控制难以融入企业管理

内部控制体系和管理制度应该是融为一体的，有的企业把内部控制体系和管理制度割裂开来，片面地认为内部控制体系和管理制度是完全不同的两个方面。在设计和实施内部控制体系时，强调内部控制体系的设计和实施，忽略对其他管理制度的梳理、风险点的选择、风险应对措施的制定和优化。这会严重影响内部控制系统的设计和实施效果，因为企业在实施内部控制体系时会发生和其他管理制度相悖或者不一致的地方，每每如此，实施者会手足无措陷于迷茫。

从企业构建内部控制体系的误区来看，造成内部控制体系构建失误的主要原因有两点：

（1）对内部控制体系的实质内涵和不同构建阶段的特征缺乏了解；

（2）误解内部控制和企业管理的关系。

基于此，本书以下内容首先诠释内部控制体系的发展阶段以及不同阶段的内部控制体系的特征、目标、对信息系统和企业管理的要求。然后设计一套过程导向的分析体系，帮助企业构建符合企业管理现状、技术基础的内部控制体系。

（三）内部控制体系构建的三个阶段

内部控制发展轨迹表明，企业的管理基础、技术基础决定了企业适合构建内部控制体系的阶段。当内部控制体系符合企业的管理基础和技术基础时，它就能够合理保证企业内部控制相关目标的实现，并将企业的各种风险控制在企业可以承受的范围内，从而提升企业价值。反之，不仅不符合成本效益原则，而且会制约内部控制体系作用的发挥，甚至导致内部控制体系失效。

内部控制体系的构建是一个螺旋式上升的过程，企业不可能构建一种满足现在和将来所有环境的、一成不变的内部控制体系。内部控制实践的多姿多彩、企业管理理论的快速发展以及现代信息技术的日新月异推动着企业内部控制体系模式、结构和功能的演变。笔者认为，企业构建内部控制体系可以分为内部控制体系合法合规型，内部控制规则嵌入流程型和内部控制和管理制度完全融为一体型三个阶段。

1. 内部控制体系合法合规型

（1）特征和体系目标

合法合规是企业构建内部控制体系最基本的目标，该阶段的内部控制体系的特征是：企业正处于生命周期的导入期，企业规模相对较小，管理基础薄弱。从会计角度讲，凭证填制、审核，期末的记账、结账等程序，除部分工作已利用计算机实现业务的自动化和半自动化外，更多的工作仍是依赖员工的手工劳动，会计政策选择、会计估计变更等完全依赖人工的职业判断，工资核算、折旧的计提等重复性的劳动仍然是烦琐的、机械的。手工作业下会带来信息处理强度大，准确性差，及时性、可靠性也有需要进一步提高。

该阶段内部控制体系的目标是：企业构建的内部控制体系符合规范体系的最低要求。

（2）对信息系统的要求

企业的信息系统处于面向事务处理的阶段，采购、生产、销售等子系统是一个个独立的系统，相互之间不发生联系，存在相互独立的"信息孤岛"。比如会计信息系统的功能主要是记账、报表、工资和固定资产核算等，主要目标是将员工从机械重复的工作中解脱出来，通过自动化和半自动化的计算机系统提高业务处理的效率和准确性。此种信息系统对业务数据只能进行事后分析，可以向个别的部门提供有限的管理信息。

（3）对企业管理的要求

由于采购、生产、销售、仓储等内部控制模块都在各自部门内部构建，模块之间因存在"信息孤岛"，数据"老死不相往来"。所以合法合规型内部控制体系要求采购、生产、销售、仓储等部门业务流程和管理流程自动化，部门内部基础数据要统一规范。企业只有将各业务内部控制模块融合起来，才能实现信息在相关部门之间的及时传递或共享。

2. 内部控制规则嵌入流程型

（1）特征和体系目标

内部控制规则嵌入流程型是内部控制体系的第二个阶段。该阶段的特征是：随着企业生命周期从导入期过渡到成长期，企业规模进一步扩大。竞争环境的发展变化，使企业不仅面临着要迅速提高管理水平的迫切要求，同时还面临着无处不在的政治风险、操作风险、经营风险和财务风险，这对企业内部控制的内容、手段和方式提出了更高的要求。同时随着信息技术的快速发展和大规模联网，财务系统与供应、生产、销售等系统的全面集成为内部控制规则嵌入业务流程提供了技术条件，随着先进的管理思想如 JIT、MRP 等的出现，企业进行业务流程重组，对关键业务流程和管理流程重新梳理，逐步将内部控制规则嵌入到信息系统中。

该阶段内部控制体系的目标是：企业构建的内部控制体系满足规范体系的合法合规性已经不是最终目标，此时随着计算机技术的发展内部控制规则嵌入业务流程，企业在执行企业的业务流程时，就自动执行了内部控制规则。

（2）对信息系统的要求

企业的信息系统处于面向系统的阶段，因为系统高度集成使会计信息系统成为 MIS 系统的一个子系统。信息系统实现业务活动、管理活动和信息活动的"三流合一"，采购与付款、销售与收款等业务活动发生时，信息系统通过计划、执行、控制、评价等管理活动自动记录、维护、报告业务活动发生的信息。信息化的业务活动、管理活动嵌入了内部控制的规则，使业务系统的数据能够实时传递到会计信息系统中，同时提高了内部控制的工作效率和有效性。

（3）对企业管理的要求

在内部控制规则嵌入流程型阶段，一方面，由于业务活动、管理活动和信息活动的"三流合一"，企业采购、生产、销售、回收等业务环节中固定资产、人力资源、供销存等模块中的数据会自动传递到总账模块，系统之间的数据报告取代了部门之间的凭证传递，这就要求企业内部不同部门的基础数据必须统一。另一方面，由于部门之间的协调工作也在信息系统中完成，这要求部门之间的协调工作要实现规范化、程序化、制度化，并将"有借必有贷、借贷必相等""资产＝负债＋所有者权益"等各种规则嵌入到信息系统中。只有部门内部基础数据统一，部门之间协调工作规范化才能保证内部控制体系构建后的有效实施。

3. 内部控制和管理制度完全融为一体型

（1）特征和体系目标

内部控制和管理制度完全融为一体是内部控制体系构建的最高阶段，该阶段的特征是：随着企业由成长期进入成熟期，同业竞争日趋激烈，同时随着企业生产、经营业务的自动化管理，企业的供应链向外扩展。内部控制信息的产生、维护和报告已完全信息化，此时企业不仅存在传统意义上的政治风险、操作风险、经营风险、财务风险等，还会存在与信息和信息技术相关的信息风险，企业风险无处不在，对内部控制体系提出了新的要求。内部控制和管理制度完全融为一体，企业在执行管理制度的同时就保证了内部控制规则的履行。

因为内部控制和管理制度完全融为一体，所以这个阶段的内部控制的目标就是企业管理制度的目标。

（2）对信息系统的要求

一方面，企业的信息系统处于 OD（面向决策）的阶段，信息系统采用了全新的体系结构、运用了最新的信息技术。信息系统覆盖企业所有业务流程和环节，存储各视角数据，同时支持多种输出设备、输出内容和输出方式。信息系统可以直接记录、存储和维护时间、地点、人物、资源、风险等业务事件的属性。因为这些属性数据对使用部门是"透明"的，信息系统可以支持多种视角、层次和不同过程的信息需求。

另一方面，数据仓库技术、OLAP、数据挖掘技术等大大加强了信息系统的信息支持和企业决策能力。

简言之，本阶段信息系统注重的是如何提供对外扩展相关信息，为企业战略决策服务。

（3）对企业管理的要求

内部控制和管理制度完全融为一体型阶段，内部控制体系对企业管理的要求转变为在业务、流程自动化基础上内部控制体系如何和信息系统深度融合提升企业价值。此时，内部控制规则、管理制度已经完全嵌入高度自动化的业务处理过程。DW、OLAP 和 DM 等新技术为内部控制有关部门人员提供有价值的内部控制信息，使有关决策更加完善、有效和高效。同时新技术的广泛应用对内部控制各级管理人员提出了更加苛刻的要求。首先，各级管理人员必须严格执行企业的各种管理制度、内部控制规则和相关要求；其次，要求企业的各级管理人员必须切实了解掌握相关业务流程、管理流程和信息流程，明确内部控制体系在企业整个管理体系中的地位和作用；最后，企业的各级管理人员应该理解、掌握计算机技术和各种分析工具的运用，能够发挥计算机的高准确性、实时、高效等优势，用信息系统输出的信息来实现反映和决策职能。

以上内部控制体系阶段的划分是根据企业所处的生命周期、企业规模、管理水平、技术基础及企业对内部控制体系的要求进行的。企业最重要的是从自身管理水平和技术水平出发，做好内部控制体系构建的系统、长期规划，为以后内部控制体系顺利向更高阶段发展做好铺垫、打好基础。

（四）建立内部控制体系分阶段的可行性分析标准

在总结内部控制体系构建实践误区、经验和教训，归纳内部控制体系构建规律的基础上，要建立一套以过程导向为基础的可行性分析体系，企业应该对自身的管理基础、技术基础、信息化程度等进行评估，以构建适应企业实际需求的内部控制体系。过程导向有利于企业决策层侧重在分析评价的过程中充分认识构建内部控制体系的困难和面临的各种风险，以便为构建内部控制体系做好相关的充分准备。

1. 分析体系的组成

该分析体系由影响企业内部控制体系构建的企业内部、企业外部因素组成。企业内部因素包括企业内部管理制度和业务流程、员工素质以及内部控制体系构建现状和预算等。外部因素主要是指企业的生存环境。

企业内部管理制度和业务流程是内部控制规则的载体，内部管理制度是否健全、完整、有效，业务流程能否得到严格、有效执行直接决定了内部控制体系构建的成效；企业员工是内部控制体系构建的主体，他们的素质直接影响到内部控制体系构建的质量和速度；内部控制体系构建现状是企业内部控制体系当前的状态，说明企业内部控制体系目前处于什么发展阶段。企业生存环境，即包括政治法律环境、经济环境、社会文化和技术环境等方面，又包括供应方、同业竞争者、潜在进入者、购买方和替代品五种力量。

2. 评价题目举例

因为本书建立的评价体系是过程导向的，该分析体系的作用主要包括提供"最低标准"、度量构建难度和做好构建准备等。分析体系提供数个严格的"最低标准"，企业如果达不到某个"最低标准"，则不能建立相应阶段的内部控制体系。度量构建难度标准主要度量企业构建该阶段内部控制体系的难易度，一般而言"最低标准"之外其他的标准符合得越多，构建该阶段内部控制体系就越容易，反之则相反。该分析体系有利于促使企业决策层全面深入地分析企业的管理、技术状况，全面评估构建内部控制体系的风险，进一步做好构建内部控制体系的各种准备，防范意想之外的因素导致的内部控制体系失效。

为了提高该分析体系的可行性，本书为各影响因素设定了评价题目，企业可以有针对性地选择。

（1）内部管理制度和业务流程评价题目举例

第一，各部门是否已经制定了完善的管理制度；（最低标准）说明：企业内部管理制度的存在是构建内部控制体系的基础。

第二，部门内部管理制度是否得以贯彻执行；（最低标准）说明：该标准是建立合法合规型内部控制体系的基础。

第三，涉及部门协调的管理制度是否得到严格执行；（最低标准）说明：部门之间协调的规范化、制度化是建立内部控制规则嵌入流程型内部控制体系的基础。

第四，企业的管理制度是否频繁变动。

第五，企业是否达到了编码的唯一性、一致性；（最低标准）说明：该标准是构建规则嵌入流程型内部控制体系的基础。

第六，部门内部基础数据是否统一规范；（最低标准）说明：该标准是合法合规型内部控制体系构建的基础。

第七，是否对客户进行档案管理，是否定期对客户进行评价，企业前十大客户是否经常变动，主要客户的信誉如何。

第八，是否对供应商资料进行档案管理，是否定期对供应商进行评价，主要供应商是否经常变动，主要供应商的信誉如何，是否定期对供应商的交货提前期进行核实、管理和评价。

第九，企业销售预测方法是否科学、准确。

（2）员工素质评价题目举例

第一，是否有90%以上的职工接受了内部控制体系构建有关内容的培训。

第二，企业各部门、各级管理人员是否掌握内部控制的基本内容、原理和方法。

第三，企业员工是否具备上岗必需的业务素质和技能。

第四，企业员工是否有做好内部控制体系的愿望。

（3）内部控制体系构建现状和预算评价题目举例

第一，企业是否有副厂长、副总经理级别以上的领导专门负责内部控制体系构建工作。

第二，企业是否设立内部控制管理部门。

第三，企业是否有长期、整体的内部控制体系构建规划。

第四，企业中是否已经有个别部门将内部控制规则嵌入信息系统，自动履行内部控制规则。

第五，企业中是否存在多个集成的内部控制自动化的部门。

第七，企业目前所采用的信息技术能否支持内部控制体系的扩展和升级。

第八，企业是否有满足内部控制体系构建需要的预算。内部控制体系构建预算受企业规模、行业性质影响，可以按预算占营业收入的百分比来计算。

第九，在构建内部控制体系时是否存在其他业务、项目对内部控制体系构建资金和人员的占用。

（4）企业生存环境评价题目举例

第一，企业是否存在稳定的市场环境，是否存在较大的经营风险。

第二，企业的政企关系如何，企业在多大程度上依赖于地方政府的保护，当地政府给企业哪些有利于企业生存的特殊政策，这些政策有效期多长。

第三，企业是否经常出现违反常规的业务，企业主营业务是否经常变化。

内部控制体系的构建是一项技术复杂、耗资不菲的系统工程，企业只有按照内部控制体系的构建规律，根据企业的技术基础和管理基础选择相应阶段的内部控制体系，才能实现内部控制的目标。本书认为内部控制体系分为合法合规型，规则嵌入流程型以及内部控制和管理制度完全融为一体型等三个阶段。为了帮助企业选择内部控制体系，本书建立了一套过程导向的可行性分析体系，为企业构建内部控制体系决策提供了选择依据。该分析体系由企业内部和企业外部影响因素组成。只有在充分了解企业内部、外部影响因素的基础上构建起的内部控制体系，才能发挥最大的效用。

第四节　内部控制设计的流程

内部控制设计的流程用以指导内部控制设计者有序、有效地完成内部控制设计的每一个环节和步骤。规范化的内部控制设计流程应当包括内部控制设计的规划阶段、内部控制设计的实施阶段和内部控制的试运行及完善阶段，并按照以下程序进行。

一、内部控制设计的规划阶段

（一）界定内部控制设计的需求

这即是对内部控制设计目标的界定。一般来讲，企业的内部控制设计需求包括：

第一，设计或完善企业的整个内部控制体系。

第二，分析和控制企业的风险。

第三，改进企业的商业流程或企业的绩效。

（二）评价内部控制环境

控制环境是内部控制的基础，它设定了企业管理的基调和特色，影响着员工的控制意识，是其他控制要素的基础，同时也为其他要素提供了约束和控制结构。评价机构对企业控制环境的评价，应当主要对以下问题进行判断：

第一，是否存在总裁独裁。

第二，是否是行政化或家族化管理组织。

第三，法人治理机制是否规范。

第四，内部审计的权威性程度。

第五，管理模式是否成熟。

第六，是否存在管理人员的违规。

第七，是否存在越权接触实物、现金和重要凭证。

第八，是否存在企业文化危机等。

（三）评估内部控制成本

1. 调查内部控制现状

询问有关内部控制的情况，查阅有关内部控制的管理制度、文件和以前年度有关内部控制评价的档案。

2. 评价内部控制健全程度

将内部控制的现状与内部控制标准进行对比，确定内部控制的缺陷和潜在风险，并进一步评价内部控制的健全程度。

3. 评估内部控制成本

在对企业现行内部控制体系进行了解和评价后，评价机构应当初步评估达到预期目标将要发生的控制成本，从而决定内部控制设计阶段将要采取的控制措施。

（四）制订内部控制设计实施计划

经过对内部控制设计需求的界定，确定了内部控制设计的目标。评估了内部控制环境和内部控制评估成本后，就应当制订内部控制设计实施计划，包括人员、时间及具体设计活动安排等。

二、内部控制设计的实施阶段

（一）设计公司层面的内部控制

公司层面内部控制的设计应当包括：

第一，公司治理机制。

第二，公司目标设定、风险分析及目标实施策略。

第三，公司组织机构与权责分派机制。

第四，公司预算与业绩考评机制。

第五，对公司下属部门及附属公司的管理控制。

第六，内部控制的检查监督机制。

第七，信息系统管理控制制度。

（二）设计业务活动环节的内部控制

对各业务活动环节内部控制的设计应当包括业务活动控制的目标、控制的方式和业务控制流程等几个方面。企业所处行业不同，业务活动的性质也有很大的差异。以传统的工商业为例，业务活动环节的内部控制主要包括：

第一，销售与收款环节内部控制。

第二，采购与付款环节内部控制。

第三，生产环节内部控制。

第四，固定资产管理环节内部控制。

第五，货币资金管理环节内部控制。

第六，融资与担保环节内部控制。

第七，投资环节内部控制。

第八，关联交易环节内部控制。

第九，研发环节内部控制。

第十，人事管理环节内部控制。

需要注意的是，内部控制设计阶段初步完成后，应当进行内部控制的试运行，从而对内部控制系统合理性和有效性进行评价，并进行必要的完善，最后内部控制系统才能投入实际的运行。

第八章 企业内部控制的措施运用

在大数据时代下，企业内部控制的诸多方面也发生着变化。首先，数据将成为企业的一项重要的资产，需要配备专门的人员管理数据、进行数据的开发与维护，以便最大限度地发挥数据支持决策的作用。企业可以根据需要设置大数据部门，并且与其他部门相互关联。大数据部门提供企业内部存储的互联网、物联网等数据，对企业的发展机遇、战略定位、财务舞弊、违规行为、产品设计及营销方案等进行预测。大数据部门在分析与预测过程中，应及时与其他部门进行沟通，讨论大数据应用方案，选择合适的数据挖掘方向，适时调整企业的发展方向。大数据部门还可以通过记录员工的工作时间，完成任务的情况，工作效率，以及引入一些图像、音频等一些不可量化的标准来对员工进行考核。审计部门会利用公司完备的信息系统建立员工工作行为的大数据，在评估员工合规行为的同时，还具备预测员工舞弊行为的功能。大数据部门作为一个重要的部门，也需要有人对其进行监督与指导。此时可以设置大数据专业委员会，大数据监察员是大数据专业委员会的成员。大数据专业委员会隶属于公司董事会，独立于大数据部门，拥有信息的监督权和查阅权，监督大数据部门各项工作的完成和执行情况，并对其进行考核评价。大数据时代下企业的内部控制发生的变化主要有如下几个方面：

一、大数据时代下的企业内部控制需要搭建会计信息化平台

大数据与云服务的融合是可以构建起这样一个信息平台的。大数据的出现和云计算的融合，使云服务出现在企业管理者的面前，云服务可以有效整合信息资源，为用户提供一个资源共享平台。销售、采购、决策等各个部门能够基于同一个云平台工作，保障各部门信息之间衔接无缝、实时畅通。

云服务平台在提供便利的同时，还具有一些安全风险。大数据的出现使人们没有了隐私，企业也是如此，那么企业信息安全将会成为企业重点关注的问题。电子数据在虚拟的网络世界中，没有严密的防火墙，容易受到外界侵入，被窃取重要信息数据。在大数据时代下，会计工作内容的增加，信息化方式提升，各种数据都与计算机系统联系，一旦系统瘫痪，势必影响到企业内部控制工作的运行。加之企业的信息由原来的纸质变成存储在磁盘中，如果管理不善，很容易导致消磁，造成信息的损毁，如果员工没有及时备份的习惯，很容易造成信息的丢失。

二、企业预算的编制和分析发生了变化

传统企业的预算都是实行自上而下的传达和自下而上的预算审批，这种预算实施时效性差，大数据构建了信息集成与共享的平台，通过平台下传下一年的预算目标，并结合收集来的广泛的数据来确定预算编制政策。建立企业预算管理数据科，能够对企业内外部构成的海量数据进行分布式处理与多维分析，对纵向的企业历史数据和横向的相关行业数据

进行整合分析，从而使企业的预算管理功能向战略管理和决策辅助方向拓展。预算管理数据科同样具有实时更新的动态性，可以使预算的编制和分析不再局限于事后，而是向事前、事中和事后的全过程转变，通过战略绩效的一体化，以结果导向保证预算的执行和控制。

尤其是在国有大中型企业，更应该利用大数据带来的便利。反腐力度的加大，使许多企业的预算都只能专款专用，企业没有对预算做好合理的计划，平时对这些预算不敢轻易动用，唯恐最后落到"没钱花"的地步，导致年底时大量预算没有使用，迫使企业想方设法地"花完"预算。最终使得这部分预算的价值没有得到真正发挥。比如员工培训，很多国有企业，到年底时发现还存在大量对员工培训这部分经费，于是"拼命"的培训。这时我们运用大数据，分析以往年度的花费情况，花费集中的区域，再将新增加的一些预算做进去，对预算进行合理的划分，使得预算能够真正利用起来。

三、大数据将非结构数据引入报表分析中，使得企业将定性指标可以量化的设想成为可能

为了将非结构数据更加具体化，便于数据进行沟通，企业可以建立一种企业信息管理机制，该机制涵盖了维持企业发展的各种因素。可以将政府、投资者、股东、供应商合作伙伴等企业利益相关者对企业的反应纳入体系当中。这不仅是互联网线上的相关行为，还包括企业利益相关者线下与企业的接触后而对企业产生的反应，这些反应由于人们在社会网络中角色的不同，涵盖了诸如顾客对产品的满意度、投资方的态度、政策导向等各种可能的情况。所有这些信息通过线下向互联网映射，在互联网中通过相互交叉作用，由这些相关者的情绪形成了相关企业的网络舆情。

相关者的这些情绪可以分为积极情绪，中性情绪和消极情绪。这些不同的情绪经过网络上交互过程中的聚集、排斥和融合作用，最后会产生集体智慧，从而帮助企业管理层了解现有的危机，发现舞弊的可能并及时预防，大数据将成为现代企业管理的工具，它可以使企业发现自身的弊端，明确今后应该努力的方向。

四、大数据时代下信息更易得、更全面，会计监督面临新的挑战

在大数据时代，由于信息的易得性，所需要的全部数据可以较容易地得到，利用数据仪表盘等可视化工具，就可以对企业的数据实现实时、全面监控，可以让企业管理者及时了解企业内部各个部门的工作状态和运营状况。但是，数据规模的扩大必然会产生大量无用信息，数据质量会有所下降。正如前文所提到的，大数据背景下，非结构化数据的比例增加，会计信息结构日益复杂，导致会计信息的精准性降低，发生非系统性错误或造假的可能性上升。会计信息中的非结构化数据能够反映企业财务状况以外的信息，如企业的企业文化、员工工作积极性等信息。企业能够全面分析的同时，也给会计监督带来了新的挑战，会计信息数量的增加，结构日趋复杂，信息类型也不再单一，会计监督工作中传统的信息判断标准开始失效，需要对会计信息的质量标准提出新的要求，会计监督工作需要在信息的数量与精确性之间找到有效平衡。

企业在进行内部监督时，大数据部门要发挥其作用，特别关注财务报告表内和表外非结构化数据的变化。非结构化数据的来源渠道各异、数据格式不一，对于非结构化数据的

监督要在统一原则的基础上做到具体问题具体分析，针对不同数据的特点进行不同形式的监督和判断。只有顺应了时代潮流的发展企业才能变大变强，才能在竞争中取胜。

第一节　不相容职务分离控制

一、不相容职务分离控制的基本要求

不相容职务是指那些如果由一个人担任既可能发生错误和舞弊行为，又可能掩盖其错误和舞弊行为的职务。不相容职务通常是指授权批准、业务经办、会计记录、财产保管、稽核检查等职务，其主要内容包括：授权批准与业务经办、业务经办与会计记录、会计记录与财产保管、业务经办与稽核检查、授权批准与监督检查等。企业应当系统、完整地分析、梳理执行每项经济业务或事项涉及的不相容职务，并结合岗位职责分工采取分离措施。有条件的企业，可以借助计算机信息技术系统，通过权限设定等方式自动实现不相容职务的相互分离。

不相容职务分离控制要求企业根据各项经济业务与事项的流程和特点全面系统地分析、梳理业务流程中所涉及的不相容职务，实施相应的分离措施，形成各司其职、各负其责、相互制约的工作机制。

对于不相容的职务，如果不实行相互分离的措施，就容易发生舞弊等行为。例如，物资采购业务，批准进行采购与直接办理采购即属于不相容的职务，如果这两个职务由同一个人担当，即出现该员工既有权决定采购什么，采购多少，又可以决定采购价格、采购时间等情况，如果没有其他岗位或人员的监督制约，就容易发生舞弊行为。又如，一个会计人员既保管支票印章，又负责签发支票；或者既记录支票登记簿，又登记银行存款日记账；或者既负责编制会计凭证，又负责企业与银行之间账目的审核与对账等工作等，就完全不符合不相容职务相互分离的控制原则，很有可能会产生舞弊行为。

二、不相容职务分离的核心要求

不相容职务分离的核心是"内部牵制"，因此，企业在设计、建立内部控制制度时，首先应确定哪些岗位和职务是不相容的，其次要明确规定各个机构和岗位的职责权限，使不相容岗位和职务之间能够相互监督、相互制约，形成有效的制衡机制。

不相容职务分离控制实质上是编辑、策划、控制在内部控制中的应用。职责分工控制要求根据企业目的和职能任务，按照科学、精简、高效的原则，合理设置职能部门和工作岗位，明确各部门、各岗位的职责权限，以便各部门、各岗位各司其职、各负其责，尽可能地防范舞弊行为的发生，也便于考核、形成相互制约的工作机制。

企业应当结合岗位特点和重要程度，建立规范的岗位轮换制度，防范并及时发现岗位职责履行过程中可能存在的风险，以强化职责分工控制的有效性。例如，企业应当明确财务等关键岗位员工轮岗的期限和有关要求。

由于不相容职务是指那些如果由一个人担任既可能发生错误和舞弊，又可能掩盖其错误和舞弊行为的职务，所以，内控制度强调要实行职务分离控制。为了要减少舞弊行为发生的概率，内控制度还强调关键岗位应建立强制轮换制度，这也是很重要的，由于领导、员工离岗时的工作交接会受到他人监督，那么其实施并掩盖舞弊的机会将大大减少，现实中有不少挪用或贪污等舞弊现象都是在工作交接时被发现的。如：美国货币管理局要求全美的银行雇员每年休假一周，在雇员休假期间，安排其他人员接替做他的工作，其意图就是防止和发现雇员可能存在的舞弊。通过强制岗位轮换，或者带薪休假，在休假期间工作由别人暂时接替，则舞弊被发现的概率会大大增加，相应地，员工舞弊的动机则会大大减弱。因此，对我国企业来说，非常有必要对财务岗位、领导岗位建立强制轮换或带薪休假制度。

当然，职务分离和岗位轮换制度都是为了加强内部牵制，但不能因此而将内部控制片面地理解为就是内部牵制。事实上，内部牵制是内部控制的最初发展形势，内部牵制确实还是现代内部控制的重要方法和原则之一，是组织机构控制、职务分离控制的基础。但是，现代企业内部控制的内容不仅仅只有内部牵制，还包括预算控制、资产保护控制、人员素质控制、风险控制、内部报告控制、电子信息系统控制、内部审计控制等，而这些都不是内部牵制所能涵盖的。

三、不相容职务检查的主要内容

基于不相容职务分离的原则，企业在组织机构设置中，应考虑设计自动检查和平衡的功能，其检查要求是：

（一）每类经济业务的发生与完成

不论是简单的还是复杂的，必须经过两个或两个以上的部门或人员，并保证业务循环中的有关部门和有关人员之间要进行相互检查与核对。如果企业没有适当的职务分离，则发生错误和舞弊的可能性更大。例如，一项支票业务的签发必须经过不同部门或人员，如支票申领人、签发支票人、支票核对人、支票盖章人、支票记录人等，并保证该业务循环中有关部门之间相互进行检查与制约。实践证明，对以下五种职务进行分离并对其进行监督检查，有利于随时发现各种错弊情况：一是授权批准职务与执行业务职务相分离；二是执行业务职务与监督审核职务相分离；三是执行业务职务与会计记录职务相分离；四是财产保管职务与会计记录职务相分离；五是执行业务职务与财产保管职务相分离。

例如，在企业的某项资产管理中，资产的保管与记录之间要进行核对检查，故资产的保管、资产的记录是不相容职务，应当实行分离。当然，不相容职务分离这项控制需要各个职务分离的员工各守其责，如果担任不相容职务的职工之间相互串通勾结，则不相容职务分离的作用就会消失。

总之，对一项经济业务处理的全过程检查应注意其各个步骤是否分派给不同的部门和人员来负责，以防止一人包办到底的情况发生。

（二）在每项经济业务检查中

检查者不应从属于被检查者领导，以保证检查出的问题不被掩盖，并及时得到纠正。例如，保管材料的仓库保管员在没有及时取得符合质量和数量要求的材料时，可能向上级领导反映，以便引起管理部门的重视；如果其上级是采购员，则反映结果往往会引起采购员的不满甚至抵触。同样，如果销售经理的上级是主管制造的副总经理，则销售经理将产品质量问题引起顾客不满而向上反映时，往往会被其上级所掩饰。

（三）权力与职责应当明确地授予具体的部门和人员

企业应尽可能给予有关部门与人员一定的自主权，以便为组织内部全部经济活动的各个岗位规定明确的经济责任。这种权力与职责通常应当以书面文件的形式加以规定。如果有责无权，内部控制的职责就会无法落实，这种情形应当及时发现，及时纠正。

四、不相容职务分离控制的主要目的

职务分离控制是指对处理某种经济业务所涉及的职责分派给不同的人员，使每个人的工作都是对其他有关人员的工作的一种自动检查。职务分离的主要目的是预防和及时发现职工在履行职责过程中产生错误和舞弊行为。

从控制的观点看，如果一位负有多项责任的人员在其正常的工作过程中经常发生错误或舞弊，并且内部控制制度又难以发现，那么就可以肯定他所兼任的职务中有些职务是不相容的。对于不相容职务必须进行分离，包括在组织机构之间的分离和组织机构内部有关人员之间的分离。为此，职务分离控制要求做到：

第一，任何业务尤其是货币资金收支业务的全过程，不能由某一个岗位或某一个人包办。

第二，经济业务的责任转移环节不能由某一个岗位单独办理。

第三，某一岗位履行职责情况绝不能由其自己说了算。

第四，财务等重要权力的行使必须接受定期独立的审查等。

第二节　授权审批控制

一、授权批准控制的基本要求

授权是指授予对某一大类业务或某项具体业务做出决策的权力，通常包括常规授权（一般授权）和特别授权两种方式。

授权批准是指单位在办理各项经济业务时，必须经过授权批准的程序。授权审批控制要求企业根据常规授权和特别授权的规定，明确各岗位办理业务和事项的权限范围、审批程序和相应责任等内容。

授权控制在日常工作中主要表现为审核批准控制，即要求企业各部门、各岗位按照规定的授权和程序，对相关经济业务和事项的真实性、合规性、合理性以及有关资料的完整性进行复核与审查，通过签署意见并签字或者签章，做出批准、不予批准或者做其他处理决定。为此，企业应当编制常规授权权限指引，规范特别授权范围、权限、程序和责任，严格控制权。企业各级管理人员应当在授权范围内行使职权和承担责任。

二、授权批准的形式

授权批准形式通常有常规授权和特别授权之分。

（一）常规授权

常规授权（又称一般授权）是指企业在日常经营管理活动中按照既定的职责和程序进

行的授权。

常规授权是对办理常规性经济业务的权力、条件和有关责任者做出的规定。如企业对各职能部门权限范围和职责的规定属于常规授权。层次的授权过大，则风险不易控制；过小，则效率降低。常规授权适用于经常发生的数额较大的交易，如赊销时的价格表与信用额度等，其时效性一般较长。企业可以根据常规性授权编制权限指引并以适当形式予以公布，提高权限的透明度，加强对权限行使的监督和管理。

常规授权通常是在对该业务管理人员任命的时候确定的，在管理部门中也采用岗位责任制或管理文件的授权形式认定，或在经济业务中规定其办理条件、办理范围等形式予以反映。

（二）特别授权

特别授权是指企业在特殊情况、特定条件下进行的授权。特别授权适用于管理当局认为个别交易必须经特定批准的情况。对于对外投资、资产处置、资金调度、资产重组、收购兼并、担保抵押、财务承诺、关联交易等重要经济业务事项的决策权，以及超过一般授权的常规交易都需要特殊授权。这种授权只涉及特定条件下处理特定的经济业务的相关人员，且应保持在较高管理层手中。

特别授权是一种临时性授权，是企业在特殊情况、特定条件下进行的应急性授权。企业应当关注对临时性授权的管理，规范临时性授权的范围、权限、程序、责任和相关的记录措施。有条件的企业，还可以采用远程办公等方式逐步减少临时性授权。

和常规授权相比，特别授权往往是指对办理例外的、非常规性事件的权力、条件和责任的特殊规定，比如非经常的、重大的、长期性的筹资行为和投资决策等，而日常的、短期性的、经营性的行为属于常规授权的范围。

企业对于重大的业务和事项，应当实行集体决策审批或者联签制度，任何个人不得单独进行决策或者擅自改变集体决策。

三、授权批准体系

一个完善的授权批准体系包括以下几个方面：

（一）授权批准的范围

企业所有的经营活动一般都应当纳入授权批准的范围，以便全面预算与全面控制。授权批准的范围不仅包括控制各种业务的预算（计划）制定情况，还要就紧接着的办理手续对相关人员进行授权，同时，对业务的业绩报告也要授权有关人员反映和考核。

（二）授权层次

授权应当是有层次的，企业应当区别不同情况分层授权。根据经济活动的重要性和金额大小确定不同的授权批准层次，有利于保证企业各管理层和有关人员有权有责。授权批准在层次上应当考虑连续性，要将可能发生的情况全面纳入授权批准体系，避免出现真空地带。当然，应当允许根据具体情况的变化，不断对有关制度进行修正，适当调整授权层次。新业务出现时，要配上相应的规定；金额规模发生变动的，要修改原有的层次界定。

（三）授权责任

被授权者应当明确在履行权力时要对哪些方面负责，避免授权责任不清，一旦出现问题又发生难辞其咎的情况。

以差旅费报销业务为例，应根据企业总体组织计划中对部门权限范围和职责做出相应的规定。此项业务一般会涉及以下三个部门与相关的人员：报销人员与所在部门负责人应对报销事项的真实性负责；审核的部门与人员应核定费用报销的相关标准；会计部门审核有关单据的合法性、完整性，对符合条件的情形予以报销。

（四）授权批准程序

企业的经济业务既涉及企业与外单位之间资产与劳务的交易，也包括在企业内部资产和劳务的转移和使用。因此，每类经济业务都会有一系列内部相互联系的流转程序。所以，企业应当规定清楚每一类经济业务的审批程序，以便按程序办理审批，避免超级和违规审批的情况发生。

四、授权批准管理要求

任何一个企业的授权控制应努力达到以下几个方面的要求：

（一）企业所有人员不经合法授权，不能行使相应权力

这是最起码的要求。不经合法授权，任何人不能审批；有权授权的人则应在规定的权限范围内行事，不得越权授权。包括股东（大）会对董事会的授权原则、授权内容也应当在企业章程中做出明确具体的规定。

（二）企业的所有业务未经授权不能执行

企业内部的各级管理层必须在授权范围内行使职权和承担责任，经办人员也必须在授权范围内办理业务。

（三）对于审批人超越授权范围的审批业务

企业经办人员有权拒绝办理，但应及时向审批人的上级授权部门报告。

五、授权批准检查制度

企业要通过必要的检查程序来确保每类经济业务授权批准的工作质量，这是内部控制中很重要的工作环节之一。这种检查方法主要有如下几种：

（一）检查凭证和文件

经济业务发生和完成时，通常要编制、审核一系列单据或文件，这些单据文件是授权批准的执行证据，通过审查可反映授权批准手续的执行程度。例如，核对购货发票和采购订单，以检查采购业务是否符合授权标准、价格是否合理、货款支付方式是否正确。如果购货发票上的数量、金额与采购订单不一致，货款支付仅以购货发票为依据时，则说明在采购和货款支付的授权批准程序上存在失控情况。

（二）现场观察

观察授权批准的工作现场有时确实有助于判断授权批准的工作质量。例如，某企业规定购货时需经电话询问取得三种报价后才可发出订单，为了查明经办人员是否执行上述授权批准条件，只有通过现场观察才能了解确切。

第三节 会计系统控制

一、会计系统控制的基本要求

会计作为一个信息系统，对内能够向管理层提供经营管理的诸多信息，对外可以向投资者、债权人等提供用于投资等决策的信息。

会计系统控制要求企业严格执行会计准则或会计制度，加强会计基础工作，明确会计凭证、会计账簿和财务会计报告的处理程序，规范会计政策的选用标准和审批程序，建立、完善会计档案保管和会计工作交接办法，实行会计人员岗位责任制，充分发挥会计的监督职能，保证会计资料的真实完整。

企业应当依法设置会计机构，配备会计从业人员。从事会计工作的人员，必须取得相应的职业资格证书，会计机构负责人应当具备会计师及以上专业技术职称。大中型企业应当设置总会计师，设置总会计师的企业，不得设置与其职权重叠的副职。

会计系统控制主要是通过对会计主体所发生的各项能用货币计量的经济业务进行确认、计量、记录、报告所实施的控制。从日常会计核算工作的内容来看，主要包括以下几个方面：

第一，建立会计工作的岗位责任制，对会计人员进行科学合理的分工，使之相互监督和制约；

第二，按照规定取得和填制原始凭证；

第三，设计良好的凭证格式；

第四，对凭证进行连续编号；

第五，规定合理的凭证传递程序；

第六，明确凭证的装订和保管手续责任；

第七，合理设置账户，登记会计账簿，进行复式记账；

第八，按照《会计法》和国家统一的会计制度的要求编制、报送、保管财务会计报告等。

二、会计记录控制

会计记录控制是会计系统控制中的重要方法之一，其主要内容有：

（一）凭证编号

凭证编号是企业常用的控制方法。它可以控制企业填制的单据数量，以及相应的交易涉及的其他文件，如支票、发票、订单、存货收发证明等的使用情况，便于查询，避免重复、遗漏。更重要的是，编号的连续性一定程度上可以减少抽取发票、截取银行收款凭证等贪污舞弊行为发生的可能性。

（二）复式记账

复式记账能够将企业发生的经济业务按其来龙去脉、相互联系地、全面地记入有关账户，使各账户完整地、系统地反映各会计要素具体内容的增减变动情况及其结果。通过复式记账与借贷平衡，有利于保证会计账面记录的正确性，从而保证会计信息正确完整。

（三）统一会计科目

企业应根据会计准则规范要求和经营管理的实际需要，统一设置会计科目，特别是集团性公司更有必要统一下级公司的会计记账的明细科目，以便于统一口径、统一核算、有效分析。企业可以列一张有全部会计科目的清单，一般包括会计科目编号、名称、级别、类别等几个方面，并附有每个账户的内容说明。对于会计准则尚未统一规定的明细科目，企业可以自行设定。

（四）会计政策

企业制定会计政策应当符合会计准则的规范要求，也应当从企业内部控制及管理要求出发，编制一份专门的会计政策文件，让有关人员知晓，必要时也可在整个集团统一某些会计政策，以便于汇总管理和考核。这样按统一会计政策进行会计处理，也可以减少发生错误的可能性。

（五）结账程序

结账是一项将账簿记录定期结算清楚的账务处理工作，包括对收入、费用的结算，以揭示当期的经营活动成果，还包括对资产、负债、所有者权益的结算，结算出各账户的期末余额以便结转下期。

企业可运用流程图来设计结账的工作步骤、内容、完工时间、有关责任人，以保证结账工作顺序进行。流程图是由一定符号组成，反映企业业务中的不同部门与不同职位间的相互关系的图表。它既是企业管理的有效工具，也是评价内部控制的重要手段。运用流程图来设计结账程序并控制结账程序，能够保证企业会计处理的及时完成，并且能及时发现错误并加以改正。还可以运用流程图来确定内部会计控制的流程、凭证的传递与关键控制点等。随着网络技术的推广，一些企业将某一经济业务的会计处理当前进行到哪个部门，到哪个人员手中，动态地反映在局域网上，时刻加以监控，以保证结账程序能够顺利完成。

三、内部会计控制规范

内部会计控制是指单位为了提高会计信息质量，保护资产的安全、完整，确保有关法律、法规和规章制度的贯彻执行等而制定和实施的一系列控制方法、措施和程序。

内部会计控制是整个企业内部控制系统中的一个十分重要的、不可或缺的子系统。也可以这样认为，内部会计控制是企业内部控制的核心。随着市场经济的深入发展，内部会计控制在管理中的重要性程度正在不断提高，内部会计控制的重要性也会被越来越多的人所认识。企业管理越加强，内部会计控制越重要。

有人认为，内部控制就是内部会计控制，其实，这是一种误解。将内部控制等同于内部会计控制是不全面的，因为内部控制不仅仅涉及会计，它还贯穿于整个企业生产经营管理的全过程。企业应当针对采购、生产经营、销售、财务管理、研究开发、人力资源等各方面全面地制定内部控制制度。内部控制至少可以划分为内部会计控制和内部管理控制。这种划分思想在审计界曾产生了广泛的影响，促成了当时基础审计制度的产生。严格分清各项控制究竟是内部会计控制还是内部管理控制，并无多大实际意义，因为内部会计控制和内部管理控制是相互联系的，两者难以分割清楚。

四、内部会计控制分类与主要内容

内部会计控制的内容应当涵盖企业财务会计管理的全过程，它是企业内部会计控制的主体与核心，规定了企业应对哪些经济活动和环节进行控制。企业内部会计控制主要包括以下九个方面的内容：

（一）货币资金控制

办理货币资金业务时，不相容岗位应当分离。相关机构和人员应当相互制约，确保货币资金的安全。审批人应当根据货币资金授权批准制度的规定，在授权范围内进行审批，不得超越审批权限进行审批。经办人应当在职责范围内，按照审批人的批准意见办理货币资金业务。对于审批人超越授权范围审批的货币资金业务，经办人员有权拒绝办理，并及时向审批人的上级授权部门报告。企业应当按照支付申请、支付审批、支付复核、办理支付等规定的程序办理货币资金支付业务。

（二）实物资产控制

企业应当建立实物资产管理的岗位责任制度，对实物资产的验收入库、领用、发出、盘点、保管及处置等关键环节进行控制，防止各种实物资产被盗、毁损和流失。

（三）对外投资控制

企业应当建立规范的对外投资决策机制和程序。通过实行重大投资决策集体审议联签等责任制度，加强对投资项目立项、评估、决策、实施、投资处置等环节的会计控制，严格控制投资风险。

（四）工程项目控制

企业应当建立规范的工程项目决策程序，明确相关机构和人员的职责权限，建立工程项目投资决策的责任制度。加强对工程项目的预算、招投标、质量管理等环节的会计控制，防范决策失误及工程发包、承包、验收等过程中的舞弊行为。

（五）采购与付款控制

企业应当合理设置采购与付款业务的机构和岗位，建立和完善采购与付款的会计控制程序。加强对请购、审批、合同订立、采购、验收、付款等环节的会计控制，不相容职务要尽量分离，堵塞采购环节的漏洞，减少采购风险。

（六）筹资控制

企业应当加强对筹资活动的会计控制，合理确定筹资规模和筹资结构，选择筹资方式，降低资金成本，防范和控制财务风险，确保筹措资金的合理性及资金使用的效益性。

（七）销售与收款控制

企业应当在制定商品或劳务等的定价原则、信用标准和条件、收款方式等销售政策时，充分发挥会计机构和相关人员的作用。加强对合同订立、商品发出和账款回收的会计控制，避免或减少坏账损失。

（八）成本费用控制

企业应当做好成本费用管理的各项基础事务，制定成本费用标准，分解成本费用指标。控制成本费用差异，考核成本费用指标的完成情况，落实奖罚措施，降低成本费用，提高经济效益。

（九）担保控制

企业应当严格控制担保行为，建立担保决策程序和责任制度，明确担保原则、担保标准和条件、担保责任等相关内容。加强对担保合同订立的管理，及时了解和掌握被担保人的经营和财务状况，防范潜在风险，避免或减少可能发生的损失。

第四节　财产保护控制

一、财产保护控制的基本要求

为了保全企业的财产，企业应当严格限制未经授权的人员接触和处置财产，并采取定期盘点、财产记录、账实核对、财产保险等措施，确保各种财产的安全完整。

二、限制接近

限制接近主要指严格限制无关人员对资产的接触，只有经过授权批准的人员才能够接触资产。限制接近包括限制对资产本身的直接接触和通过文件批准的方式对资产使用或分配的间接接触。一般情况下，对货币资金、有价证券、存货等变现能力强的资产，必须限制无关人员的直接接触。

（一）限制接近现金

现金收支的管理应该局限于特定的出纳员。这些出纳员要与控制现金余额的会计记录人员和登记应收账款的人员相分离。可以设立单独封闭的出纳室或带锁抽屉的收银机来保护现金的安全。较少现金的支出也可以通过指定专门的核算人员管理备用金的方法来加以控制。

（二）限制接近其他易变现资产

其他易变现资产，如应收票据和有价证券等，一般都是采用确保两个人同时接近资产的方式加以控制。如由银行等第三方保管易变现资产，在处理易变现资产时，应由两名管理人员共同签名后方可执行。

（三）限制接近存货

在制造业和批发企业中，存货的实物保护可以通过由专职的仓库保管员控制，设置分离、封闭的仓库区域，以及工作时间之内和工作时间之后控制进入仓库区域等方式实现。在零售企业中，存货的实物保护可以通过在营业时间中和营业时间后控制接近库房的方式来实现。另外，对贵重商品使用带锁的营业柜，聘用专人日常巡视和安装某些监控设备等，也是比较常用的实物保护控制措施。

三、定期盘点

定期盘点是指定期对实物资产进行盘点，并将盘点结果与会计记录进行校对。如盘点结果与会计记录不一致，说明可能在资产管理上出现了错误、浪费、损失或其他不正常现象，应当分析原因、查明责任、完善管理制度。

（一）定期与会计记录核对

实物资产盘点记录要与会计记录核对一致在很大程度上保证了资产的安全。虽然我们并不排除实物资产和会计记录存在发生相同错误的可能，但发生这种集体错误的可能性还是很低的。为保证盘点时资产的安全，通常应先盘点实物，再核对账册，以防止盘盈资产的流失。

（二）进行差异调查与调整

实物盘点结果与有关会计记录之间的差异应由独立于保管和记录职务的人员进行调查。为防止差异再次发生，相关人员应通过详细调查分析原因、查明责任，并根据资产性质、现行的制度以及差异数额以及产生的原因，采取保护性控制。

需要说明的是，可以根据资产形态来确定盘点频率。显然，动产较之不动产，可携带品较之不可携带品，消费品较之生产用品，货币性资产较之非货币性资产，盘点频率要高得多。

第五节 预算控制

一、预算控制的基本要求

预算是指企业结合整体目标及资源调配能力，经过合理预测、综合计算和全面平衡，对当年或者超过一个年度的生产经营和财务事项进行相关额度、经费的计划和安排的过程。预算控制通常是以全面预算为手段，对企业内部各部门的各种财务及财务资源所进行的控制。预算控制要求企业加强预算编制、执行、分析、考核等环节的管理，明确预算项目，建立预算标准，规范预算的编制、审定、下达和执行程序，及时分析和控制预算差异，采取改进措施，确保预算执行的效果。

为了引导企业加强对预算的内部控制，企业应当规范预算编制、审批、执行、分析与考核，提高预算的科学性和严谨性，促进预算目标的实现。

企业预算一般包括经营预算、资本预算和财务预算。

经营预算是指规划和控制预算期间日常生产经营活动的预算。经营预算的内容可分两部分：一部分是直接反映生产经营活动的预算，包括销售预算、生产预算、直接材料预算、直接人工预算、制造费用预算、产品单位成本预算、销售及行政管理费预算等。另一部分是反映企业生产经营活动的财务状况和经营成果的预算，包括预计损益表、预计资金平衡表、现金预算等。

资本预算又叫投资预算，是在可行性研究的基础上对企业固定资产的购置、扩建、改造、更新等编制的预算。投资预算具体反映在何时进行投资、投资多少、资金从何处取得、何时可获得收益、每年的现金净流量为多少，需要多少时间回收全部投资等。由于投资的资金来源往往是影响企业决策的限定因素之一，而对厂房和设备等固定资产的投资又往往需要很长时间才能收回，因此，投资预算应当力求和企业长期战略以及长期计划紧密联系在一起。

财务预算是集中反映未来一定期间（一般为一年）现金收支、经营成果和财务状况的预算，是企业经营预算的重要组成部分。财务预算的内容一般包括现金预算、预计损益表和预计资产负债表等。其中，现金预算反映企业在预算期内，由于生产经营和投资活动所引起的现金收入、现金支出和现金余缺情况；预计损益表反映企业在预算期内的经营业绩，即销售收入、变动成本、固定成本和税后净收益等构成情况；预计资产负债表反映企业在预算期末的财务状况，即资金来源和资金占用以及它们各自的构成情况。

财务预算是企业所有预算的核心。企业财务预算应当围绕企业的战略要求和发展规划，以业务预算、资本预算为基础，以经营利润为目标，以现金流为核心进行编制，并主要以财务报告形式予以充分反映。企业财务预算一般按年度编制，业务预算、资本预算、筹资预算分季度、月份落实。企业编制预算，应当按照先业务预算、资本预算、筹资预算，后财务预算的流程进行，并按照各预算执行单位所承担经济业务的类型及其责任权限，编制不同形式的财务预算。

企业应当建立预算管理体系，明确预算编制、审批、执行、分析、考核等各部门、各环节的职责任务、工作程序和具体要求。企业在建立与实施预算内部控制中，至少应当强化对下列关键方面或关键环节的控制：

第一，职责分工、权限范围和审批程序应当明确规范，机构设置和人员配备应当科学合理。

第二，预算编制、执行、调整、分析、考核的控制流程应当清晰严密，对预算编制方法、审批程序、预算执行情况检查、预算调整、预算执行结果的分析考核等应当有明确的规定。

预算编制应当实行全员参与、上下结合、分级编制、逐级汇总、综合平衡。企业应当按照内部经济活动的责任权限进行预算控制，预算内资金实行责任人限额审批，限额以上资金实行集体审批。严格控制无预算的资金支出。

二、预算岗位分工与授权批准

企业应当建立预算工作岗位责任制，明确相关部门和岗位的职责、权限，确保预算工作中的不相容岗位相互分离、制约和监督。

预算工作不相容岗位一般包括：①预算编制（含预算调整）与预算审批；②预算审批与预算执行；③预算执行与预算考核。

三、预算工作组织领导与运行体制

企业应当建立预算工作组织领导小组与运行体制，明确企业最高权力机构、决策机构、预算管理部门及各预算执行单位的职责权限、授权批准程序和工作协调机制。

第一，股东大会（股东会）或企业章程规定的类似最高权力机构（以下统称企业最高权力机构）负责审批企业年度预算方案。

第二，董事会或者企业章程规定的经理、厂长办公会等类似决策机构（以下统称企业决策机构）负责制订企业年度预算方案。

第三，企业可以设立预算委员会、预算领导小组等专门机构（以下统称企业预算管理部门）具体负责本企业预算管理工作。不具备设立专门机构条件的企业，可以指定财会部门等负责预算管理工作。

第四，总会计师应当协助企业负责人加强对企业预算管理工作的领导与业务指导。

第五，企业内部相关业务部门的主要负责人应当参与企业预算管理工作。

第六，企业预算管理部门主要负责拟订预算目标和预算政策；制定预算管理的具体措施和办法；组织编制、审议、平衡年度预算等预算草案；组织下达经批准的年度预算；协调、解决预算编制和执行中的具体问题；考核预算执行情况，督促完成预算目标。

第七，企业内部生产、投资、筹资、物资管理、人力资源、市场营销等业务部门和所属分支机构在企业预算管理部门的领导下，具体负责本部门、本机构业务预算的编制、执行、控制、分析等工作，并配合预算管理部门做好企业总预算的综合平衡、控制、分析、考核等工作。

第八，企业所属子公司在上级企业预算管理部门的指导下，负责本企业预算的编制、执行、控制和分析工作，并接受上级企业的检查和考核。所属基层企业负责人对本级企业预算的执行结果负责。

企业应当制定预算工作流程，明确预算编制、执行、调整、分析与考核等各环节的控制要求，并设置相应的记录或凭证，如实记载各环节工作的开展情况，确保预算工作全过程都得到有效控制。

第六节　运营分析控制

一、运营分析控制的基本要求

根据财政部、证监会、审计署在 2008 年联合发布的《企业内部控制基本规范》第三十四条的规定，"要求企业建立运营情况分析制度，经理层应当综合运用生产、购销、投资、筹资、财务等方面的信息，通过因素分析、对比分析、趋势分析等方法，定期开展运营情况分析，发现存在的何题，及时查明原因并加以改进。"

分析与控制都是企业管理的手段，达到预算目标或控制目标才是企业运营分析的真正目的。

二、企业运营分析主要指标

(一) 盈利能力状况分析

企业管理的目标可以简洁地概括为生存、发展、获利。企业只有发展，才能更好地生存；而只有获利，才能更好地发展。可以说盈利是企业成立的出发点和归宿点。盈利能力的分析可以通过利润总额、净利润、销售利润率、成本费用利润率、资产利润率、投资报酬率、资本净利率等指标进行分析和评价。

(二) 资产质量状况分析

企业内部的人力资源与生产资料资源配置得越合理，生产经营效率与资金利用效率就越高，企业也就越有发展前途。资产质量及其营运能力分析可以通过应收账款周转率、存货周转率、流动资产周转率、总资产周转率等指标进行分析与评价。

（三）债务风险状况分析

市场经济是信用经济。企业在市场中要立足，首先要讲信用，要具备一定的偿债能力。企业的偿债能力可以通过流动比率、速动比率、现金比率、现金流动负债比率、资产负债率、产权比率等指标进行分析和评价。

（四）经营增长状况分析

企业的经营增长状况与发展（竞争）能力越强，说明企业的发展前景越好。企业经营增长状况与竞争能力可以通过销售增长率、资本保值增值率、市场占有率、资本积累率、总资产增长率、技术投入比率、固定资产成新率、三年利润平均增长率、三年资本平均增长率等指标进行分析与评价。

此外，企业还可以进行创新能力的分析。企业能否及时有效地吸收并运用现代管理的理念与方法，及时实现技术创新、体制创新和机制创新，是企业能否成功的关键。企业创新能力可以从引进人才、引进设备、引进外资、新产品投产、新市场开拓、新技术使用、高新技术开发等方面来进行分析与评价。

从总体上看，企业运营分析是一项经常性的控制活动，要求企业综合运用各种信息资料，采用各种方法，在定期分析的基础上，发现问题，查找原因，加强监控，从而达到"防患于未然"或"亡羊补牢"的目的。

第七节　绩效考评控制

一、绩效考评控制的基本要求

绩效考评是指将企业实际业绩与前期业绩、预算、外部基准尺度等评价标准进行比较，从而对企业营运业绩等方面所进行的评价。《企业内部控制基本规范》第三十五条规定，"要求企业建立和实施绩效考评制度。科学设置考核指标体系，对企业内部各责任单位和全体员工的业绩进行定期考核和客观评价，将考评结果作为确定员工薪酬以及职务晋升、评优、降级、调岗、辞退等的依据。"

二、绩效考评控制的基本程序

第一，企业应当建立财务分析制度，定期召开分析会议，全面掌握预算的执行情况，研究、落实解决预算执行中存在问题的政策措施，纠正预算的执行偏差。

企业应当针对预算的执行偏差，充分、客观地分析产生的原因，提出相应的解决措施或建议，提交董事会或经理办公会研究决定。

第二，企业应当定期组织财务预算审计，纠正财务预算执行中存在的问题，充分发挥内部审计的监督作用，维护财务预算管理的严肃性。

财务预算审计可以是全面审计，也可以是抽样审计。在特殊情况下，企业也可组织不定期的专项审计。审计工作结束后，企业内部审计机构应当形成书面的审计报告，直接提交财务预算委员会以至董事会或者经理办公会，作为财务预算调整、改进内部经营管理和财务考核的一项重要参考。

第三，年度终了，财务预算委员会应当向董事会或者经理办公会报告财务预算执行情况，并依据财务预算完成情况和财务预算审计情况对预算执行单位进行考核。

企业内部预算执行单位上报的财务预算执行报告，应经本部门、本单位负责人按照内部议事规范审议通过，作为企业进行财务考核的基本依据。

第四，企业财务预算执行考核是企业绩效评价的主要内容，应当结合年度内部经济责任制考核进行，与预算执行部门负责人的奖惩挂钩，并作为企业内部人力资源管理的参考。

三、绩效考评报告

绩效考评报告是为了提高单位内部管理的时效性和针对性而实施的控制与报告。绩效考评报告应当反映部门、人员经管责任，其形式、内容简明扼要，信息传递和信息反馈迅捷高效。

企业开展综合绩效评价，应当充分体现市场经济原则和资本运营特征，以投入产出分析为核心，运用定量分析与定性分析相结合、横向对比与纵向对比互为补充的方法，促进企业提高市场竞争能力。

第九章　内部审计与企业风险管理的整合

第一节　内部审计参与风险管理的原因和方法

一、内部审计参与风险管理的原因

(一) 内部审计部门自身发展的需要

内部审计是采用一种系统化、规范化的方法来对企业的风险管理、控制过程等进行监督评价，进而提高它们的效率，帮助机构实现目标。从中不难看出，内部审计的范围已延伸到风险管理，只有在风险管理框架中实施的内部审计才能称之为风险管理审计，"评价和改善风险管理"成为内部审计的重要工作领域，它拓展了内部审计的广度和深度，是对内部审计的重新定位。

随着内部审计定位和角色的不断改变，内部审计已成为企业的诊断师，由于风险在企业经营中的必然存在性，使得任何企业都必须面对风险，并利用一切手段去避免、降低它所带来的影响和后果。内部审计对风险管理的介入，将会使内部审计在企业管理中成为一个极其重要的角色，能够站在第三方的角度去帮助企业更好地把握经营的方向，并将其在企业中的作用推向一个新水平。内部审计部门想要凸显其在企业管理中的重要性，就需要寻求差异化的生存方式，为组织提供独特的增值服务，而参与企业的风险管理正是一个合适的选择。内部审计通过参与风险管理，可以全面评估企业的机会和风险，甚至可以在董事会允许的情况下制定风险管理战略，这样就会使内部审计部门从传统的被动服务方式向主动服务方式转变，进而使内部审计部门成为企业中的一个重要的角色。

(二) 企业的集团化发展，要求内部审计参与风险管理

近年来，随着全球经济金融一体化程度的加深，企业面临的经营环境日趋复杂，经营风险大大增加，内部审计工作必须对企业经济资源运动的合规性进行全程跟踪审计，把减少企业风险作为内部审计部门的工作目标之一。内部审计目前已由外在介入型逐步发展为内在融入型，渗透到企业经营管理的各个方面、经济活动的各个环节中，它已成为企业强化管理的促进者、提高效能的推动者、价值增值的倡导者。因此，内部审计参与企业的风险管理也就成为企业发展必然的内在需求。

(三) 内部审计部门的特点决定其适合参与风险管理

近些年来，会计、审计师事务所业务的不断拓展，其中一项主要的业务就是参与企业的风险管理。虽然事务所的职业经验比较丰富，也可能会在成本上存在一定的优势，但是企业内部审计部门在参与本企业风险管理上有着外部事务所无法比拟的优势。因为内部审计部门会更熟悉本企业的企业文化、经营管理手段、发展战略、内控情况、各部门的权限

与职责等，且企业的发展与本身的利益也是相统一的，所以内部审计人员对于实现企业目标、参与风险管理会有更强烈的责任感，这些差异在一定程度上能弥补其在经验上的不足。

风险在企业内部具有传递性、感染性等特征，即一个部门造成的风险可能会传染到另外一个部门，严重时可能最终会使整个企业陷入困境中。正是由于这种原因，企业更应该从总体上考虑对于风险的管理，而不仅仅只考虑单个的业务部门。风险管理部门是企业的专职部门，它可以做到这一点。但是，隶属于企业管理部门的风险管理部门，其独立性不够强，有时候很多意见需要服从当局管理的意志。而现代企业中的内部审计部门则是独立于企业管理部门之外，他们可以更独立地进行风险评估，并将建议直接报送董事会，所以其提出的建议会更有客观性和权威性。

二、内部审计参与企业风险管理的方法

（一）风险环境分析

内部审计部门在分析企业风险环境的过程中，需要评价企业的经营计划、发展战略是否符合外部、内部环境的变化，因为内外部环境的变化会带来相应的风险也发生变化。另外，行业政策的变化，宏观经济政策的变化，以及上下游企业经营状况的改变都会对企业的财务风险、经营风险产生影响。所以，内部审计人员需要分析内外部环境的变化，进一步考虑企业的风险管理措施是否适应新的形势，并将分析的结果上报至相关部门。

（二）风险确认

风险确认就是在各种风险发生之前对这些风险的类型及发生的原因做出判断，以便实现对风险的估价和处理。内部审计部门不仅要明确企业内外部环境中存在什么样的风险，还要找出存在这些风险的原因。内部审计人员可以通用采用风险分析模型及其他方法，识别相关主体的风险和企业自身的风险。企业内部风险的确认时，对于员工不按规定操作所带来的操作风险，可以通过察看内控制度或者实地观察工作情况来进行确认，比如由于企业盲目扩张给企业带来的财务风险，可以通过查阅相关财务报告和相关的合同来进行确认等。企业内部风险的确认方法是多种多样的，企业内部审计部门应该多学习、多借鉴，在企业不同的经营阶段采取不同的方法对风险加以确认。

（三）风险评估

风险评估就是对已识别的风险事件进行定量分析或定性分析，来评价某一事件发生产生的影响以及发生的可能性。在假定风险可以计量的前提下，风险评估的任务一方面是预测该风险带来的损失，另一方面是估计某一风险发生的概率，这时内部审计人员可以采用统计和概率的方法进行风险估价。但是在很多情形下，风险是不能够完全用数学方法来计量的，它需要主观判断不同结果发生的可能性，这时就要求内部审计人员要从客观的角度分析，并且利用自己的经验进行风险评价，进而提出专业的意见。另外，内部审计人员需要对风险评估的结果进行反复检验，以确定其是否恰当，对于不恰当的风险评估需要予以修正。

（四）风险控制

风险控制就是使风险降低到企业可以接受的程度，当风险发生时，不至于影响企业正

常的生产经营活动。企业可以根据不同的风险来选择要采取的方法和策略，决定应该接受风险、避免风险还是降低风险。对于企业重要的计算机数字化信息，为了避免网络风险，内部审计人员可以将其与因特网进行物理隔离；对于一些高风险高报酬的项目，如果企业决策层考虑接受的话，内部审计人员则需要采取相应的控制措施，尽量将该项目的风险降低至企业可以接受的范围内。另外，企业的风险管理部门会设计业务控制程序来降低和限制风险，内部审计人员可以通过减少风险的有效性以及评价风险回报的合理性，来测试这些控制程序是否有效，并提出改进措施和建议，以期在既定的风险程度下取得一个较高的收益。

（五）风险监控

企业要对风险管理进行持续的监控，这是因为风险会根据环境的变化而变动。所以，通过对内部控制系统风险处理结果的评价以及运行的监控，可以保证企业对风险管理的持续有效性。内部审计人员通过对新的环境和风险进行分析，来评价企业内部控制制度是否能应对新出现的风险。

另外，内部审计部门还需要将风险管理的相关信息及时告知相关部门、组织和管理层。通过信息的传递，可以使审计委员会和董事会等监督者了解风险管理的情况，使企业内部相关部门不仅仅意识到存在的问题，还能提出改进的方法，使与企业利益相关的外部主体对企业的风险管理产生信任。

第二节　内部审计参与风险管理的作用

一、咨询作用

在企业建立健全风险预防、控制和治理制度之前，必须对企业生产经营管理活动所处的市场环境、法律环境、监管环境以及企业的内部环境进行全面的分析和研究，为企业风险管理制度的建立做好充分的准备。

内部审计人员由于其工作性质和业务特点，可以为企业风险管理制度的建立提供财务会计、税收及公司治理等法律、法规方面的咨询，从而使企业的风险控制制度符合国家的法律、法规，避免法律风险。

内部审计在企业风险管理制度建立阶段提供的咨询，可以为企业建立良好的风险管理制度起到很好的保障作用

二、检查和评价作用

在企业风险管理制度建立之后，内部审计部门可以对其进行检查和客观地评价。通过评价，发现不足，并建议企业进行改进。

风险管理是一个复杂的系统工程，在企业内部应当有适当的职责分工，各负其责，各司其职。内部审计人员的职责就是负责定期评价和保证工作。内部审计主要从两个方面评估风险管理过程的充分性和有效性。

（一）评价风险管理主要目标的完成情况

不同的企业，风险管理的方法不尽相同，但在风险管理的目标方面是一致的。这些目

标主要包括以下几点。

第一，查明影响经营战略与业务活动的风险，并按风险大小进行排序。

第二，了解管理层和审计委员会确定的、能够接受的风险水平。

第三，制定并实施降低风险计划，把风险降到可以接受的水平

第四，定期对风险和控制进行评估，以降低管理风险。

第五，定期向董事会和管理层汇报风险管理过程的结果。

内部审计人员必须从这五个目标的完成情况去评价风险管理的充分性和有效性。

（二）评价内容

评价的内容主要包括以下几点。

第一，评价企业和行业的发展情况和趋势，确定是否存在影响企业的风险。

第二，检查企业的经营战略，确定企业对风险的接受程度。

第三，检查管理层、内部和外部审计师以及有关方面以前发表过的风险评估报告。

第四，与相关管理层讨论部门的目标、存在的风险以及管理层采取的降低风险和加强监控的活动，并评价其有效性。

第五，评价风险监控报告制度是否恰当。

第六，评价风险管理结果报告的充分性和及时性。

第七，评价管理层对风险的分析是否全面，为防止风险而采取的措施是否完善，建议是否有效。

第八，对管理层的自我评估进行实地观察、直接测试，检查自我评估所依据的信息是否准确，以及其他审计技术。

第九，评估与风险管理有关的管理薄弱环节，并与管理层、董事会、审计委员会讨论。

（三）评价管理层选择的风险管理方式的适当性

企业建立风险管理制度的目的，是要使企业对风险的发生有一个敏感反应度，以便于企业及时发现风险，采取措施控制风险，最终将风险控制在企业可接受的范围之内。各个企业应当根据自身的经营活动性质和文化特点来设计风险管理过程。风险管理过程可以有以下三种方式。

第一，正式的方式和非正式的方式。

第二，定量的方式和主观的方式。

第三，分散管理的方式和集中管理的方式。

内部审计的职责是评价企业的风险管理方式，与企业经营活动的性质和文化特点是否适当。

三、发现风险的作用

内部审计通过对企业风险控制的检查和评价及对企业经济活动全方位、全过程的审计，可以了解企业日常生产经营管理活动中存在的不足，发现企业现实存在的风险，从而向相关管理层提出改进建议，以引起被审计单位和企业管理层的重视，进而促使企业改进管理，规避风险，降低因风险的存在和发生而给企业带来的损失。

内部审计在日常审计活动中，要时刻关注风险，及时发现风险，并与被审计单位领导人及企业的相关管理层进行沟通，协商风险控制措施。

内部审计人员最容易发现的风险有以下几类：

（一）法律、法规风险

内部审计人员通过对被审计单位的财务收支及其经济活动的审计，可以发现被审计单位的财务收支及其经济活动是否符合国家的财务会计、税收、公司管理等法律法规，并对其经济活动的合法性进行评价。对于被审计单位经济活动行为与国家法律法规相违背部分，要予以提示，要求被审计单位予以纠正。

（二）市场风险

内部审计人员通过日常内部审计活动或专门的审计调查，可以发现企业生产经营管理活动是否符合市场的需要，企业生产的商品是否满足市场的需求，提供的服务客户是否满意，企业所生产的商品的市场占有率如何等。内部审计通过发现这些风险，及时与被审计单位进行沟通，共同研究规避风险的办法，提出改进建议，及时向企业管理层报告被审计单位的风险状况，以引起管理层的高度重视。

（三）财务风险

内部审计人员通过财务收支审计以及专项审计调查对被审计单位的财务状况进行评价，在这一过程中，可以发现许多财务风险如资产负债率过高，造成企业资产质量下降；应收账款过大，可能存在坏账风险；企业存货在资产中的比重较大，可能形成企业产品滞销，从而带来市场风险；主营业务利润率过低，从而使企业存在亏损风险等。

四、提示风险的作用

内部审计在日常审计活动中经常会发现风险，但发现风险不是目的，只有发现了风险，并向被审计单位及其管理层进行提示，使之采取措施控制风险，降低风险损失才是内部审计的真正目的。

总之，内部审计在现代企业制度中，既是企业经济运行过程和结果的监督和评价者，又是企业内部控制制度建设的一个重要环节。业规模越大，经济业务越复杂，面临的风险就越大，内部审计在企业中的作用也就越重要。

第三节　内部审计参与企业风险管理的改进措施和应用

一、内部审计参与企业风险管理的改进措施

（一）转变观念，将风险管理作为内部审计的重要工作

企业的决策层首先要转变观念，增强风险管理的意识，重视内部审计部门在风险管理中的作用。内部审计人员也要转变观念，要从被动的服务转向主动的服务。内部审计应由过去的控制导向审计向现代风险导向审计过渡，由被动地承受审计风险，到主动地控制审计风险，将工作程序转向"确定目标、评估风险、管理风险"。内部审计部门要把参与风险管理写入内部审计工作制度，明确内部审计人员应当关心企业所面临的风险，根据风险

评估思路开展对内部控制的评估，审计报告要将目前的控制、策略计划和风险评估连接起来，有效地管理企业风险。企业的最高管理层也应对内审部门的工作进行定期评价，重点评价内部审计部门是否提供了足够的"增值服务"。

（二）明确内部审计的定位，要把企业风险管理融入日常审计项目中

企业风险存在于企业经营管理的各个方面，在一次审计中对企业面临的各种风险进行全面的检查和评价是不可能的，因此内部审计须增强风险意识，在每一次的日常审计内容中，引入风险审计的观念和方法，充分揭示和评价企业在特定审计范围内存在的风险，使企业管理者对此风险给予重视并采取措施化解和控制风险。内部审计是基于受托经济责任的需要而产生和发展起来的，是经营管理分权制的产物。由于企业自我管理和控制的内在动力不足，导致内部审计的建立缺乏内在的需要，定位上存在偏差。而企业内部审计定位的偏差又会产生一系列不良后果，使内部审计工作的范围局限于财务审计，导致内部审计工作的作用受到了限制。而将内部审计部门参与风险管理写入内部审计的章程，以正式的书面文件来进行规定，并得到企业高层的批准，就会使内部审计部门有了一个崭新的定位，新的定位有利于内部审计部门参与企业风险管理，进而提供独立的建议和评价。对此，内部审计部门就应做出必要的风险评价，一方面划清前后任的经济责任，另一方面帮助企业采取必要的措施防患于未然。

（三）要对企业的风险管理机制进行监督检查

当一个企业建立了风险管理机制，其规章制度是否得到有效执行，是需要进行监督检查的。内部审计部门参与风险管理的一种重要形式内部审计，即对风险管理的再监督或再管理。内部审计可以实施各种专项检查，监督检查企业相关风险管理的各个风险控制点，评价预防风险的各项工作是否到位、评价降低风险的有关措施是否有效、评价风险的变化程度等，从而对进一步改进风险管理提出意见。内部审计部门还可以对已经显现甚至出现损失的风险进行检查分析，发现和反映企业风险管理中的缺陷，如风险管理责任不清、部门间协调不足、风险防范资源不足等，以便相关部门负责人及时采取措施弥补风险管理中的不足之处。

（四）要加强对内部审计人员的督导

为提高审计工作质量，内部审计机构负责人需根据审计工作的具体情况建立内部审计督导制度，对审计人员的工作进行指导、监督和复核，明确相关人员的责任，同时必须强调督导是贯穿于项目审计全过程的，它包括对审计方案的制订及修订、审计程序的实施、审计工作底稿的编制、审计证据的收集、审计报告的撰写等。内部审计机构负责人应采取必要的措施，尽可能减少内部审计人员在风险管理工作中的主观判断行为，在督导工作中要遵循重要性、谨慎性和客观性原则。

（五）要优化内部审计人员结构，培养高素质的审计人才

风险防范效果的好坏关键在于人才，只有建立一支与内部审计工作相适应的，具有高思想素质、高业务素质和高文化素质的审计队伍，才能起到有效防范风险的作用。现代企业内部审计人员不仅要熟知内部审计标准和具体的风险管理方法，还要了解和掌握企业的生产运作模式、经营战略，以及企业外部环境的变迁，宏观政策的变化，行业的特点及发展方向等。企业可以采用"走出去，请进来"的策略扩充内部审计人员队伍。"请进来"

一方面是指吸纳工程师、市场分析专家、计算机专家、管理顾问、舞弊检查专家等多种专业人才到内部审计这个团队中来，而不仅仅局限于会计、审计专业的人才；另一方面，在某些具体的风险管理项目上，企业可以聘请外部专项审计人员参与其中，开展一定程度上的内审合作。通过合作，不仅可以提高企业风险管理的水平，还可以使内部审计人员学到先进的技术和经验，为企业节约成本。"走出去"一方面可以让内部审计人员参加国内专业的培训，以提高其业务素质；另一方面可以挑选部分优秀人员到国外学习先进的风险管理技术，以便将国外先进的技术和经验带到实践工作中来。企业内部审计人员不仅是一名合格的审计监督管理者，也应是一名合格的风险管理者，关心企业外部环境的变化、市场经济的趋势、行业的特点和技术的发展等。因此，现代企业要想使内部审计部门有效地参与企业风险管理，一方面应优化内部审计人员组合，吸收多种专业人才加入内部审计队伍，另一方面应重点培养一批高素质的内部审计人员，为开展风险管理奠定基础。

综上可知，风险管理已成为现代企业经营管理中必要的一门管理课程，风险的存在对企业既是一种存在危险的可能性，但也会是一种带来收益的机遇。每一个企业的最高决策者和管理者必须面对现实，重视风险，把风险管理视为日常经营管理的重要组成部分。内部审计介入风险管理，是我国企业内部审计发展的方向。作为内部审计人员必须把风险管理意识、风险管理行为融入日常审计工作中，使内部审计在风险管理中能够发挥更有力的作用。

二、内部审计在企业风险管理中的应用

（一）内部审计与企业风险管理的关系

1. 内部审计在风险管理中扮演重要角色

内部审计是指由本单位和本部门内部专职的人员或审计机构所实施的审计。它是企业内部控制与监督的关键环节，可以协助公司评估及辨别重大风险，对改善风险管理及内部控制制度起着重要作用。企业内部审计机构在规划审计工作时，应评估各种管理活动的相对风险，并将风险按照重要性进行排序，对风险较大的项目优先考虑开展相关审计工作。对管理层的风险管理流程效率和效果进行评价、报告、检查并提出审计建议，帮助企业评价、识别风险及实施风险管理方法。

2. 风险管理是进行内部审计工作的有效工具

企业风险管理是在一个肯定有风险的环境里把风险减至最低的管理过程，它是企业管理层的职责所在。为了实现企业的经营目标，管理层应当确保企业具备良好的风险管理流程，并让风险管理流程在企业的日常经营过程中正常运转。内部审计可以通过制定正式的行为规范，经常检查公司风险管理流程是否健全等措施有效地降低企业风险。风险管理作为内部审计工作的有效工具，很多企业和部门已将其应用于机构的持续性、财务管理、资产管理和舞弊等各项风险管理中。

3. 内部审计在风险管理方面具有独特的优势

风险管理是一个系统的过程，对风险的防范和控制需要从整体出发而内部审计机构在企业中不从事具体业务活动，独立于业务管理部门，使其具有相对的独立性。因此，在进行风险管理的过程中，应该从全局的角度，客观地管理风险，正确地评估和识别风险，并及时建议相关部门采取措施应对风险。

（二）如何发挥内部审计在企业风险管理中的作用

1. 确定风险评估的恰当性

在企业进行风险评估的过程中，企业要对已识别的风险事件进行定性和定量分析，分析风险产生的可能性及重要性。内部审计应首先对风险程度及性质的界定与衡量进行评价，这关系到进行风险处理的依据是否可靠。其次，应对管理层风险评估执行的有效性、过程的适当性进行评价，找出需要修改完善的地方，为各级管理层提供专业审计意见。

2. 确认风险识别的充分性

在企业进行风险识别的过程中，内部审计人员应该对风险管理流程进行审查与评价，确定企业在风险识别过程中风险归类的正确性以及分析方法的适当性。内部审计可以采用多种风险分析方法对企业内部和外部的风险要素进行识别分析，判断企业管理层是否对主要风险均已识别和分析，并充分考虑风险可能造成的影响，为进行风险评价奠定基础。

3. 评价风险监控的合理性

对企业风险管理的监控是指评估风险管理要素的运行和内容以及执行质量的一个过程。在这个过程中，内部审计首先应当从评价企业各部门的内部控制制度入手，审查企业经营活动中重要环节的相关控制制度设置的合理性以及执行的有效性，识别并防范风险。其次，应当以企业总体风险组合的观点看待风险，协调各部门共同管理企业，从全局角度识别并评价风险，提出改进建议来协助企业管理层履行其职责，以保证企业目标的实现。再次，应当密切关注可能导致风险的重要事项，了解企业的风险偏好，与相关管理层讨论部门的目标、存在的风险，并评价管理层采取的风险监控活动的有效性。

4. 评估风险对策的有效性

内部审计在企业风险对策活动中发挥的作用，直接反映在审计成果中，是审计价值的重要体现，企业根据对风险的评估和判断，应采取相应的措施和方法来进行风险处理，以降低和抑制风险损失，获取风险收益。在风险对策活动中，内部审计应分析风险回报的合理性，评价风险措施的有效性。

第四节 风险管理审计

一、风险管理审计的概念

风险管理审计是指审计机构合理地采用一种规范化、系统化的方法来进行测试各业务循环、风险管理信息系统以及相关部门的风险管理、识别、分析、处理及评价等为基础的一系列审核活动，对机构的监督、风险管理及控制过程进行评价，从而提高过程的效率，帮助机构实现目标。

二、风险管理审计内容

风险管理是组织内部控制的基本组成部分，企业内部审计人员对风险管理情况的审计就是风险管理审计，是企业内部控制审计的基本内容之一。风险管理审计的范畴比较广，只要有风险的地方，都属于风险管理审计的范畴。不同企业的对风险管理的内容及要求各不相同，因此，风险管理审计的内容也不可能达到完全一致。

（一）对风险评估过程实施必要的审计程序

内部审计人员应对风险评估过程进行评价与审查，重点关注组织面临的外部、内部风险是否已得到适当、充分的确认。

（二）对风险识别过程的评价和审查

重点关注以下几个要素，即和风险发生的可能性风险对组织目标的实现产生影响的严重程度。

1. 充分了解风险评估的方法

风险评估可以采用定量和定性的方法进行。

2. 对管理层所采用的风险评估方法进行审查

管理层对所采用的风险评估方法进行审查重点考虑以下因素：

（1）管理层进行风险评估的技术能力；

（2）相关历史数据的可靠性与充分性；

（3）已识别风险的特征；

（4）成本效益的衡量与考核；

（5）其他。

3. 在评价风险评估方法的有效性和适当性时应当遵循的原则

（1）采用定性方法时需要充分考虑相关人员或部门的意见，以提高评估结果的客观性。

（2）在风险难以定量、量化评价所需要的数据难以获取时，通常都采用定性方法。

（3）定量方法一般情况下会比定性方法提供更为客观的评估结果。

（三）对风险应对措施的评价和审查

内部审计人员应该适当地实施合理的审计程序，对风险的应对措施进行审查。

1. 风险应对措施

根据风险评估结果做出的风险应对措施主要包括以下几个方面。

（1）回避

回避是指采取措施避免进行可产生风险的活动。

（2）接受

接受是指由于风险已在组织可接受的范围内，因而可以不采取任何措施。

（3）降低

降低是指采取合理的措施将风险适当地降低到组织所能接受的范围之内。

（4）分担

分担分担是指采取措施将风险转移给其他保险机构或组织。

2. 内部审计人员对风险的应对措施进行审计时应考虑因素

内部审计人员在评价风险应对措施的有效性和适当性时，应当考虑以下因素：

（1）采取风险应对措施之后的剩余风险水平是否在组织可以接受的范围之内。

（2）采取的风险应对措施是否适合本企业的管理、经营特点。

（3）成本效益的衡量与考核。

三、风险管理审计流程

风险管理审计流程同其他审计流程基本上是一致的，应包括风险审计准备、风险审计实施、风险审计报告三个阶段。根据风险审计特点，应强调以下几点。

（一）了解被审计单位及其环境

审计人员应当从下列方面了解被审计单位及其环境。

第一，法律环境、监管环境与行业状况及其他外部因素。

第二，被审计单位的性质。

第三，被审计单位对会计政策的运用和选择。

第四，被审计单位的战略、相关经营风险以及目标。

第五，被审计单位财务业绩的评价和衡量。

第六，被审计单位的内部控制。

（二）控制测试

审计人员应当在下列情形之一时，实施控制测试。

第一，在评估认定存在重大错报风险时，预期控制的运行不是有效的。

第二，仅实施实质性程序不足以提供充分、适当的审计证据。

（三）实质性程序

一般来说，实质性程序包括对列报的细节测试、各类交易、账户余额以及实质性分析程序。

细节测试可以选择检查、观察、询问及重新计算等具体审计程序作为执行程序，如：函证应收账款，存货监盘，从原始凭证追查至会计账簿等适用于对各类交易、账户余额、列报事项的认定测试，尤其是适用于对存在或发生、计价认定的测试。

账户余额根据核算内容的不同采用不同的计算方法：①每笔结余额，登记每笔经济业务，要求逐笔计算余额；②每日结余额，记录要求日清日结，应每日计算余额；③每页结余额，某些账户不需逐笔、每日计算余额的，应在账页记到最后一行时，计算其余额，以便过次页；④定期结算余额，在根据汇总记账凭证登记总账的情况下，余额要定期计算，以便进行账账核对；⑤每月结余额，为简化结算，对某些账户可以到月末月结时计算余额。

相对于细节测试而言，实质性分析程序能够达到的精确度可能会受到种种限制，所提供的证据在很大程度上是间接证据，证明力相对较弱，相应的会影响数据的客观性。数据的可靠性越低，预期的准确性也将越低，分析程序有效性将会有所下降。企业财务人员应当将识别出的差异额与可接受的差异额进行比较，以确定差异是否重大，是否需要做进一步调查，以确保数据的可靠性。

风险审计的实质性程序，主要应与企业存在的风险相关联。在设计实质性分析程序时，审计人员应当考虑下列因素：

第一，对已记录的金额或比率做出预期时，所依据的内部或外部数据是可靠的。

第二，对特定认定使用实质性分析程序的适当性。

第三，已记录金额与预期值之间可接受的差异额。

第四，做出预期的准确程度是否足以在计划的保证水平上识别重大错报。

（四）风险审计报告

企业内部审计部门出具风险审计报告应注意以下几个方面的内容：

1. 风险审计必须报告及时

风险审计主要看是否是独立进行的审计来决定是否出具独立报告。如果是内部审计机构独立进行的，必须单独出具风险审计报告。如果结合其他专项审计，则可以不独立出具报告。风险审计报告的格式与内容和其他类型的审计报告格式基本一致，要突出的是深挖风险根源，对存在的风险进行比较细致的分析，并提出化解危机和防范风险的具体建议。

2. 数据所有权

当一个风险管理信息系统的基本数据来源于许多渠道时，如保险人、其企业本身和经纪人、保险顾问、代理人等，此时将产生谁"拥有"这一数据的问题。就是说为了达成某一特定的目标，谁从系统中把数据剔除了，谁就应对删除和错误改写承担相应责任。这里要区分利用此程序所获信息所有权和程序所有权。当一个企业试图改换一个软件供应商或保险人或者该企业要被兼并时，这一问题将变得异常复杂。

3. 数据不全

现在许多较为流行的风险管理信息系统都采用系统性模型，从而可以预测画出一个趋势图或者期望损失，但系统中必须有足够数据，才能产生一个令人满意的结果。可是，收集数据是要付出一定的成本。因此，设计一个风险管理信息系统时，要求高级经理人员与风险管理人员要对由于数据不全面导致错误等所带来的成本与收集数据所需要的成本进行估算。

风险审计报告一般有如下几个方面的内容：

（1）审计风险评估

审计风险评估是指审计人员接受某审计项目后，在初步了解被审计单位基本情况的基础上，采用一定的审计手段，评估该项目可能存在的审计风险。评估审计风险主要评估与被审计单位本身有关的各方面情况。被审计单位的规模越大、经营性质越复杂、内部控制越薄弱、管理当局的可信赖程度越低，则审计风险就越高。评估审计风险可以降低财务报表产生重大错报和漏报的可能性。审计风险是客观的存在，它不受审计人员影响和控制。

（2）可接受审计风险

可接受审计风险是指审计项目完成后，审计人员或会计师事务所准备承担或可以接受的审计风险。可接受审计风险主要受以下三个因素控制：①会计师事务所的风险承受能力：会计师事务所的风险承受能力越强，可接受审计风险也就可以越高。会计师事务所风险承受的能力主要取决于事务所的规模、经济实力以及法律责任的承担能力等。②财务报表和审计报告使用者的情况：财务报表和审计报告的者素质越高、使用范围越广、对财务报表和审计报告的利用程度越高，可接受审计风险就越低。③行业之间的竞争情况：会计师事务所之间的竞争越激烈，可接受审计风险也就越低。可接受审计风险是审计人员或会计师事务所主观确定的，其能够主观努力的程度，是决定审计项目取舍的重要衡量标准之一。

（3）终极审计风险

终极审计风险是指审计项目完成后所实际形成或审计人员和审计机构实际承担的审计

风险。终极审计风险主要与审计程序的设计和执行情况有关。审计程序设计和执行得越好，终极审计风险就越低。终极审计风险的大小在理论上应与可接受审计风险一致，但实际上，它既可能大于也可能小于可接受审计风险，因为审计程序的设计和执行受审计人员的业务素质和某些主、客观因素的影响，会对风险控制造成一定的影响。因而审计人员在执行审计过程中，应尽量按计划规范操作，尽量使终极审计风险控制在可接受审计风险范围内。

评估审计风险是客观存在的，可接受审计风险是主观确定的，而终极审计风险是客观存在和主观努力的结果。因此，审计人员在决定是否承接某一审计项目时，可以将评估审计风险与可接受审计风险进行比较，然后根据成本效益原则决定取舍。如果接受该项目，在审计过程中应尽量严格执行所设计的审计程序，使终极审计风险在预先设定的可接受审计风险范围之内。值得注意的是，终极审计风险虽然取决于可接受审计风险，但它并不完全等同于可接受审计风险，它是固有风险、控制风险和检查风险共同作用的结果。

总之，风险管理审计是企业内部审计部门采用一种系统化、规范化的方法来进行的，以测试风险管理审计信息系统、各业务循环系统以及相关部门的风险识别、分析、评价、管理及处理等为基础的一系列审核活动。同时，风险管理审计又会对企业的风险管理、风险控制及监督过程进行评价，进而提高过程效率，以帮助企业更好地实现其经营目标。

参考文献

［1］蔡维灿．财务管理［M］．北京：北京理工大学出版社，2020.

［2］陈德智，毕雅丽，云娇．金融经济与财务管理［M］．长春：吉林人民出版社，2020.

［3］费琳琪，郭红秋．财务管理实务［M］．北京：北京理工大学出版社，2020.

［4］张晓雁．财务管理模拟实验教程［M］．厦门：厦门大学出版社，2020.

［5］黄青山．高级财务管理教学案例［M］．广州：华南理工大学出版社，2020.

［6］孔令一，赵若辰．Excel 在财务管理中的应用［M］．上海：立信会计出版社，2020.

［7］胡娜．现代企业财务管理与金融创新研究［M］．长春：吉林人民出版社，2020.

［8］刘振鹏．山东省教育财务管理研究第 8 辑［M］．济南：山东大学出版社，2020.

［9］李克红．创新创业财务管理人才培养模式研究［M］．北京：首都经济贸易大学出版社，2020.

［10］李艳，张霞，李春蕊．财务管理［M］．延吉：延边大学出版社，2018.

［11］高山，高凯丽，周莎．财务管理［M］．北京：北京理工大学出版社，2019.

［12］王培，郑楠，黄卓．财务管理［M］．西安：西安电子科技大学出版社，2019.

［13］王力东，李晓敏．财务管理［M］．北京：北京理工大学出版社，2019.

［14］肖晓慧，郝祥坤．财务管理［M］．沈阳：东北财经大学出版社，2019.

［15］邓春贵，刘洋洋，李德祥．财务管理与审计核算［M］．北京：经济日报出版社，2019.

［16］杨忠智．财务管理第 3 版［M］．厦门：厦门大学出版社，2019.

［17］王玉娟，阚春燕．财务管理实务［M］．上海：立信会计出版社，2019.

［18］朱菲菲．财务管理实用工具大全［M］．中国铁道出版社有限公司，2019.

［19］史琪，杨凤坤．财务管理案例实训［M］．武汉：华中科技大学出版社，2019.

［20］刘春艳，郭涛．水利工程与财务管理［M］．北京：北京理工大学出版社，2019.

［21］刘丽娟，罗小兰，王新芳．财务管理［M］．长春：东北师范大学出版社，2018.

［22］李艳华．大数据信息时代企业财务风险管理与内部控制研究［M］．长春：吉林人民出版
社，2019.

［23］韦绪任．财务管理［M］．北京：北京理工大学出版社，2018.

［24］肖作平．财务管理［M］．沈阳：东北财经大学出版社，2018.

［25］黄娟．财务管理［M］．重庆：重庆大学出版社，2018.

［26］王培，高祥，郑楠．财务管理［M］．北京：北京理工大学出版社，2018.

［27］唐晶．财务管理［M］．西安：西北工业大学出版社，2018.

［28］王欣荣，唐琳，刘艺．财务管理［M］．上海：上海交通大学出版社，2018.

［29］阮磊．内部控制与企业财务管理绩效研究［M］．长春：吉林大学出版社，2019.

［30］张先治，袁克利．财务报告内部控制与风险管理［M］．沈阳：东北财经大学出版社，2008.